"十四五"职业教育国家规划教材
（中等职业学校公共基础课程教材）

Chemistry

化学

第二版

（通用类）

陈艾霞 杨 龙 主编
夏龙贵 副主编
初玉霞 栾学钢 主审

化学工业出版社
·北京·

内容简介

本教材为中等职业教育课程改革国家规划新教材，是为适应 21 世纪中等职业教育的需求，根据教育部 2020 年颁发《中等职业学校化学课程标准》的要求编写的。本教材全面贯彻党的教育方针，落实立德树人根本任务，在教材中有机融入党的二十大精神。

本教材共六个主题，主要内容有：原子结构和化学键、化学反应及其规律、溶液与水溶液中的离子反应、常见无机物及其应用、简单有机化合物及其应用、常见生物分子及合成高分子化合物等，还包括四个学生实验，以及趣味实验和探究性实验。

本教材考虑了初学者的基础知识和基本技能，符合中等职业教育的特点，理论以够用为度，内容简明扼要，通俗易懂，图文并茂，实践性强，充分体现了以能力为本的教学特点。

本教材适用于中等职业学校各专业，也可作为厂矿企业从业人员化工安全培训的参考书。

图书在版编目（CIP）数据

化学：通用类/陈艾霞，杨龙主编. —2 版. —北京：化学工业出版社，2021.8（2024.11重印）
ISBN 978-7-122-39378-4

Ⅰ.①化… Ⅱ.①陈… ②杨… Ⅲ.①化学-中等专业学校-教材 Ⅳ.①G634.81

中国版本图书馆 CIP 数据核字（2021）第 120036 号

责任编辑：旷英姿　刘心怡　　　　　　　　装帧设计：尹琳琳
责任校对：宋　玮

出版发行：化学工业出版社（北京市东城区青年湖南街 13 号　邮政编码 100011）
印　　装：北京瑞禾彩色印刷有限公司
787mm×1092mm　1/16　印张 15　彩插 1　字数 262 千字　2024 年 11 月北京第 2 版第 7 次印刷

购书咨询：010-64518888　　　　　　　　　　　售后服务：010-64518899
网　　址：http://www.cip.com.cn
凡购买本书，如有缺损质量问题，本社销售中心负责调换。

定　　价：33.80 元　　　　　　　　　　　　　　　版权所有　违者必究

出版说明

为贯彻党的二十大精神，落实《中华人民共和国职业教育法》规定，深化职业教育"三教"改革，全面提高技术技能型人才培养质量，按照《职业院校教材管理办法》《中等职业学校公共基础课程方案》和有关课程标准的要求，在国家教材委员会的统筹领导下，根据教育部职业教育与成人教育司安排，教育部职业教育发展中心组织有关出版单位完成对数学、英语、信息技术、体育与健康、艺术、物理、化学7门公共基础课程国家规划新教材修订工作，修订教材经专家委员会审核通过，统一标注"十四五"职业教育国家规划教材（中等职业学校公共基础课程教材）。

修订教材根据教育部发布的中等职业学校公共基础课程标准和国家新要求编写，全面落实立德树人根本任务，突显职业教育类型特征，遵循技术技能人才成长规律和学生身心发展规律，聚焦核心素养、注重德技并修，在教材结构、教材内容、教学方法、呈现形式、配套资源等方面进行了有益探索，旨在推动中等职业教育向就业和升学并重转变，打牢中等职业学校学生的科学文化基础，提升学生的综合素质和终身学习能力，提高技术技能人才培养质量，巩固中等职业教育在职业教育体系中的基础地位。

各地要指导区域内中等职业学校开齐开足开好公共基础课程，认真贯彻实施《职业院校教材管理办法》，确保选用本次审核通过的国家规划修订教材。如使用过程中发现问题请及时反馈给出版单位，以推动编写、出版单位精益求精，不断提高教材质量。

中等职业学校公共基础课程教材建设专家委员会

2023年6月

前言

中等职业学校化学课程是医药卫生类、农林牧渔类、加工制造类等相关专业学生的必修课程,是其他类专业学生的公共基础选修课程,对提升学生化学学科核心素养、促进学生职业生涯发展和适应现代社会生活起着重要的基础性作用。本教材是中等职业学校公共基础课程国家规划教材,依据《中等职业学校公共基础课程方案》和《中等职业学校化学课程标准》编写。

本书自2009年第一版出版以来,作为中等职业学校文化基础课化学课程的教材,在教学过程中发挥了积极作用,得到了广大师生和读者的肯定。第二版教材在保持了第一版的基本结构和编写特色的基础上,按照《中等职业学校化学课程标准》进行了全面修订。一是发挥化学学科独特的育人功能,将立德树人贯穿于化学课程实施全过程,注重融入课程思政,体现党的二十大精神,以潜移默化、润物无声的方式适当渗透德育,适时跟进时政,让学生及时了解最新前沿信息,力图更好地达到新时代教材与时俱进、科学育人之效果;二是注重培养学生的化学学科核心素养,将"宏观辨识与微观探析""变化观念与平衡思想""现象观察与规律认知""实验探究与创新意识""科学态度与社会责任"等核心素养贯穿到教材中;三是认真执行国家最新标准,体现科学技术的进步,以达到知识、能力和素质训练统一的目的,准确把握中等职业教育的特点,体现中等职业教育的发展方向,反映职业教育教学改革成果,形成鲜明的职业教育的特色。

在教材内容的选择上,突出职业教育的特色,体现知识的准确性、实用性和先进性,突出学生的技术能力训练与职业素质培养。在知识点的选取上,注重淡化理论、重视基础、突出应用,注重从社会现象、社会焦点和热点问题中寻找素材,让学生感知化学与人类生活的紧密联系;将化学及相关领域的新进展、新技术、新工艺、新规范纳入教材,突出化学的重要功能,体现趋向前沿这一理念。书中标有"*"的内容,各学校可视情况选择教学。

在教材的表现形式上,着力于提高学生的学习兴趣,注重新颖性与趣味性的结合;配有大量精美图片,力求图文并茂;注重实验实践,培养学生实际操作技能和工匠精神,体现教、学、做三者合一的职业教育特点;在栏目设计上遵循学生的认知规律,注重情境教学,设计了"学习目标""小视角""微思考""小贴士""微探索""学生实验""探究实验""趣味实验""阅读材料""本章小结""拓展提升""练习题"等众多的栏目,提出大量引导学生积极思考的问题,增加了与学生日常生活密切相关的实践活动,从学生熟悉的化学问题出发,激发学生学习、探究知识的兴趣。

在学业水平的评价上,增加了家长参与环节,体现多元化评价,设计互动项目,主要考查学生利用化学知识解决实际问题的能力,以及是否建立起严谨求实的科学态度和关注环保等热点问题的社会责任感,判断学生化学学科核心素养的达成度。

本教材配套有一些数字化教学资源(动画、实验操作视频),形象地展示原子、分子等粒子的微观结构、化学反应中的微观变化、不宜在课堂演示的危险实验,做到科学性、新颖性和趣味性相结合,有助于学生更好地领悟化学的知识与价值,突出教材的人文性与艺术性及素质教育内涵。本书的数字化教学资源、课件及习题答案可从"化工教育"网站(www.cipedu.com.cn)下载。

本书由陈艾霞负责绪论、主题三、主题四,夏龙贵负责主题五,杨龙、陈冬梅负责主题一、付思宇负责主题二、张春艳负责主题六内容的修订工作;数字化教学资源由刘小忠、徐娟、杨怡、田红负责制作;长沙市明德中学汪益葵、彭云武为本书提供部分实验插图;全书由陈艾霞整理并统稿。

本书由初玉霞教授、栾学钢教授主审。黄同林教授、彭汉初工程师给予了倾力支持并提出建设性建议,对本教材的编写提出了许多宝贵意见,并审阅了全部书稿,在此表示衷心的感谢。

本书修订过程中参考了有关文献资料,谨向原作者及相关专家,以及直接或间接、有形或无形提供帮助的朋友们表示敬意与感谢。对于长期支持中职化学课程教材建设的化学工业出版社表示感谢。

本书为2020年教育部颁布的《中等职业学校化学课程标准》中要求的化学课程的基础模块内容。拓展模块内容可选用中等职业学校公共基础课程国家规划教材《化学(医药卫生类)》(王炳强主编,湖南科学技术出版社出版)教材;也可以选用《化学(农林牧渔类)》(王炳强主编,湖南科学技术出版社出版)教材。

限于编者水平,教材难免还有疏漏和欠妥之处,读者在使用过程中如发现问题,请及时与化学工业出版社有限公司刘心怡编辑联系(联系电话010-64519341,电子邮箱1584889812@qq.com),以便及时订正。

编者

第一版前言

本教材是根据中等职业教育培养目标要求，按照教育部2009年颁布的《中等职业学校化学教学大纲》要求编写的；教材反映了当代科学技术、文化的新成就，适合我国国情，遵循了中等职业教育教学规律，符合中职学生身心和学习特点，较好地适应经济社会发展对高素质劳动者和技能型人才培养的要求，职业教育特色鲜明。

本教材准确把握了中等职业教育的特点，体现了中等职业教育的改革和发展方向。在知识点的选取上，注意淡化理论、降低难度、强化应用、贴近实际，语言深入浅出、通俗易懂。教材根据《中等职业学校化学教学大纲》的要求，在教学内容上大量运用工业化生产或社会生活中的具体实例，贴近生产、生活，反映前沿；在教材的表现形式上着力于提高学生的学习兴趣，注重新颖性与趣味性的结合；在栏目设计上遵循学生的认知规律，注重情境教学，设计了"学习指南""看一看""想一想""小知识""学生实验""探究实验""阅读材料""趣味实验""习题""本章小结"等多类型栏目，提出大量引导学生积极思考的问题，从学生熟悉的化学问题出发，激发学生学习、探究知识的兴趣；在教学内容的呈现方式上，主要以案例为主，提供了足够的填空之处，让学生随时记录现象、结论和体会等，从而改善学习方式。体现学生、教师、教材三者交互的特点。

本教材在编写模式、内容选取、编排等方面力求创新。

首先，在每章开始都有一段简短的导语，激发兴趣，引导学习。

"学习指南"帮助学生了解教学要求，明确主要学习任务。

"看一看"以直观的图片或概括的文字创建学习情境。图片起到了加强直观性、增大信息量与文化内涵等作用，关联学生已有知识、生活经验，启迪思维，激起学生的学习兴趣。

"想一想"栏目根据学生已有的知识或在实际生活中碰到的具体事例提出问题，引发学生的思维与联想，建立新旧知识的联系或新知识的增长点，为后续课程的学习作准备；该栏目还会出现在一节的结束处，要求学生围绕与所学知识有关的问题进一步思考，巩固、升华所学知识，提高综合与运用能力。

"小知识"以简洁的文字介绍了一些常识，并注重与社会实践联系。这些内容既促进学生理解学习的内容，又丰富和扩展了化学知识，为学生进一步学习提供支持，也体现化学的应用价值。

"趣味实验"中选择一些与日常生活密切相关，集知识性与趣味性于一体、简单而又有趣的小实验，以激发学生的学习热情，调动学习积极性，培养动手能力。

"探究实验"栏目驱动学生运用实验进行探究学习。该栏目直接将实验步骤（含仪器和试剂）和注意事项列出，并用插图清楚地显示仪器装置、实验现象等，然后在相应步骤中对实验现象、结论或解释进行提问，让学生观察、记录并填空。在内容上，重视与学生生活、社会实际紧密联系，以及实验的探索性、趣味性等，以激发学生进行科学实验的探索。

"阅读材料"为学生介绍一些著名化学家的故事，并提供了一些辅助学习、紧密联系社会实践的知识，内容丰富，趣味性强，这些内容既不加重学生的负担，又有利于学生领略化学的奇妙和魅力及化学在社会生活中的应用，拓展视野，也为学有余力的学生多学知识开辟了空间。

"习题"在各节最后，在题目选择上，注重从社会实际中提出问题，注意与报刊、互联网、图书馆、社区的联系，体现了鲜明的时代性、学习资源的广泛性和教科书的开放性，有利于学生深刻认识化学与社会的密切关系和化学的实用价值。在题型上，既有相当数量的传统巩固性习题，以利于学生对所学基础知识、基本技能与基本方法的巩固、运用和升华，又有一些过程开放或结论开放性的题，鼓励学生从不同角度、不同侧面主动思考寻求答案，有利于学生的潜能与创新能力的发展。

"本章小结"指出了全章的重点内容，给予学生搭建学习化学的思维框架，是一种潜在的学习方法的指导，有利于培养学生对学习内容进行复习回顾、归纳整理和自我反思评价的习惯与能力。

其次，教材突出以学生为主体，从培养学生的动手能力和创新思维入手，降低理论难度，注重实际应用，计算公式和单位符号与国家标准相统一。在内容的选取上，尽可能多地选择日常生活中常见的物质——食品、药品、生活用品等为例，兴趣由此而生。

再次，教材使用了大量的插图，形式多样、内容丰富，形象生动的图片与课文内容情景交融、相得益彰，有助于学生更好地领悟化学的知识与价值，增强阅读效果，突出了教材的先进性、人文性与艺术性，体现素质教育，并力求与国际教科书接轨。

本教材由江西省化学工业学校陈艾霞、江西省现代职业技术学院杨龙主编。参加编写的有：陈艾霞（绪论、小知识、趣味实验和阅读材料），江西省化学工业学校付晓凤（第一、第三、第六章），俞继梅（第二、第四、第五、第十章），夏龙贵（第八、第九、第十二章），杨龙（第七、第十一章）。全书由陈艾霞统稿。

江西省安全生产培训中心陈斌、吉林工业职业技术学院初玉霞、南京化工职业技术学院王建梅及安徽中医药高等专科学校俞晨秀对本教材的编写提出了许多宝贵意见，并审阅了全部书稿。

本书由北京教育学院刘尧教授、南开大学袁直教授主审。他们提出了许多宝贵的意见。在此表示衷心的感谢。

本教材在编写过程中得到化学工业出版社及江西省化学工业学校、江西省现代职业技术学院、江西省安全生产培训中心领导和同行的大力支持和热情帮助，文字和图表的录入得到陈赟雯、郑菁、曹秀云、刘慧的倾力相助，在此对提供帮助的朋友们深表谢忱。

限于编者水平，加之时间仓促，书中难免有疏漏和欠妥之处，恳请同行与读者不吝赐教，不胜感激！

编者

2009 年 4 月

目录

绪论

一、走进化学 ····· 002
二、化学课程的任务 ····· 002
三、如何学好化学 ····· 003
阅读材料　电子计算机与化学 ····· 003

主题一　原子结构和化学键

第一节　原子结构 ····· 005
一、原子的组成 ····· 006
二、同位素 ····· 007
三、核外电子排布规律 ····· 008
阅读材料　人造太阳 ····· 009

第二节　元素周期律 ····· 011
一、元素周期表 ····· 012
二、元素性质的递变规律 ····· 013
三、元素周期律（表）的应用 ····· 017
阅读材料　（一）元素代言人 ····· 017
　　　　　（二）稀土知识 ····· 018

第三节　化学键 ····· 020
一、离子键 ····· 021
二、共价键 ····· 021

第四节　化学实验基本操作 ····· 023
一、化学实验基本操作 ····· 024
二、化学品使用安全标识 ····· 027
三、化学实验安全措施 ····· 027
四、实验室常见火灾事故及预防 ····· 028
五、废弃物的处理方法 ····· 029
六、基础实验练习 ····· 030
阅读材料　生活污水处理 ····· 030
本主题小结 ····· 032

目录

主题二　化学反应及其规律

第一节　氧化还原反应 ……………………………………………………… 034
　一、氧化还原反应概述 ……………………………………………………… 035
　二、氧化剂和还原剂 ………………………………………………………… 038

第二节　化学反应速率 ……………………………………………………… 041
　一、化学反应速率的概念 …………………………………………………… 043
　二、影响化学反应速率的因素 ……………………………………………… 043
　阅读材料　飞秒化学 ………………………………………………………… 046

第三节　化学平衡 …………………………………………………………… 047
　一、可逆反应与化学平衡 …………………………………………………… 048
　二、化学平衡移动 …………………………………………………………… 048
　三、影响化学平衡移动的条件 ……………………………………………… 049
　阅读材料　（一）合成氨与三次诺贝尔奖 ………………………………… 052
　　　　　　（二）洗涤剂的有效利用 ……………………………………… 052
　本主题小结 …………………………………………………………………… 055

主题三　溶液与水溶液中的离子反应

第一节　溶液组成的表示方法 ……………………………………………… 056
　一、物质的量及其单位——摩尔 …………………………………………… 057
　二、摩尔质量 ………………………………………………………………… 059
　*三、气体摩尔体积 …………………………………………………………… 061
　四、物质的量浓度 …………………………………………………………… 063
　五、溶液组成的表示方法 …………………………………………………… 066
　阅读材料　创立分子学说的阿伏伽德罗 …………………………………… 068

第二节　弱电解质的解离平衡 ……………………………………………… 069
　一、电解质 …………………………………………………………………… 069
　二、强电解质和弱电解质的概念 …………………………………………… 070
　三、弱电解质的解离平衡 …………………………………………………… 071
　阅读材料　侯氏联合制碱法 ………………………………………………… 072

第三节　水的离子积和溶液的 pH ………………………………………… 072
　一、水的离子积 ……………………………………………………………… 074
　二、溶液的 pH ………………………………………………………………… 074

目录

  阅读材料　pH 与日常饮食 …………………………………………………………… 076
第四节　离子反应和离子方程式 …………………………………………………… 079
  一、离子反应 …………………………………………………………………………… 079
  二、离子方程式 ………………………………………………………………………… 079
  阅读材料　离子反应的应用 …………………………………………………………… 080
第五节　盐的水解 …………………………………………………………………… 081
  一、盐的类型 …………………………………………………………………………… 082
  二、强酸弱碱盐的水解 ………………………………………………………………… 083
  三、强碱弱酸盐的水解 ………………………………………………………………… 083
  四、盐类水解的实质及规律 …………………………………………………………… 084
  阅读材料　（一）盐溶液的配制和结晶 ……………………………………………… 084
      （二）盐水解在生活中的应用 ………………………………………… 084
第六节　学生实验　溶液的配制、稀释和 pH 的测定 …………………………… 085
  本主题小结 ……………………………………………………………………………… 089

主题四　常见无机物及其应用

第一节　常见非金属单质及其化合物 ……………………………………………… 091
  一、常见非金属单质 …………………………………………………………………… 092
  二、常见非金属的气态氢化物 ………………………………………………………… 096
  三、常见非金属氧化物及含氧酸 ……………………………………………………… 099
  四、重要非金属离子的检验 …………………………………………………………… 103
* 五、大气污染与环境保护 ……………………………………………………………… 105
* 六、氟、碘与人体健康 ………………………………………………………………… 107
* 七、用途广泛的无机非金属材料 ……………………………………………………… 108
  阅读材料　新型陶瓷 …………………………………………………………………… 109
第二节　常见金属单质及其化合物 ………………………………………………… 112
  一、常见金属单质 ……………………………………………………………………… 112
  二、常见金属的氧化物和氢氧化物 …………………………………………………… 119
  三、重要金属离子的检验 ……………………………………………………………… 122
  四、重要的盐 …………………………………………………………………………… 124
* 五、重金属污染与防治 ………………………………………………………………… 126
* 六、用途广泛的金属材料 ……………………………………………………………… 127
  阅读材料　生活中的形状记忆合金 …………………………………………………… 129

目录

本主题小结 ·· 133

主题五　简单有机化合物及其应用

第一节　有机化合物的特点和分类 ··· 135
一、有机化合物的概念 ·· 136
二、有机化合物的特点 ·· 136
三、有机化合物的分类 ·· 136
阅读材料　生活中的有机化合物 ·· 138

第二节　烃 ·· 138
一、甲烷及烷烃 ··· 139
二、乙烯及烯烃 ··· 145
三、乙炔及炔烃 ··· 148
四、苯 ··· 152
*五、石油和煤 ··· 155
阅读材料　新型能源——可燃冰与页岩气 ································· 157

第三节　烃的衍生物 ·· 159
一、溴乙烷 ··· 159
二、乙醇 ·· 160
三、苯酚 ·· 164
四、乙醛 ·· 167
五、乙酸 ·· 169
六、乙酸乙酯 ·· 171
*七、肥皂与合成洗涤剂 ··· 172
*八、食品添加剂 ·· 174
阅读材料　（一）乙烯工业迅速发展 ·· 175
　　　　　（二）化纤衣物上常见污渍的种类和清除方法 ············· 176

第四节　学生实验　重要有机化合物的性质 ································· 177
本主题小结 ··· 180

主题六　常见生物分子及合成高分子化合物

第一节　糖类 ·· 182
一、糖类的组成 ··· 183
二、糖类结构特点 ·· 183

目录

　　三、糖类主要性质 …………………………………………………… 184
　　四、糖类在食品加工和生物质能源开发中的应用 ………………… 191
　　　阅读材料　糖类在人体中的作用 ……………………………… 192
第二节　蛋白质 ……………………………………………………………… 193
　　一、氨基酸 …………………………………………………………… 194
　　二、蛋白质 …………………………………………………………… 195
*　三、营养与膳食平衡 ………………………………………………… 199
　　　阅读材料　人类必需氨基酸与作用 …………………………… 201
第三节　合成高分子化合物 ……………………………………………… 203
　　一、高分子化合物的概念和特性 …………………………………… 203
　　二、塑料、合成纤维、合成橡胶简介 ……………………………… 205
*　三、新型高分子材料 ………………………………………………… 211
　　　阅读材料　垃圾分类、回收与利用 …………………………… 213
第四节　学生实验　常见生物分子的性质 …………………………… 215
　　本主题小结 …………………………………………………………… 217

附录

附录一　本书配套数字资源索引 …………………………………… 219
附录二　常用酸碱的密度和浓度 …………………………………… 220
附录三　常用玻璃仪器的用途、使用注意事项及规格 …………… 220
附录四　实验仪器配置建议表 ……………………………………… 223

参考文献

元素周期表

绪论

 小视角

生活中无处不在的化学物质

 微思考

> 从看得见的水到摸不着的空气，从静止的建筑到发射卫星的火箭，从吃的食品到穿的服装……无一不是由物质所组成的，这些物质又都是由什么组成的？为什么这些物质的性质不一样？人们是怎样认识和利用这些物质的？从这些图片中，我们能感受到什么？要回答这些问题，必须学习化学知识。

一、走进化学

化学与人类的生产、生活密切相关，人们的衣食住行蕴含着丰富的化学知识，学习、掌握这些知识，有助于我们认识和生产更多、更适用的化学物质，也有助于我们更安全、健康、快乐地生活。

化学是一门历史悠久而又充满活力的学科，是人类认识和改造世界的主要方法和手段之一，是自然科学的一个重要组成部分，它研究的对象是物质的化学变化。物质的化学变化取决于物质的化学性质，化学性质又是由物质的组成和结构所决定的。

人们借助于化学工业制造出数不胜数的化学产品。造福人类健康的化学药物，具有预防、诊断、治疗疾病及调节机体生理功能的功效，是人类抵御疾病的重要武器之一，为人类战胜疾病带来了重要的保障；色泽鲜艳、质量上乘的服装面料有化学染料、合成纤维的贡献；粮食、蔬菜的丰产和品质的保障，有赖于化肥、农药等的生产和使用；现代建筑所用的石灰、水泥、涂料、胶黏剂、玻璃和塑料等都是化工产品；现代交通工具，不仅需要汽油、柴油作动力燃料，还需要燃油添加剂、防冻剂、润滑油等，这些都是石油化工产品。此外，人们需要的洗涤剂、牙膏、美容化妆品等必不可少的日用品，也是化学产品。这些化学制品渗透到人类生产和生活的方方面面，使人类的生活更加丰富，更加多彩，更加方便。

化学学科的发展和科学家、工程师的功绩为我们现代生活带来了便利。化学为其他学科和新技术发展提供必要的物质条件，当前一些重要的工业过程基本上都是基于化学过程；世界发明专利中有 20％ 与化学有关；发达国家从事研究与开发的科研人员中，化学和化工专家占一半左右。

二、化学课程的任务

化学是研究物质的组成、结构、性质及其变化规律的一门基础学科，其特征是从微观层次认识物质，以符号形式描述物质，并不断地创造新的物质。化学的基础知识、研究方法及分析测试技术，不仅为化学学科本身的发展奠定了重要的基础，而且是材料、生命、环境、能源和信息等现代科学技术发展的重要基础，在其他自然科学和技术领域以及促进人类文明可持续发展中发挥着十分重要的作用。

学科核心素养是学科育人价值的集中体现，是学生通过学科学习与运用而逐步形成的正确价值观念、必备品格和关键能力。中等职业学校化学学科核心素养包括宏观辨识与微观探析、变化观念与平衡思想、现象观察与规律认知、实验探究与创新意识、科学态度与社会责任。这些化学学科核心素养既相对独立，又相互交融，是一个有机的整体。

本课程的任务是：全面贯彻党的教育方针，落实立德树人根本任务，服务发展，促进就业；培养学生的化学学科核心素养，帮助学生获得生产、生活所需的必备化学基础知识、基本技能和基本方法，认识和了解与化学有关的自然现象和物质变化规律，培养学生钻研性思维，养成发现、分析、解决化学相关问题的能力；培养学生精益求精的工匠精神、严谨求实的科学态度和勇于开拓的创新意识；引领学生逐步形成正确的世界观、人生观和价值观，自觉践行社会主义核心价值观，提高学生的科学素养和综合职业能力，为其职业生涯发展和终身学习奠定基础，成为德智体美劳全面发展的高素质劳动者和技术技能人才。

三、如何学好化学

要学好化学，第一，要正确理解化学用语和基本概念。从本质上来认识物质及其变化规律。第二，要善于通过各种物质性质的比较，找出它们的内在联系。第三，要结合工农业生产实际和生活实际，运用所学到的化学知识来解释现象和解答问题。第四，化学是一门以实验为基础的学科，通过化学实验，能加深理解，巩固所学到的基础知识和基本理论，训练基本技能。因此学习化学时应该重视化学实验。要细心观察老师在课堂上的演示实验，积极思考，掌握实验的步骤、现象和要领。探究实验的实验设计要做到科学合理，装置简单、易于操作、现象明显。第五，通过阅读与化学有关的课外读物，开展社会实践活动，拓展知识，提高学习化学的兴趣。

最后还要强调的一点，就是同学们不要习惯于单纯地死记教材内容，而要力求做到融会贯通，在理解的基础上掌握学过的内容。在学习过程中遇到困难时，除及时向老师和同学请教外，还要学会利用各种参考资料，培养自己分析问题和解决问题的能力。

电子计算机与化学

作为20世纪人类最伟大发明创造之一的电子计算机，其应用已渗透到各行各业中。计算机的广泛应用极大地改变了人类的社会生活和生产的各个方面。近几十年来，电子计算机的应用已遍及化学的各个领域，从最早用于科学计算到建立化学专家系统进行分子结构的解析和分子设计、合成路线及实验条件的优化、模拟实验，大大节省了人力、物力，提高了工作效率，由此还产生了一个新的边缘领域——计算机化学。

理论化学、量子化学、复杂体系的化学动力学、多组分平衡体系的化学平衡计算等，由于计算复杂、计算量大，都可以借助计算机完成。化学分析测试仪器的计算机化提高了分析仪器的自动化程度，也使某些检测仪器发生了革命性的转变，使它由单纯的数据提供者变为能够进行数据处理、谱图检索和结构解析的多功能分析系统，使人们能从杂乱无章的仪器输出信号中获得更多的有用信息。计算机辅助合成路线设计的发展使有机化学家的合成工作从根本上摆脱了纯经验的摸索，它利用量子力学的方法处理分子结构与性能的关系，根据对物质性能的要求，设计出相应的分子结构，并利用科学的理论计算出相应的合成路线，运用各种手段和技巧将物质合成出来。该方法广泛用于合成药物的设计，为新药的开发开辟了一条崭新的道路。

计算机的进步带动了化学的发展，同样化学的发展也推动了计算机技术的革命。目前世界上许多发达国家竞相投资，加紧开发和研制"分子元件"和"生物芯片"。据美国公布的未来计算机构想，将来的计算机将用分子元件取代电子元件。由于分子元件体积更小，因此可以大幅度提高集成度，使运算速度更快，更接近人脑，能真正实现模糊推理及神经网络运算功能。

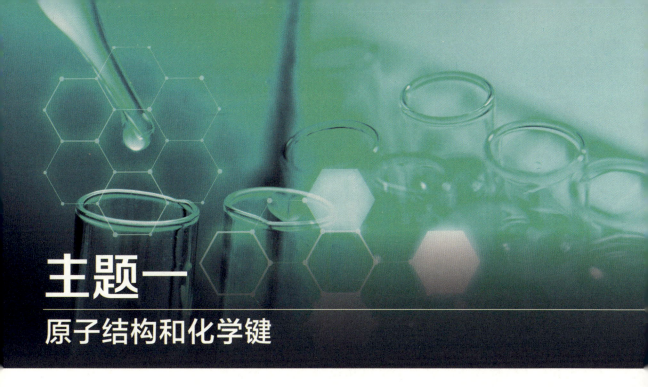

主题一
原子结构和化学键

经过科学家们的不懈努力，人类在原子结构的认识上有了重要突破，从而对分子、离子以及物质的内部结构有了明确的认识。在微观理论的指导下，合成的新化合物数量逐年迅速增加；特种功能材料的研制日新月异，为航天器、电子计算机、光纤通信等高科技领域的发展提供了众多的原料，同时为人们的日常生活提供了更加丰富多彩的新型产品。探索原子的内部结构，对于了解物质性质和化学变化的规律具有非常重要的意义。

第一节　原子结构

 学习目标

1. 认识原子的结构，了解原子的组成。
2. 能画出 1~20 号元素的原子结构示意图。

 小视角

水

板材

氧气

铅笔芯和金刚石

生活中常见的物质

 **微思考**

> 1. 在地球上，有空气、岩石、高山、大海，有树木、花草、鸟兽，这些物质由什么组成？
>
> 2. 如果把玻璃杯打碎了，其碎片还是玻璃。经过多次分割，甚至碾成粉末，颗粒会越分越小。如果不断地分割下去，有没有一个限度呢？

一、原子的组成

原子是化学变化中的最小粒子，由居于原子中心的带正电的原子核和在核外做高速运动的带负电的电子构成，见图1-1。原子核是由质子和中子构成。质子带一个单位正电荷，中子不带电荷，一个核外电子带一个单位负电荷。

动画：核外电子运动轨迹

图1-1 原子核与电子

原子核所带的电荷数即核电荷数（Z）由核内质子数决定。按核电荷数由小到大的顺序给元素编号，所得的序号称为该元素的原子序数，则

原子序数＝核电荷数（Z）＝核内质子数＝核外电子数

例如，氦（He）原子是由2个质子和2个中子（组成氦原子核）和绕氦原子核高速旋转的2个电子组成的，见图1-2。

动画：原子内部结构

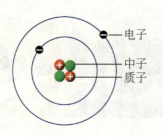 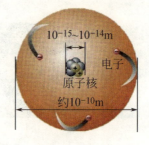

图1-2 氦原子的原子构成模型

质子的质量为 1.6726×10^{-27} kg，中子的质量为 1.6749×10^{-27} kg，电子的质量很小，仅为质子质量的 1/1837，所以，原子的质量主要集中在原子核上。质子和中子的质量很小，计算不方便，因此，通常用它们的相对质量。

实验测得，作为原子量标准的碳-12 原子的质量是 1.9927×10^{-26} kg，它的 1/12 为 1.6606×10^{-27} kg。质子和中子对它的相对质量分别为 1.007 和 1.008，取近似整数值为 1。如果忽略电子的质量，将原子核内所有的质子和中子的相对质量取近似整数值加起来，所得的数值叫质量数，用符号 A 表示。中子数用符号 N 表示。即

$$质量数(A)=质子数(Z)+中子数(N)$$

如以 X 代表一个质量数为 A、质子数为 Z 的原子，那么可以用 $^{A}_{Z}X$ 代表原子的组成。

 小贴士

原子很小，一个原子和一个乒乓球体积之比，相当于乒乓球跟地球体积之比。原子核比原子又小得多，如果把原子比作鸟巢体育场，而原子核只相当于体育场草坪上的一粒芝麻。因此，原子里有很大的空间，电子就在这个空间里作高速运动。

二、同位素

元素是具有相同核电荷数（质子数）的同一类原子的总称。也就是说，同一种元素原子的原子核中质子数是相等的。那么，中子数是否也一定相同呢？科学研究证明，同一种元素的原子中质子数相同，但中子数不一定相同。

这种具有相同质子数和不同中子数的同一种元素的几种原子，互称同位素。

同位素中，不同原子的质量虽然不同，但它们的化学性质几乎是完全相同的。我们所了解的大多数元素都有同位素。如氢元素有三种同位素，见表 1-1。氢原子的三种同位素原子示意图见图 1-3。

表 1-1 氢元素的同位素

名称	符号	俗名	质子数	中子数	电子数	质量数
氕（音 piē）	$^{1}_{1}$H 或 H	普氢	1	0	1	1
氘（音 dāo）	$^{2}_{1}$H 或 D	重氢	1	1	1	2
氚（音 chuān）	$^{3}_{1}$H 或 T	超重氢	1	2	1	3

其中氘和氚是制造氢弹的材料。

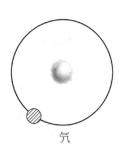 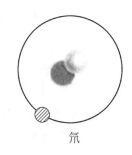 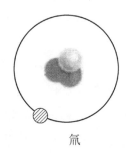

图 1-3　氢原子的三种同位素原子示意图

◎—电子；　○—质子；　●—中子

铀元素有多种同位素，其中 $^{235}_{92}U$ 是制造原子弹的材料和核反应的燃料。同位素中，有些具有放射性，称为放射性同位素，反之为稳定同位素。放射性同位素的原子核很不稳定，会自发地放出 α、β、γ 等射线，从而转变成稳定的原子。放射性同位素技术在工业、农业、医学、军事等诸多领域有着重要的应用。

三、核外电子排布规律

核外电子的运动有自己的特点，它不像行星绕太阳旋转有固定的轨道，但却有经常出现的区域。在多电子原子中，电子的能量是不相同的，在离核较近的区域内运动的电子能量较低；在离核较远的区域内运动的电子能量较高。科学家把这些距核远近不同的区域称为电子层。核外电子是在不同的电子层内运动的，人们又把这种现象叫做核外电子的分层排布。那么，电子的排布规律如何呢？

由于原子中的电子是处在原子核的引力场中（类似于地球上的万物处于地心的引力场中），电子总是从内层排起，当内层排满后再排下一层。现在发现元素原子核外电子最少的有 1 层，最多的有 7 层。电子层按由内向外顺序可表示如下。

(1) 数字表示法　1，2，3，4，5，6，7…

(2) 字母表示法　K，L，M，N，O，P，Q…

图 1-4 为原子核外电子排布示意图。

电子排布规律为每层最多能容纳 $2n^2$ 个电子，其中第一层不超过 2 个，最外层电子数最多不超过 8 个，次外层不超过 18 个，倒数第三层不超过 32 个。

用原子结构示意图可简洁、方便地表示原子的结构。小圈和圈内的数字表示

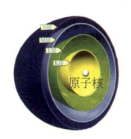 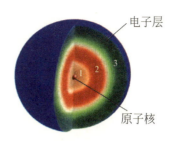

图 1-4 原子核外电子排布

原子核和核内质子数,弧线表示电子层,弧线上面的数字表示该层的电子数,见图 1-5。图 1-6 为部分原子的核外电子分层排布立体示意图。

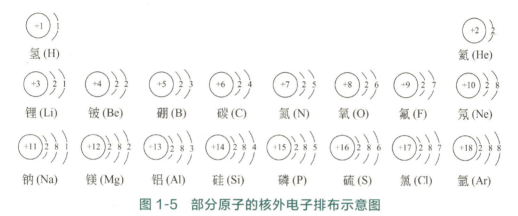

图 1-5 部分原子的核外电子排布示意图

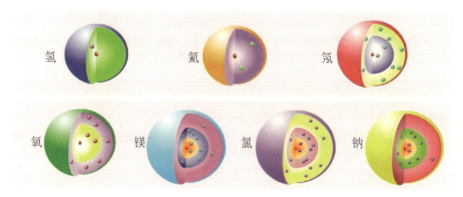

图 1-6 部分原子的核外电子分层排布立体示意图

 阅读材料

人造太阳

万物生长靠太阳,大家对太阳不陌生,但什么是"人造太阳"呢?电影《钢铁侠》里面有一个"人造太阳"叫托卡马克,如果将气体加热到上亿度就会发生聚变,它就会像太阳一样发出巨大的能量,这种可以控制核聚变的科技装置就是"人造太阳"。

在所有的核聚变反应中，氢的同位素——氘和氚的核聚变反应（即氢弹中的聚变反应）是相对比较易于实现的。氘氚核聚变反应也可以释放巨大能量，且氘氚反应的产物没有放射性，中子对堆结构材料的活化也只产生少量较容易处理的短寿命放射性物质。受控热核聚变能的大规模实现将从根本上解决人类社会的能源问题。

　　2021年5月28日，中科院合肥物质科学研究院有"人造太阳"之称的全超导托卡马克核聚变实验装置（EAST）创造了新的世界纪录，成功实现可重复的1.2亿摄氏度101秒和1.6亿摄氏度20秒等离子体运行，这激动人心的一瞬间，汇聚了中科院合肥物质科学研究院团队坚持40多年的心血。长达101秒的持续时间，将1亿摄氏度20秒的原纪录延长了整整5倍。这意味着人类让核聚变成为未来清洁新能源的努力，又一次取得了突破性进展，标志着我国在稳态高参数磁约束聚变研究领域将继续引领国际前沿。

拓展思考

> 1. 请根据原子结构相关内容画出有关原子组成、原子核外电子排布的思维导图。
> 2. 根据原子核外电子排布规律，分别画出1~20号原子核外电子排布示意图。
> 3. 通过同位素在"人造太阳"中的作用，查阅资料，了解同位素在其他技术方面的应用，以小组为单位，在课堂上进行交流。

思维导图示例

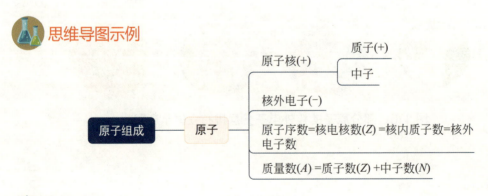

练习题

一、选择题

1. 下列关于原子结构的说法中，错误的是（　　）。

A. 核电荷数一定等于质子数

B. 原子序数一定等于核内质子数

C. 质子数一定不等于中子数

D. 一般来说，原子是由质子、中子、电子构成的

2. 某元素的原子核外有 3 个电子层，最外层有 6 个电子，该原子核内的质子数为（　　）。

　A. 14　　　　　B. 15　　　　　C. 16　　　　　D. 17

3. 有以下六种原子 $_3^6Li$、$_3^7Li$、$_{11}^{23}Na$、$_6^{14}C$、$_7^{14}N$、$_{12}^{24}Mg$，下列相关说法不正确的是（　　）。

A. $_3^6Li$ 和 $_3^7Li$ 在元素周期表中所处的位置相同

B. $_6^{14}C$ 和 $_7^{14}N$ 质量数相等，二者互为同位素

C. $_{11}^{23}Na$ 和 $_{12}^{24}Mg$ 的中子数相同但不属于同种元素

D. $_3^7Li$ 的质量数和 $_7^{14}N$ 的中子数相等

二、判断题

1. 不同种类的原子，其质量数一定都不相同。（　　）

2. $_{92}^{235}U$ 和 $_{92}^{238}U$ 是同位素。（　　）

第二节　元素周期律

学习目标

1. 认识元素性质呈周期性变化的规律及其变化的根本原因。

2. 了解元素周期表的结构和元素在元素周期表中的位置。

3. 了解同周期和同主族元素性质的递变规律。

4. 认识元素周期律（表）在学习元素、化合物及科学研究中的重要作用。

小视角

圆明园兔首鼠首铜像

硫黄

炭雕

防锈铁锅

生活中的物质

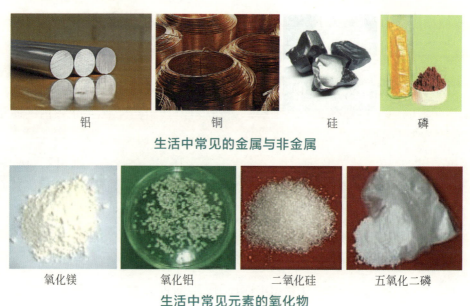

| 铝 | 铜 | 硅 | 磷 |

生活中常见的金属与非金属

| 氧化镁 | 氧化铝 | 二氧化硅 | 五氧化二磷 |

生活中常见元素的氧化物

微思考

你能说出上面物体或物质中所含的元素吗？

元素周期律是指元素的性质随元素的原子序数（即核电荷数或核外电子数）的增加而呈现周期性变化的规律。它把许多化学事实联系起来，说明了元素性质上的周期性变化，并在化学知识系统化过程中起过重要作用，使化学研究减少了盲目性。

一、元素周期表

元素周期表是各元素原子核外电子排布呈周期性变化的反映，是元素周期律的图表形式。

元素周期表由周期和族组成。

1. 周期

周期：具有相同的电子层且按照原子序数递增顺序排列的一系列元素。

元素周期表中有七个横行，每个横行是一个周期，所以一共有七个周期。

周期序数＝电子层数。

第1、2、3周期，所排元素种类分别为2种、8种、8种，称为短周期，第4、5、6、7周期，所排元素种类分别为18种、18种、32种、32种，称为长周期。

镧系元素 $_{57}$La～$_{71}$Lu 有 15 种元素，位于第 6 周期；锕系元素 $_{89}$Ac～$_{103}$Lr 有 15 种元素，位于第 7 周期。目前元素周期表中，发现和人工合成的元素共有 118 种。

2. 族

元素周期表中共有 18 个纵行，除第 8、第 9、第 10 三个纵行为一族外，其他每一纵行称为一族，共有 16 个族。族是最外层电子数相等的一系列元素。族的序数用罗马数字Ⅰ、Ⅱ、Ⅲ、Ⅳ、Ⅴ、Ⅵ、Ⅶ、Ⅷ表示。族又分为主族和副族。元素周期表中，共有 8 个主族、8 个副族。

（1）主族　由短周期元素和长周期元素共同构成的族，称为主族，在族的序数后面标上 A，如：ⅠA、ⅡA、ⅢA……ⅧA。主族的序数与周期表中电子层结构关系为

$$主族序数 = 最外层电子数$$

例如，处于第ⅡA族的镁元素，其原子最外层电子数为 2。处于第ⅧA族的是稀有气体元素，最外层电子数为 8，化学性质极不活泼，在通常情况下不发生化学变化，其化合价为零，因此也称为零族。

（2）副族　完全由长周期元素构成的族，称为副族。在族的序数后面标上 B，如：ⅠB、ⅡB、ⅢB……ⅧB。

二、元素性质的递变规律

1. 原子半径

从图 1-7 可见，元素原子半径呈周期性变化。

① 除第 1 周期外，主族元素同一周期中（惰性气体元素除外），原子半径随原子序数的递增而减小。

② 同一族的元素最外层电子数相同，从上到下，随原子序数（电子层数）的增加，原子半径增大。

2. 元素化合价

① 除第 1 周期外，同周期从左到右，元素最高正价由碱金属+1 递增到+7，非金属元素负价由碳族-4 递增到-1（氟、氧除外，氟无正价，氧最高+2 价）。

② 同一主族元素的最高正价、负价均相同。

主族元素化合价存在如下关系：

$$最高正化合价 = 主族元素的族序号$$
$$最低负化合价 = 最高正化合价 - 8$$

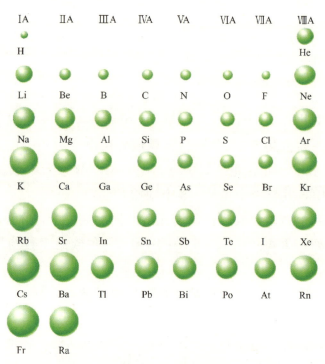

图 1-7 元素原子半径的周期性变化

3. 元素的金属性和非金属性

元素的金属性是指它的原子失去电子的能力；元素的非金属性是指它的原子获得电子的能力。

探究实验

元素性质的递变规律

（1）同周期元素性质的递变规律

实验设计1：(1) 钠、镁、铝与水的反应

① 将绿豆大小的金属钠放入盛有水的烧杯中，观察到的现象为_____，滴入 2 滴酚酞，观察溶液颜色变化为_____。

② 分别取一小段镁带、铝条，用砂纸去掉表面的氧化膜，放入两支小试管中，加入 5 mL 水，观察到的现象为_____。加热

至沸腾，分别滴入2滴酚酞，观察到镁带表面_____现象，溶液颜色变化为_____。铝条表面_____现象，观察溶液颜色变化为_____。得出钠、镁、铝与水反应的剧烈程度为_____。

化学方程式为_____。

（2）镁、铝分别与盐酸反应

分别取一小段镁带、铝条于2支试管中，分别加入3mL 2mol/L盐酸溶液，观察到的现象为_____。得出的实验结论为镁、铝与盐酸反应的剧烈程度_____。

写出化学方程式_____。

结论：Na、Mg、Al的金属性比较_____。
最高价氧化物对应的水化物碱性强弱为_____。

实验设计2：$Mg(OH)_2$、$Al(OH)_3$与碱的反应

① 用$MgCl_2$溶液和NaOH制备$Mg(OH)_2$沉淀，分置于两支试管中，分别加入盐酸和NaOH溶液。观察到的现象为_____。$Mg(OH)_2$是一种_____碱。

写出化学方程式_____。

② 往盛有$AlCl_3$溶液的试管中逐滴加入NaOH溶液，制得$Al(OH)_3$白色沉淀，分置于两支试管中，分别加入盐酸和NaOH溶液。观察到的现象为_____，$Al(OH)_3$是一种_____碱。写出化学方程式_____。

实验设计3：H_2SO_4与H_3PO_4酸性强弱的比较

① 在一小片pH试纸上，滴1滴$0.1mol/L H_2SO_4$溶液，观察试纸颜色变化_____，并与标准比色卡比较，pH为_____。

② 另取一小片pH试纸，滴1滴$0.1mol/L H_3PO_4$溶液，观察试纸颜色变化_____，与标准比色卡比较，pH为_____。

结论：硫酸与磷酸的酸性比较_____。

由以上实验可知，同一周期从左到右随原子序数的递增，核电荷数依次增多，原子失去电子的能力逐渐减弱，得到电子的能力逐渐增强（第ⅧA族除外）。因此从左到右金属性逐渐减弱，而非金属性逐渐增强。

（2）同主族元素性质的递变规律

实验设计1：钾、钠与水的反应

① 钠与水的反应（同前）

② 钾与水的反应：取小烧杯，加蒸馏水，取绿豆大小的金属钾投入烧杯中，立即用漏斗罩住烧杯，观察现象_____；加入2滴酚酞溶液，观察溶液颜色变化_____，写出化学方程式_____。

结论：钠和钾的金属性比较_____。

实验设计2：NaCl、NaBr、NaI与新制氯水和溴水的反应

取3支试管，各加入1mL 0.1mol/L NaCl、0.1mol/L NaBr、0.1mol/L NaI溶液，然后分别向这3支试管中滴加1mL新制氯水，振荡，观察现象_____。再取3支试管，各加入1mL 0.1mol/L NaCl、0.1mol/L NaBr、0.1mol/L NaI溶液，然后分别滴加1mL溴水，振荡，观察现象_____。

结论：氯、溴、碘的非金属性比较_____。

实验设计3：硝酸和磷酸的酸性比较

① 在一小片pH试纸上，滴1滴 $0.1mol/L HNO_3$ 溶液，观察试纸颜色变化_____，并与标准比色卡比较，pH为_____。

② 另取一小片pH试纸，滴1滴 $0.1mol/L H_3PO_4$ 溶液，观察试纸颜色变化_____，与标准比色卡比较，pH为_____。

结论：硝酸与磷酸的酸性比较_____。

由以上实验可知，同一主族从上到下，失电子能力逐渐增强，得电子能力逐渐减弱，元素的金属性逐渐增强，而非金属性逐渐减弱。

因此，金属性最强的元素在周期表中左下方，为Fr；而非金属最强元素在周期表中最右上方，为F。

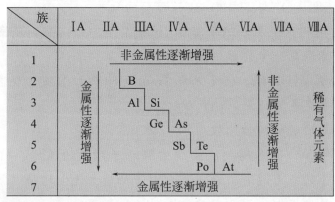

元素的金属性和非金属性的强弱，可以由以下化学性质判断。

① 元素的金属性强

a. 元素的单质与水或酸反应，置换出氢比较容易。

  b. 元素的最高价态氧化物对应水化物（氢氧化物）的碱性强。
② 元素的非金属性强
  a. 元素的单质与氢气反应，生成气态氢化物比较容易。
  b. 元素的最高价态氧化物对应水化物（含氧酸）的酸性强。

三、元素周期律（表）的应用

  根据元素在周期表中的位置，可以推测各种元素的原子结构以及元素及其化合物性质的递变规律，也可以根据元素的原子结构推测它在周期表中的位置。当年，门捷列夫根据元素周期表中未知元素的周围元素和化合物的性质，经过综合推测，成功地预言未知元素及其化合物的性质。

  现在科学家利用元素周期表，研究合成新物质，如在金属和非金属的分界线附近，寻找制取半导体材料（如 Si、Ge 等），在过渡元素中寻找各种优良的催化剂及耐高温、耐腐蚀的合金材料。在周期表一定区域内寻找元素，发现物质的新用途被视为一种相当有效的方法。

 小贴士

元素与人体组织

  在化学元素周期表里的所有元素以各种形式被赋予了维持生命的作用。在周期表里，从氢到铀有 92 种元素（铀元素之后的元素在自然界不存在，在实验室里制成的元素都不稳定）。这 92 种元素里的 25 种与生命的存在有直接的关系。它们中的 11 种，即氢、碳、氧、氮、钠、镁、磷、硫、氯、钾和钙是组成生命 99% 的成分。它们之外的其他 14 种元素，即钒、铬、锰、钴、铁、镍、铜、锌、钼、硼、硅、铯、氟和碘在生物体内占很小的比例，但是它们的作用是很大的。

阅读材料

（一）元素代言人

  只要学习过化学的人，没有不知道门捷列夫与元素周期表的关系，但是元素周期表诞生多少年了？"元素代言人"有谁知道？2019 年恰逢门捷列夫和梅耶发明化学元素周期表 150 周年，也是世界上最大、最具权威性的化学组织——国际纯粹与应用化学联合会（简称 IUPAC）成立 100 周年，还是联合国确立的"国际化学元素周期表年"（简称 IYPT）。三喜临门之际，为了庆祝这场化学盛事，IUPAC 与国际青年化学家网络（IYCN）决定用一种特殊的方式庆祝一番！以"青年化学家元素周期表"的形式，在世界范围内征选了118名优秀青年化学科学家，分别给化学元素周期表上的化学元素代言……他们都是"元素代言人"。

入选的青年化学家涵盖与化学相关的多种工作岗位（科研、教育、科普等）和创新领域，代表化学学科在下一个百年的发展方向，体现IUPAC的使命与核心价值观。入选的青年化学家会在IUPAC官网进行展示介绍，并获得IUPAC颁发的荣誉证书。值得骄傲的是，"元素代言人"出现了八位中国青年化学家的名字，他们分别是代表第79号金（Au）元素的曾晨婕、代表第80号汞（Hg）元素的刘庄、代表第61号钷（pǒ）（Pm）元素的袁荃、代表第16号硫（S）元素的姜雪峰、代表第100号镄（fèi）（Fm）元素的侯旭、代表第92号铀（yóu）（U）元素的王殳凡、代表第7号氮（N）元素的雷晓光和代表第71号镥（lǔ）（Lu）元素的肖成梁。

而中国化学会为庆祝2019联合国"国际化学元素周期表年"（IYPT），传播元素及化学知识，展现当代青年化学科学家风貌，遴选出了与元素周期表一一对应的118名元素的"代言人"，组成了"中国青年化学家元素周期表"，并于2019年5月30日全国科技工作者日正式亮相！

（图片选自中国化学会官网）

作为我国青年化学家的领军人物，这些青年化学家对化学科学严谨求实的实验态度，对科学孜孜不倦的追求赢得了化学学会及社会各界的肯定。

（二）稀土知识

稀土指的是元素周期表中镧系元素和钪、钇共17种金属元素。因为稀土元素发现时冶炼提纯难度比较大，用于提取这类元素的矿物又比较稀少，且获得的氧化物难以熔化，难溶于水，很难分离，且外观酷似"土壤"，故称之为稀土，这一名称从18世纪一直沿用至今。

图片选自学习强国《科技日报》

稀土元素被誉为"工业的维生素"，具有无法取代的优良的光电磁等物理特性，能与其他材料组成性能各异、品种繁多的新型材料，能大幅度提高其他产品的质量和性能，因此有"工业黄金"之称。稀土的加入可以大幅度提高用于制造坦克、飞机、导弹的钢材、铝合金、镁合金、钛合金的战术性能，稀土科技一旦用于军事，必然带来军事科技的跃升。稀土还可以用作电子、激光、核工业、超导等诸多高科技领域的润滑剂。由于稀土作用大，用量少，已成为改进产品结构、提高科技含量、促进行业技术进步的重要元素，被广泛应用到了冶金、军事、石油化工、玻璃陶瓷、农业和新材料等领域。

被誉为"中国稀土之父"的是中国科学院院士、物理化学家徐光宪。徐光宪结合国家建设需要，坚持理论与实践相结合的研究方向，在量子化学、配位化学、萃取化学、稀土化学、化学键理论和串级萃取理论等领域，取得了显著成就。

徐光宪发现了稀土溶剂萃取体系具有"恒定混合萃取比"基本规律，提出了适于稀土溶剂萃取分离的串级萃取理论，可以"一步放大"，直接应用于生产实际，引导稀土分离技术的全面革新，促进了中国从稀土资源大国向高纯稀土生产大国的飞跃。

 拓展思考

> 1. 请根据本小节内容画出关于元素递变规律的思维导图。
> 2. 查阅相关资料，以元素周期律（表）对新元素、新材料的开发为题，讨论交流元素周期律（表）对人类社会发展有哪些重要价值。

 练习题

一、选择题

1. 下列各组元素性质递变规律不正确的是（　　）。

A. Li、Be、B 原子随原子序数的增加最外层电子数依次增多

B. P、S、Cl 元素最高正价依次增高

C. N、O、F 原子半径依次增大

D. Na、K、Rb 的金属性依次增强

2. 元素性质呈周期性变化的原因是（　　）。

A. 原子量逐渐增大　　　　　　B. 元素的化合价呈周期性变化

C. 核外电子排布呈周期性变化　　D. 核电荷逐渐增大

3. 原子序数 11～17 号的元素，随核电荷数的递增而逐渐变小的是（　　）。

A. 电子层数　　　　　　　　　B. 最外层电子数

C. 原子半径　　　　　　　　　D. 元素最高化合价

二、判断题

1. 元素周期律是指元素的性质随着元素核电荷数的递增而呈现周期性的变化。（　　）

2. Na、K、Ca、Al 中，金属性最强的元素是 Al。（　　）

第三节　化学键

学习目标

1. 了解构成分子的微粒间的相互作用，建立化学键的概念。

2. 认识离子键和共价键的形成及其条件，知道离子化合物和共价化合物。

3. 理解化学键断裂和形成是化学反应中物质变化的实质。

小视角

氯化钠　　　　　氟化钙　　　　　氯气　　　　　酒精

实验室常见的物质

微思考

1. 目前已经发现和人工合成的物质就有 3000 多万种，但形成这些物质的元素却只有 100 多种，那么这些元素是如何相互结合构成了多姿多彩、形形色色的物质世界呢？
2. 你知道上面图片中的物质中的原子是以什么形式结合的？

人在地球上生活而不会自动脱离地球，是因为地球对人有吸引力。同样的，原子之间能自动结合是因为它们之间存在着强烈的相互作用。这种分子中相邻的两个或多个原子之间强烈的相互作用就是化学键。由于化学键的存在，100 多种元素构成世界万物。

一、离子键

活泼金属和活泼非金属很容易反应，它们的原子可以失去或得到电子而趋向于使核外电子层形成稳定结构。例如，钠与氯气反应，钠原子要达到最外层 8 电子的稳定结构，需要失去 1 个电子，形成阳离子——钠离子（Na^+），而氯原子要达到稳定结构则需获得 1 个电子，形成阴离子——氯离子（Cl^-），Na^+ 与 Cl^- 由于静电作用而结合成化合物 NaCl，见图 1-8。

动画：离子键的形成

图 1-8　钠离子与氯离子结合成化合物氯化钠

阴、阳离子之间通过静电作用而形成的化学键，叫做离子键。活泼金属（如钠、钾、钙等）和活泼非金属（如氯、溴、氧等）反应生成化合物时，都形成离子键。以离子键结合的化合物称为离子化合物，如 $MgCl_2$、CaF_2 等。

二、共价键

以氯原子和氢原子为例来分析一下氯化氢分子的形成。

氯原子的最外层有 7 个电子，要达到 8 电子结构需要获得一个电子，氢原子的最外层有 1 个电子，要达到 2 电子结构也需要获得一个电子，两个原子间难以发生电子得失；如果氯原子与氢原子各提供 1 个电子，形成共用电子对，两个原子就都形成了稳定结构，见图 1-9。

动画：共价键的形成

原子间通过共用电子对所形成的化学键，叫做共价键。非金属的原子之间都是以共价键结合的。以共价键结合的化合物称为共价化合物，如 Cl_2、O_2、CH_3CH_2OH（乙醇）、H_2O 等。

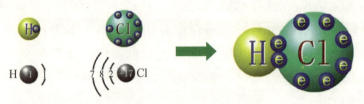

图 1-9　氯化氢的形成过程

 小贴士

烫发的原理

头发的主要成分是角蛋白，角蛋白的分子和分子之间是由一个很强的化学键——二硫键进行连接的。烫发的时候，首先是用化学制剂离子膏把二硫键打开，然后理发师将头发卷成各种各样的卷，造成一定的形状，再用另一种化学制剂定型剂让它在一个新的位置重新形成二硫键。像是强迫将化学键结合起来一样，这样就可以保持一个新的形状的形成。烫发要注意频率，再次烫发间隔要半年以上。因为烫发频率如果太高的话，它可以反复打断头发角蛋白里的化学键，而且这些化学药水也可以对发干的其他结构和成分造成损伤。

 拓展思考

1. 请根据本节课内容画出关于离子键、共价键及其化合物的形成过程的思维导图。

2. 以小组为单位列表展示离子键和共价键的异同点。

 练习题

一、选择题

1. 下列物质中只存在共价键的是（　　）。

  A. $MgCl_2$ B. NH_4Cl C. Na_2O D. CO_2

2. 下列叙述中不正确的是（   ）。

  A. 非金属的原子之间都是以离子键结合的

  B. 非金属的原子之间都是以共价键结合的

  C. 单质中不可能含有离子键

  D. 非金属单质中不一定含有共价键

3. 下列说法正确的是（   ）。

  A. 凡是金属元素跟非金属元素化合就会形成离子化合物

  B. 离子化合物中的阳离子都是金属离子

  C. 离子化合物中，一个阴离子可同时与多个阳离子之间有静电作用

  D. 溶于水可以导电的化合物一定是离子化合物

二、判断题

1. 化学键是指分子中相邻原子之间强烈的相互作用。   （   ）

2. 非金属的原子之间都是以共价键结合的。   （   ）

第四节　化学实验基本操作

学习目标

1. 掌握化学实验基本操作技能。

2. 形成良好的实验室工作习惯，养成实事求是的科学态度。

3. 能识别常见易燃、易爆化学品的安全标识，了解防火与灭火常识。

4. 知道常见化学实验废弃物的处理方法，树立安全和环保意识。

5. 发展科学态度与社会责任等化学学科核心素养。

小视角

试管

烧杯

量筒

锥形瓶

集气瓶

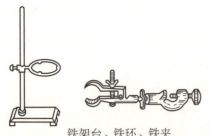
铁架台、铁环、铁夹

酒精灯

分液漏斗

实验室常见的仪器

化学实验室概貌

化学试剂柜

学生实验操作台

化学实验室

 **微思考**

> 这些实验仪器你都认识吗？能正确操作吗？

一、化学实验基本操作

1. 药品的取用

视频：药品的取用

（1）取用原则

① 不能用手直接接触药品，不要将鼻孔凑到容器口去闻药品（特别是气体）的气味，不得尝任何药品的味道。

② 应严格按规定的用量取药品；若无说明用量，一般应按最少量取用：液体 1~2mL，固体只需盖满试管底部。

③ 用剩的药品不能放回原瓶，也不要随意丢弃，不能带出实验室，要放入指定容器内。

（2）固体药品的取用 固体药品取用的操作方法如图 1-10 所示。

① 粉末状：试管横放（倾斜）→盛满药品的药匙或对折的纸条平行地伸入试管约 2/3 处→试管慢慢直立（注意防粘）。

② 块状（密度较大的颗粒）：试管横放→块状固体放在试管口→试管缓缓竖起（防止试管破裂）。

图 1-10　往试管里送入固体药品

注意： 所用试管必须干燥。

（3）液体药品的取用　液体药品取用的操作方法如图 1-11 所示。

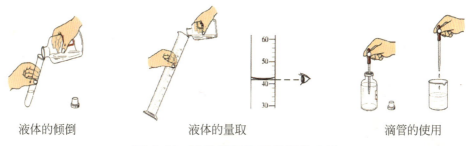

　　液体的倾倒　　　　　　液体的量取　　　　　　　　滴管的使用

图 1-11　液体药品取用的操作方法

① 倾倒：取下瓶塞，倒放→试管倾斜→与瓶口紧挨（手心向着标签）→缓缓倒入。

② 量取：量筒倾斜且与瓶口紧挨→缓缓倒入接近所量刻度→量筒放平稳，视线平视所量刻度→改用胶头滴管逐滴加入直至达到所要量取的体积（注意视线要与量筒内凹液面的最低点保持水平）。

③ 吸取或滴加：捏紧橡胶乳头，排出空气→滴管伸入所吸液体中→放开手指，即被吸入→取出滴管悬空放置在被滴入的容器口上方→拇指、食指捏挤橡胶乳头，滴入容器中（注意胶头滴管不能平放倒置，要及时清洗，不要乱放，专管专用）。

2. 物质的加热

（1）酒精灯的使用　酒精灯的使用见图 1-12。

图 1-12　酒精灯的使用

①检：检查灯芯是否平整；检查灯里是否有酒精（酒精不能超过酒精灯容积的2/3）。

②点：用火柴点燃，绝对禁止用燃着酒精灯引燃另一盏酒精灯。

③熄：用灯帽盖灭，不可用嘴吹灭。

④火焰结构：酒精灯灯焰由焰芯、内焰、外焰三部分组成，其中外焰温度最高，应用外焰加热。

注意：①碰倒酒精灯，万一洒出的酒精在桌上燃烧起来，应立即用湿抹布扑盖。

②酒精添加应借助漏斗，绝对禁止向燃着的酒精灯内添加酒精。

（2）给物质加热　加热操作方法见图1-13。

图1-13　加热操作方法

① 加热所用仪器

a. 盛液体加热仪器：试管、烧瓶、烧杯、蒸发皿。

b. 盛固体加热仪器：试管、蒸发皿等。

c. 直接加热仪器：试管、蒸发皿。

d. 不能直接加热的仪器：烧杯、烧瓶。这些仪器需垫石棉网加热。

e. 不能加热仪器：集气瓶、水槽、量筒。

② 加热操作及注意事项

a. 玻璃仪器外壁有水，加热前先擦干再加热，以免容器炸裂。

b. 加热时玻璃仪器底部不能接触灯芯，否则易破裂。

c. 加热到温度很高的玻璃仪器，不能立即用冷水冲洗，否则可能破裂。

d. 加热时应先均匀加热，然后再集中加热，否则易破裂。

e. 给试管中的固体加热时，试管口必须略微向下倾斜，防止产生的水倒流，试管破裂。

f. 给试管中的液体加热时，液体不能超过试管容积的1/3，试管倾斜（与桌面约成45°角），试管口不要对着自己或别人。

g.试管夹夹持试管时，应打开试管夹，然后从试管的底部往上套，夹在试管的中上部。

（3）洗涤仪器

① 洗涤原因：仪器不干净会影响实验效果。

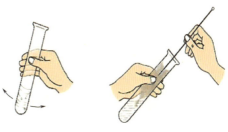

图 1-14　试管的洗涤

② 洗涤方法

a.振荡：用手腕的力量。

b.试管刷刷洗：上下移动或转动试管刷，不要用力过猛。操作见图 1-14。

③ 洗涤干净标准：玻璃仪器内壁附着水既不聚成水滴也不成股流下（即内外壁不挂水珠）。

④ 放置：洗涤完的玻璃仪器应倒放在试管架上或指定的地方。

二、化学品使用安全标识

化学品常见安全标识见图 1-15。

图 1-15　化学品常见安全标识

三、化学实验安全措施

（1）做有毒气体的实验时，应在通风橱中进行，并注意对尾气进行适当处理（如吸收等）。

（2）烫伤宜找医生处理。

（3）浓酸洒在实验台上，先用 Na_2CO_3（或 $NaHCO_3$）中和，后用水冲擦干净。浓酸沾在皮肤上，宜先用干抹布拭去，再用水冲洗干净。浓酸溅在眼中应先用稀 $NaHCO_3$ 溶液淋洗，然后请医生处理。

（4）浓碱洒在实验台上，先用稀乙酸中和，然后用水冲擦干净。浓碱沾在皮肤上，宜先用大量水冲洗，再涂上硼酸溶液。浓碱溅入眼中，用水洗净后再用硼酸溶液淋洗。

（5）钠、磷等失火宜用沙土扑盖。

（6）酒精及其他易燃有机物小面积失火，应迅速用湿抹布扑盖。

四、实验室常见火灾事故及预防

实验室常见火灾事故主要有电源火灾和试剂火灾。实验室内照明设施、用电仪器、电加热设备等发生故障时引发的火灾为电源火灾；实验室内的化学试剂燃烧或爆炸而引起的火灾为试剂火灾。在化学实验中，常用一些易燃易爆的试剂，如酒精、乙醚、丙酮等，它们易挥发、闪点低，遇明火极易燃烧；钾、钠、黄磷、电石等固体物质在常温下或遇水后就能自燃。发生试剂火灾时，不仅毁物还会伤人，因此，一定要科学管理、科学使用这些试剂。具体要求如下：

（1）易燃易爆的试剂要贮存于阴凉干燥、通风良好的贮藏室内，严禁混放能发生激烈反应或放出有毒气体的物质。

（2）见光易分解或发生爆炸的试剂一定要避光保存。

（3）常温下易自燃的物质要低温保存，遇水易燃烧的试剂要存放于隔水防潮阻燃的介质中。

（4）在量取或使用易挥发、易燃易爆试剂时，要在通风橱内进行，切勿将瓶口对着自己或他人。

（5）实验室要配备必要的防护用品和消防设备。

实验室操作不仅要求能科学正确地使用各种仪器和药品，而且还要求熟悉灭火常识，能够熟练地操作实验室配备的灭火设备，一旦发生火灾，要沉着冷静，迅速采取有效的灭火措施。若遇电气设备起火，应立即切断电源，用抹布、细沙或石棉布覆盖熄灭。若火势较大，立即根据燃烧物质的性质，选择合适的灭火器进行灭火，并迅速拨打火警电话119报警。实验室火灾时有发生，有时还造成有毒物质的泄漏，污染环境。因此，做好实验室的安全防火尤为重要。

当实验室发生火情时应尽快沿疏散指示标志和安全出口方向迅速离开实验室。当实验大楼出现火情发生浓烟时应迅速离开，当浓烟已穿入实验室内时，要沿地面匍匐前进，并用湿毛巾捂住口鼻，因地面层新鲜空气较多，不易中毒而窒息，有利于逃生。当逃到门口时，千万不要站立开门，以避免被大量浓烟熏倒。逃生切忌乘坐电梯，因为电梯可能因停电或失控而无法使用，同时又因"烟囱效应"，电梯井常常成为浓烟的流通道。

实验室必须配备符合要求的消防器材，消防器材要放置在明显且便于拿取的位置。严禁任何人以任何借口把消防器材移作他用。

消火栓（图 1-16）使用方法：遇有火警，按下弹簧锁，拉开箱门，连接水枪与水带接口、水带与消火栓接口，如有加压泵，击碎加压泵启动按钮玻璃，将手轮逆时针旋开，即能喷水灭火。

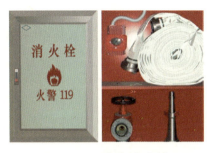

图 1-16　室内消火栓

常见灭火器的成分及使用对比如下：

名称	成分	使用范围
泡沫灭火器	$Al_2(SO_4)_3$ 和 $NaHCO_3$	用于一般失火及油类着火。因为泡沫能导电，所以不能用于扑灭电器设备着火，火后现场清理较麻烦
干粉灭火器	磷酸盐、$NaHCO_3$ 等盐类与适宜的润滑剂和防潮剂	用于油类、电器设备、可燃气体及遇水燃烧等物质着火
1211 灭火器	CF_2ClBr 液化气体	用于油类、有机溶剂、精密仪器、高压电气设备
二氧化碳灭火器	液态 CO_2	用于电器设备失火及有机物着火。注意喷出的二氧化碳使温度骤降，应防止手被冻伤
四氯化碳灭火器	液态 CCl_4	用于电器设备及汽油、丙酮等着火。四氯化碳在高温下生成剧毒的光气，不能在狭小和通风不良实验室使用。注意四氯化碳与金属钠接触将发生爆炸

五、废弃物的处理方法

实验室废弃物的一般处理原则为：分类收集、存放，集中处理。根据废弃物的性质选择合适的盛装容器和存放地点：废液应用密闭容器贮存，禁止混合存放，以免发生化学反应而造成事故，容器应防渗漏，防挥发性气体逸出，污染实验室环境；对于易燃、易爆、剧毒实验药品的废液，其贮存应按相应国家标准执行，废液应存放于阴凉干燥处，远离热源，避光，以免加速废液的化学反应；贮存器具必须贴上标签，标明种类、贮存时间等，贮存时间不宜过长，定期去相关部门备案销毁。废液、废固收集桶的存放地点必须张贴危险警告牌、告示。

1. 废气

实验室应配有符合实验要求的通风橱和通风设备，实验操作过程中会产生少量有害气体的实验应该在通风橱中进行，能产生大量有害、有毒气体的实验必须具备吸收或处理装置。一般的有毒气体可以通过通风橱或通风管道，经空气稀释排出，而大量的有毒气体必须通过与氧气充分燃烧或者被吸收处理后才能排放。

2. 废液

学校实验室产生的废液一般可分为有机溶剂废液（如甲苯、乙醇、乙酸、卤化有机溶剂等）、无机溶剂废液（如重金属废液、含汞废液、废酸、废碱等）。实验过程中，绝不能随便把有害、有毒废液直接倒入水槽或下水道，而应该将其倒入指定的废液回收桶。不同废液在倒进废液桶前要检测其反应相容性，分别倒入相应的废液收集桶中，严禁将不相容的废液混倒在同一废液桶内，以防发生化学反应产生危害。每次倒入废液后须即刻盖紧桶盖。若是含重金属的废液，还要回收重金属。

高浓度的废酸、废碱溶液要经中和至近中性时排放。对于某些含有少量被测物和其他成分的高浓度有机溶剂废液应回收再用。用于回收的废液应该分别用洁净的容器盛装，同类废液中浓度高的要集中贮存，以回收某些组分；浓度低的经适当处理达标后才可排放。

3. 废渣

不可随意掩埋、丢弃有毒、有害的废渣，废渣须存放于专门的收集桶中。盛装过有毒废弃物品的空器皿、包装物等，须经完全消除危害后，才能改为他用或弃用。

保护环境人人有责，实验过程中要树立绿色化学、绿色实验意识，依法依规做好实验室"三废"处理。

六、基础实验练习

（1）练习固体、液体药品的取用。

（2）练习试管、烧杯的洗涤。

（3）用蒸馏水练习胶头滴管的使用，向量筒中滴加 1mL 蒸馏水，并记录 1mL 水的滴数。

（4）分别量取 1mL、2mL、3mL、5mL 蒸馏水倒入试管中，并目测其所占的体积。

阅读材料

生活污水处理

城市生活污水处理一般根据城市污水的利用、排放去向和水体的自我净化能力，确定污水的处理工艺。处理后的生活污水，无论用于工业、农业或者是回灌补充地下水，都必须符合国家相关水质标准。

污水处理方法主要有以下几种：

1. 物理处理法

物理处理法指通过物理作用分离、回收废水中不溶解的固态污染物的处理法，具体又可分为重力分离法、筛滤截留法和离心分离法等。

2. 化学处理法

化学处理法指通过化学反应和传质作用来分离、除去废水中呈溶解状态的污染物或将其转化为无害物质的废水处理方法。在化学处理法中，以加入反应药品发生化学反应为基础的处理方法有中和、混凝、氧化还原等，而以传质作用为基础的处理方法有萃取、吸附、吹脱、汽提、离子交换、反渗透和电渗析等。反渗透和电渗析又合称为膜分离技术。以传质作用为基础的处理方法既具有化学作用，又有物理作用，故也可称为物理化学法。

3. 生物处理法

通过微生物代谢使废水中呈溶液、胶体及悬浮状态的有机污染物，转化成无害、稳定的物质，这样的废水处理法称为生物处理法。根据微生物的不同，又分为需氧生物处理和厌氧生物处理两种类型。污水生物处理广泛使用的是需氧生物处理法，需氧生物处理法又可分为生物膜法和活性污泥法两类。

污水处理中常用的生物接触氧化工艺是在生物反应池内填充填料，将已经充氧的污水浸没全部填料，并以一定的流速流经填料。在填料上布满生物膜，污水与生物膜广泛接触，在生物膜上的微生物的新陈代谢作用下，污水中有机污染物得以除去，污水得到净化。

 拓展思考

1. 你知道世界环境日吗？组织学生做一次世界环境日的宣传活动。
2. 水是生命之源，向家人朋友介绍生活污水处理不易，谈谈如何从自身做起，节约用水、节约能源，树立安全和环保意识，培养科学态度与社会责任化学学科核心素养。
3. 请根据本节课内容画出关于实验基本操作的思维导图。

一、选择题

1. 下列实验操作正确的是（   ）。
   A. 将铁钉投入直立的试管中
   B. 熄灭酒精灯时用灯帽盖灭
   C. 给液体加热不得超过试管容积的 2/3
   D. 实验剩余药品要放回原瓶

2. 下列实验操作中，错误的是（   ）。
   A. 将块状固体放入直立的试管内
   B. 倾倒液体时标签向着手心
   C. 用药匙取固体药品后，立刻用干净的纸擦拭干净
   D. 用胶头滴管吸取并滴加试剂后，立即用清水冲洗干净

3. 实验桌上因酒精灯打翻而着火时，最便捷的方法是（   ）。
   A. 用水冲熄
   B. 用湿抹布盖灭
   C. 用沙土盖灭
   D. 用泡沫灭火器扑灭

二、判断题

1. 实验过程中一定不能闻药品气味。（   ）
2. 加热时应先均匀加热，然后再集中加热，否则容器易破裂。（   ）

本主题小结

原子的构成

构成原子的粒子		电性和电荷量	质量/kg	相对质量	相对质量近似值
原子核	质子	1个质子带1个单位的正电荷	1.6726×10^{-27}	1.007	1
	中子	不带电荷	1.6749×10^{-27}	1.008	1
核外电子		1个电子带1个单位的负电荷	9.1095×10^{-31}	1/1836	

元素周期表

周期（周期序数=电子层数）		族（主族序数=最外层电子数）	
短周期	长周期	主族	副族
第1、第2、第3周期（有2、8、8种元素）	第4、第5、第6、第7周期（有18、18、32、32种元素）	ⅠA～ⅧA（有8个主族）	ⅠB～ⅧB（有8个副族）

元素周期律

性质	同周期（左→右）	同主族（上→下）
原子半径	逐渐减小	逐渐增大
化合价	最高正化合价＝主族序数 最低负化合价＝主族序数-8	
元素的金属性和非金属性	金属性逐渐减弱 非金属性逐渐增强	金属性逐渐增强 非金属性逐渐减弱
最高价氧化物对应水化物的酸（碱）性	碱性逐渐减弱 酸性逐渐增强	碱性逐渐增强 酸性逐渐减弱
气态氢化物的稳定性	稳定性逐渐增强	稳定性逐渐减弱

化学键

项 目	离子键	共价键
概念	阴、阳离子间的静电作用	相邻原子之间通过共用电子对所形成的强烈的相互作用
成键微粒	阴、阳离子	原子
成键本质	静电作用	共用电子对
形成条件	典型的金属元素与典型的非金属元素之间	同种原子或不同原子（非金属元素）之间

拓展提升

1. 我们已经认识了原子结构和化学键，请你①以钠原子为例介绍原子结构；②以氯化氢和氯化钠为例介绍化学键。

2. 请你以"小小的原子，大大的世界"为题，写一篇随记短文，并让家长协助审阅，在亲友群里进行演讲展示。

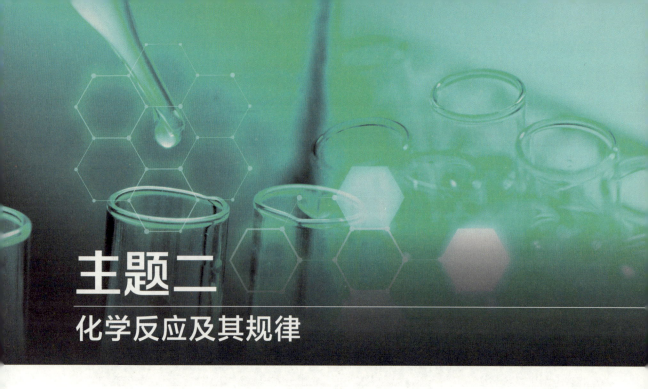

主题二
化学反应及其规律

　　化学研究的核心问题是化学反应,我们已经学过很多化学反应,接触过四种基本反应类型:化合反应、分解反应、置换反应和复分解反应。这些纷繁复杂的化学反应是如何发生的?各类化学反应遵循什么样的规律?为什么有的反应迅速、有的却反应缓慢?学习化学反应的规律,将化学反应为我所用,对工业生产非常重要。

　　科学应当为人类服务,科学的一切成就都应促进工业和技术的发展。——勒夏特列

第一节　氧化还原反应

 学习目标

1. 了解氧化反应、还原反应和氧化还原反应的概念。

2. 认识有化合价变化的反应是氧化还原反应。

3. 了解氧化还原反应的本质是原子间电子的转移。

4. 了解常见的氧化剂和还原剂。

　　氧化还原反应是一类重要的化学反应,它在工业生产、科学研究以及日常生活中有着广泛的应用。我们接触到的各种金属,大部分都是通过氧化还原反应从矿石中提炼得到的;很多重要的化工产品,如三大强酸(盐酸、硫酸、硝酸)、氨气等,也都是通过氧化还原反应制备得到的。植物的光合作用、呼吸作用、施入土壤里肥料的变化,实质上也发生着氧化还原反应;化石燃料的燃烧、日常生活用到的干电池、车辆上的蓄电池及空间技术上的高能电池在工作时都发生着氧化还原反应。

小视角

多彩的焰火

爆炸

生锈的铁桥

氧化还原反应实例

 微思考

1. 窗户上的铁栏杆常刷上漆，这样做的目的是什么？
2. 一些容易变质食品常采用真空包装或往包装袋中装入一小包特制铁粉，这样做的目的又是什么？

一、氧化还原反应概述

在初中化学中，我们学过氢气还原氧化铜的化学反应：

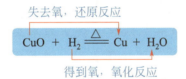

在这个反应中，氧化铜失去氧发生还原反应，氢气得到氧发生氧化反应。这两个过程是在一个反应中同时发生的。像这样一种物质被氧化，同时另一种物质被还原的反应叫做氧化还原反应。

微探索

请分析下列氧化还原反应中各种元素的化合价在反应前后有无变化，讨论氧化还原反应与元素化合价的升降有什么关系：

$$CuO + H_2 \xrightarrow{\triangle} Cu + H_2O$$

从图2-1可以看出，在该反应中，铜元素的化合价从+2降低到0，发生了还原反应，氧化铜被还原；而氢的化合价从0升高到+1，发生了氧化反应，氢气被氧化。

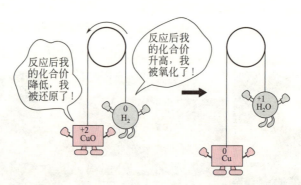

图 2-1 氧化还原反应与元素化合价升降关系的示意图

再看下列反应：

反应中铜元素的化合价变化与前面的反应相似，虽然没有失氧的过程，但其化合价都是从 +2 降低到 0，被还原，发生了还原反应；而铁元素虽然没有得氧的过程，但其化合价从 0 升高到 +2，被氧化，发生了氧化反应。

并非只有得到氧、失去氧的反应才是氧化还原反应，凡是有元素化合价升降的化学反应都是氧化还原反应。其中，元素化合价升高的反应称为氧化反应，元素化合价降低的反应称为还原反应。

 小贴士

怎样判断司机酒后驾车

在道路上，常能见到交警拦下可疑车辆检查，请司机向酒精测定仪中吹一口气，如果测定仪中橙红色物质变为绿色，司机就要受到处罚，因为他饮酒后驾车，违反道路交通管理条例。

该仪器中的橙红色物质是重铬酸钾，人饮酒后，血液中酒精浓度增多，人呼出的气体中有乙醇的蒸气，遇到测定仪中的重铬酸钾，便发生如下的反应：

$$Cr_2O_7^{2-} + 3C_2H_5OH + 8H^+ \rightleftharpoons 2Cr^{3+} + 3CH_3CHO + 7H_2O$$

如橙红色的 $Cr_2O_7^{2-}$ 转化为绿色的 Cr^{3+}，便说明呼出的气体中有乙醇成分。

我们知道，元素化合价的升降与电子的得失（或电子对的偏移）密切相关，由于电子带负电荷，因此，元素原子每得到一个电子，化合价就降低 1；反之，元素原子每失去一个电子，化合价就升高 1。因此，也可以说有电子得失（或共用电子对偏移）的反应叫做氧化还原反应。

在氧化还原反应中，得到电子总数等于失去电子总数。

有人说置换反应全部属于氧化还原反应；有单质参加的化合反应和有单质生成的分解反应全部属于氧化还原反应。你认为这些结论对吗？为什么？

图 2-2 为四种基本类型反应与氧化还原反应之间的关系。

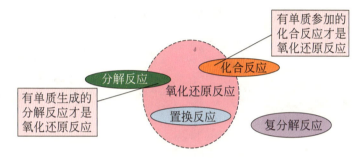

图 2-2　四种基本类型反应与氧化还原反应之间的关系

理解氧化还原反应有关概念的内涵：

类型	狭义涵义	广义涵义	本质涵义
氧化反应	得到氧的反应	元素化合价升高的反应	失去电子的反应
还原反应	失去氧的反应	元素化合价降低的反应	得到电子的反应
氧化还原反应	发生了氧的得失的反应	有元素化合价升降的反应	有电子得失（或共用电子对偏移）的反应

 趣味实验

火龙写字

KNO_3 受热分解可放出氧气，当纸上的 KNO_3 与带火星的木条接触时，纸就被烧焦。如果用饱和 KNO_3 溶液在纸上写字，写字的地方将出现火花，犹如火龙写字。

准备好木条或火柴梗、火柴、毛笔、白纸、红铅笔和饱和 KNO_3 溶液。

用毛笔蘸饱和 KNO_3 溶液，在一张白纸上写字（注意笔画要连续不断），要重复写 2~3 遍。然后在字的起笔处用红铅笔做个记号。把纸晾干，放在水泥地（砖地或土地）上；用带火星的木条轻轻地接触纸上有记号的地方，立即有火花出现,并缓慢地沿着字的笔迹蔓延,好像用火写字一样。最后,在纸上将呈现出用毛笔所写的字。

这一实验的本质就是 KNO_3 在加热的条件下,发生了氧化还原反应放出了氧气。

二、氧化剂和还原剂

 小视角

柠檬

橙子

辣椒

生活中富含维生素 C 的水果和蔬菜

 微思考

> 1. 铁在潮湿的空气中容易生锈,这是由于铁和空气中的氧气发生了氧化还原反应,在这个反应中,哪个是氧化剂,哪个是还原剂?
> 2. 很多色斑的产生都是因为皮肤被氧化所导致,因此一款良好的祛斑产品,要想能有效地改善和祛除色斑,它必须具有良好的氧化性还是还原性?
> 3. 鲜榨苹果汁是人们喜爱的饮料。由于此饮料中含有 Fe^{2+},鲜榨苹果汁在空气中会由淡绿色(Fe^{2+} 的颜色)变为棕黄色(Fe^{3+} 的颜色),这个反应是 Fe^{2+} 与空气中的氧发生了氧化还原反应,那么你知道在这个反应中哪个是氧化剂,哪个是还原剂吗?若在榨汁的时候加入适量的维生素 C,可有效防止这种变色现象的发生,想一想,是为什么?

让我们透过现象挖掘本质,从宏观领域进入微观世界,一起找寻"微思考"的答案。

图 2-3 氧化剂和还原剂

氧化剂和还原剂作为反应物共同参加氧化还原反应。在反应中,电子从还原剂转移到氧化剂,即氧化剂是得到电子(或共用电子对偏向)的物质,见图 2-3,在反应时所含元素的化合价降低。氧化剂具有氧化性，反应时本身被还原。还原剂是失去电子（或共用电子对偏离）的物质，在反应时所含元素的化合价升高。还原剂具有还原性，反应时本身被氧化。

例如，对于下列反应：

常用的氧化剂有活泼的卤素、O_2、Na_2O_2、H_2O_2、$HClO$、$NaClO$、$KClO_3$、$KMnO_4$、$K_2Cr_2O_7$、浓H_2SO_4、HNO_3、$FeCl_3$等。

常用的还原剂有活泼的金属K、Na、Mg、Al、Zn、Fe及C、H_2、CO、H_2S、SO_2等。

※学习口诀※

升失氧（还原剂）
降得还（氧化剂）

升：化合价升高　　降：化合价降低
失：失电子　　　　得：得电子
氧：被氧化，发生　还：被还原，发生
　　氧化反应　　　　　还原反应
还原剂：本身充当　氧化剂：本身充当
　　　　还原剂　　　　　氧化剂

 趣味实验

维生素C趣味小实验

维生素C也称L-抗坏血酸，广泛存在于自然界，尤以新鲜蔬菜及水果中含量丰富。分子结构中的连二烯醇基具有很强的还原性，可被O_2、$FeCl_3$、$KMnO_4$、Br_2、I_2、$AgNO_3$、$CuCl_2$等氧化，所以维生素C具有抗氧化作用。

将2mL的维生素C注射液倒入1支大试管中，加入8mL 0.1mol/L的H_2SO_4混匀后，均分为A、B、C、D四份，在A试管中滴加$KMnO_4$溶液，紫色立即褪去；在B试管中滴加Br_2水，红棕色迅速消失；在C试管中滴加$AgNO_3$溶液，立即有大量沉淀生成；D试管用作对比。

小贴士

照 相 术

现代生活中极为普遍的照相术，也同样涉及氧化还原反应。当光线被影像反射，经照相机的透镜聚焦到底片上的感光乳胶时，其中一些卤化银被活化。在底片显影的阶段中，这些活化了的卤化银颗粒或结晶，能与显影液中的还原剂作用，使得银离子还原成黑色的金属银粒子。

当活化的卤化银还原成金属银之后，再用其他化学方法除去底片上那些未经活化而不起反应的卤化银（一般称为定影）。随后底片上即出现显著的对比，愈黑的地方表示感光愈强，较淡的部分表示感光较弱，由此便可记录下影像。

 练习题

一、选择题

1. 下列有关氧化还原反应的叙述中，正确的是（　　）。
   A. 一定有氧元素参加
   B. 氧化剂本身发生氧化反应
   C. 氧化反应一定先于还原反应发生
   D. 一定有电子的转移（得失或偏移）

2. 下列四种基本反应类型的反应中，一定是氧化还原反应的是（　　）。
   A. 化合反应　　　　　　　　B. 分解反应
   C. 置换反应　　　　　　　　D. 复分解反应

3. 下列反应中，属于氧化还原反应的是（　　）。
   A. $CaCO_3 + 2HCl = CaCl_2 + CO_2\uparrow + H_2O$
   B. $2H_2O_2 = 2H_2O + O_2\uparrow$
   C. $CaO + H_2O = Ca(OH)_2$
   D. $CaCO_3 = CaO + CO_2\uparrow$

二、判断题

1. 氧化还原反应中不一定有氧元素参与反应。　　　　　　　　　　　（　　）
2. 氧化还原反应中必定有电子的转移。　　　　　　　　　　　　　　（　　）
3. 氧化还原反应中有一种元素被氧化，一定有另一种元素被还原。　（　　）
4. 复分解反应一定不是氧化还原反应。　　　　　　　　　　　　　　（　　）
5. 置换反应一定属于氧化还原反应。　　　　　　　　　　　　　　　（　　）

6. 氧化还原反应的本质是元素化合价发生变化。　　　　　　　　（　　）

 微探索

以小组为单位，利用身边的小铁钉，设计一个铁钉生锈的实验，观察不同实验条件下，铁钉生锈的快慢，并进行交流讨论，分析产生这一现象的微观原因，对比实验条件对化学反应的影响，培养宏观辨识与微观探析的化学学科核心素养。

 拓展提升

1. 请根据本小节内容完成有关氧化还原反应的思维导图。

2. 党的二十大报告指出"坚持精准治污、科学治污"，请以"汽车尾气处理中的氧化还原反应"为主题，查阅相关资料，进一步了解生产生活中无所不在的氧化还原反应。

第二节　化学反应速率

 学习目标

1. 了解化学反应速率的概念及表示方法。

2. 了解温度、浓度、压力和催化剂对化学反应速率的影响。

3. 了解催化剂在生产、生活中的重要作用。

在初中化学中，我们学习了一些化学反应的知识，知道有的化学反应进行得快，有的化学反应进行得慢，这"快"与"慢"是相对而言的。在科学研究和实际应用中，当需要对化学反应进行的快慢进行定量的描述或比较时，我们就要确定一个参照物，即使用同一定义或标准下的数据。与物理学中物体的运动快慢用"速度"表示相类似，化学反应过程进行的快慢用"反应速率"来表示。化学反应需要在一定的条件下才能进行，有些反应如化肥的生产、药物的合成等，我们希望化学反应进行得越快越好，生成的产物越多越好；而有些化学反应如钢铁的腐蚀、橡胶塑料的老化、食品的变质等，人们就会想方设法减慢化学反应的进行，希望反应的产物越少越好。这就需要从两个方面来认识：一是化学反应进行的快慢，也就是化学反应速率的问题；二是化学反应进行的程度，即有多少反应物可以转化为生成物，也就是化学平衡问题。这两个问题对我们今后学习化学和对生产实践都具有十分重要的意义。

 小视角

燃烧

溶洞形成

铁桥生锈

牛奶变质

生活中的化学反应

煤的形成

 微思考

1. 化学反应进行的快慢为什么会不一样？有的反应进行得很快，瞬间就能完成，例如，燃放烟花爆竹、炸药的爆炸、酸碱溶液的中和反应等；有的反应则进行得很慢，例如，白色泡沫塑料的分解要几百年，而石油、煤的形成要经过亿万年等。

2. 为什么食品、药品有一定的保质期？

我们身边的一些例子说明了不同的化学反应具有不同的反应速率，那么，究竟是什么因素能影响化学反应进行的快慢呢？这些因素我们能控制吗？怎么控制?让我们通过科学的观察和理性的分析,一起发现规律。

一、化学反应速率的概念

化学反应速率是用来衡量化学反应进行的快慢程度的物理量,通常用单位时间内反应物浓度的减少或生成物浓度的增加来表示。

浓度的单位常用 mol/L 表示,化学反应速率的单位常用 mol/(L·min) 或 mol/(L·s) 表示。例如,在某化学反应中,某一反应物 B 的初始浓度是 2.0mol/L,经过 2min 后,B 的浓度变成了 1.6mol/L,则在这 2min 内以 B 物质浓度变化表示的反应速率为

$$v_B = \frac{2.0\text{mol/L} - 1.6\text{mol/L}}{2\text{min}} = 0.2\text{mol/(L·min)}$$

二、影响化学反应速率的因素

不同的化学反应,具有不同的反应速率。化学反应速率主要由反应物的性质来决定。

例如,在外界条件相同的情况下,钠与水剧烈反应,甚至爆炸,而镁与水的反应则很慢。同一个化学反应,在不同的外界条件下,会有不同的化学反应速率,其影响因素主要是浓度、压力、温度、催化剂等。

因此,我们可以通过改变反应的条件来改变化学反应的速率。

1. 浓度对化学反应速率的影响

硫在空气中燃烧时产生微弱的淡蓝色火焰;而在纯氧中燃烧时,则发出明亮的蓝紫色火焰。这说明硫在纯氧中与氧化合的反应要比在空气中进行得更快、更剧烈(见图 2-4)。

硫在纯氧中的燃烧

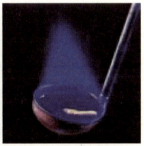
硫在空气中的燃烧

图 2-4 硫的燃烧

视频:不同浓度盐酸溶液与碳酸氢钠反应

视频:不同浓度盐酸溶液与大理石反应

视频:不同浓度盐酸与铁粉反应

【演示实验 2-1】 取 2 只圆底烧瓶（见图 2-5），各放入 2g 的碳酸氢钠粉末。再各加入 100mL 1.0mol/L 和 0.2mol/L 的盐酸溶液，分别在瓶口套入两只相同的气球，观察现象。

图 2-5　不同浓度的盐酸与碳酸氢钠粉末的反应

现象：浓度大的产生气泡快，气球很快膨胀；而浓度小的产生气泡慢，气球缓慢膨胀。

结论：当其他条件不变时，增加反应物的浓度，能加快反应速率。

2.压力对化学反应速率的影响

对于气体来说，当温度一定时，一定量气体的体积与其所受的压力成反比。这就是说，如果气体的压力增大到原来的 2 倍，气体的体积就缩小到原来的 1/2，单位体积内的分子数就会增大到原来的 2 倍，如图 2-6 所示。

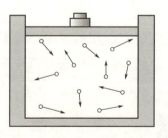 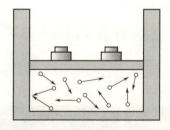

图 2-6　压力大小与一定量气体体积的关系

小贴士

高压锅里的水被加热烧开后产生蒸汽，再继续加热，蒸汽的压力会逐渐升高，锅内的水的沸点不断被提高，那么锅内的温度也随之上升，可以超过 100℃ 以上。这样可以用高温、高压来快速烹制食物或用来消毒灭菌。

结论：增大压力，即增大反应物的浓度，因而可以增大化学反应速率。相反，减小压力，气体的体积就扩大，浓度减小，因而化学反应速率也减小。

3. 温度对化学反应速率的影响

 微思考

你知道疫苗的运输、保存为什么大都要在低温条件下进行吗？

化学反应在高温或常温下进行得较快，而在低温下则进行得比较慢（如图 2-7 所示）。这就是人们使用电冰箱保存食物的原因。

冰箱里保存的面包

高温下的霉面包

视频：温度对化学反应速率的影响

图 2-7　不同温度下保存的面包

 微思考

为什么夏天的食物更容易发霉变质？

结论：温度升高，能加快化学反应速率。一般，温度每升高 10 ℃，化学反应速率能增大到原来的 2～4 倍。

4. 催化剂对化学反应速率的影响

我们知道，催化剂能改变化学反应速率。如在实验室里用分解氯酸钾的方法制取氧气时，为了加快氧气生成的化学反应速率，通常使用二氧化锰作催化剂。

视频：催化剂对化学反应速率的影响

5. 其他因素对化学反应速率的影响

影响化学反应速率的除以上因素外，还有接触面积大小、扩散速率等因素。在化工生产中，常将大块固体破碎成小块或磨成粉末，以增大接触面积，从而加快化学反应速率。另外，某些反应也会受光、超声波、磁场等影响而改变反应速率。

小贴士

人们把能显著改变反应速率，而本身的组成、质量和化学性质在反应前后保持不变的物质称为催化剂。有些催化剂能起到延缓反应速率的作用，叫阻化剂，如日常所见食品包装中加入的防腐剂，为防止油脂变质加入的抗氧化剂等。

 阅读材料

飞秒化学

飞秒即毫微微秒，是一秒的千万亿分之一（即 0.000000000000001 秒）。飞秒化学是研究在时间间隔短至约千万亿分之一秒内化学反应的过程和机理。1999 年，诺贝尔化学奖授予了科学家艾哈迈德·泽维尔，以表彰他应用超短激光（飞秒激光）闪光成像技术观测到分子中的原子在化学反应中如何运动。

20 世纪 80 年代末，泽维尔教授用当时世界上速度最快的激光闪光照相机拍摄到一百万亿分之一秒瞬间处于化学反应中的原子的化学键断裂和新化学键形成的过程。这就犹如电视节目通过慢动作来观看足球赛精彩镜头那样，这个研究成果可以让人们通过"慢动作"观察处于化学反应过程中的原子与分子的转变状态，从根本上改变了我们对化学反应过程的认识。

可以预见，运用飞秒化学，化学反应将更为可控，新的分子将更容易制造。

 练习题

一、选择题

1. 下列关于化学反应速率的说法正确的是（　　）。
   A. 化学反应速率是指一定时间内任何一种反应物的减少或任何一种生成物的增加
   B. 化学反应速率为 0.5mol/(L·s) 是指 1s 末时某物质浓度为 0.5mol/L
   C. 根据化学反应速率的大小可以知道化学反应进行的快慢
   D. 对于任何化学反应，反应速率越大，反应现象就越明显

2. 下列食品添加剂中，其使用目的与化学反应速率有关的是（　　）。
   A. 抗氧化剂　　　B. 调味剂　　　C. 着色剂　　　D. 增稠剂

3. 化学反应速率在工农业生产和日常生活中都有重要作用，下列说法正确的是（　　）。
   A. 将肉类食品进行低温冷藏，能使其永远不会腐败变质
   B. 在化学工业中，选用催化剂一定能提高经济效益
   C. 夏天面粉的发酵速率与冬天面粉的发酵速率相差不大

D. 茶叶等包装中加入还原性铁粉，能显著延长茶叶的储存时间

二、判断题

1. 对于同一化学反应，相同条件下用不同物质表示的反应速率，表示的意义相同。（　　）

2. 增大反应物浓度，化学反应速率加快。（　　）

3. 任何反应，增大压强，反应速率一定增大。（　　）

4. 其他条件相同时，升高温度，化学反应速率增大。（　　）

5. 当其他条件不变时，使用催化剂，化学反应速率增大。（　　）

6. 一种催化剂可以催化所有的反应。（　　）

拓展思考

氢气是21世纪很有前途的新型清洁能源，氢能开发的首要问题是如何以水为原料制取氢气。以下研究方向中你认为可行的有哪些，请简述理由。
（1）大量建设水电站，用电力分解水制取氢气；
（2）设法将太阳能聚焦，产生高温，使水分解产生氢气；
（3）寻找更多的化石燃料，利用其燃烧放热，使水分解产生氢气；
（4）寻找特殊化学物质，用于开发廉价能源，以分解水制取氢气。

拓展提升

1. 请根据本小节内容完成有关化学反应速率的思维导图。
2. 谈谈你对化学反应速率影响因素的理解和认识。

第三节　化学平衡

学习目标

1. 认识化学反应的方向性。

2. 了解可逆反应的含义，知道可逆反应在一定条件下能达到平衡状态。

3. 了解吸热反应和放热反应。

4. 了解浓度、压强、温度对化学平衡的影响。

在研究物质的变化时，人们不仅注意反应的方向和反应的速率，而且十分关心化学反应可以完成的程度，即在指定条件下反应物可以转变成产物的最大限度，这就是化学平衡问题。有效解决这个问题对我们今后学习化学和生产实践都具有重要意义。

一、可逆反应与化学平衡

各种化学反应中，反应进行的程度不同，有些反应的反应物实际上全部转化为生成物，即所谓的反应能进行到底。这种几乎只能向一个方向进行"到底"的反应叫做不可逆反应。用符号"⟶"表示。例如：

$$NaOH + HCl \longrightarrow NaCl + H_2O$$

在同一反应条件下，能同时向正、反两个方向进行的反应叫可逆反应。为表示化学反应的可逆性，在化学方程式中用"⇌"来表示。例如：

$$2SO_2 + O_2 \rightleftharpoons 2SO_3$$

习惯上，根据化学方程式，将从左向右进行的反应称为正反应，从右向左进行的反应称为逆反应。

化学平衡状态是指在一定条件下的可逆反应里，正反应和逆反应的速率相等，混合物中各组分的浓度保持不变的状态。

当单位时间进水的量和出水的量相等时，液面的高度不变，容器中的水量处于动态平衡（见图 2-8），这与化学平衡的建立相类似。

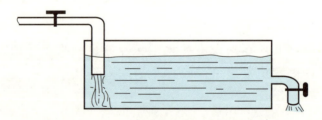

图 2-8　进出水量平衡示意图

当反应达到平衡的时候，正反应和逆反应都仍在继续进行，正、逆反应的速率相等，因此反应混合物中各组分的浓度不变。

二、化学平衡移动

化学平衡只有在一定的条件下才能保持，当一个可逆反应达到化学平衡状态后，如果改变浓度、压力、温度等反应条件，平衡状态也随之改变，平衡混合物里各组分的浓度也会随之改变，最终在新的条件下达到新的平衡状态。

当平衡条件发生改变时,旧化学平衡被破坏,建立新化学平衡的过程叫做化学平衡的移动。

三、影响化学平衡移动的条件

1. 浓度对化学平衡移动的影响

【演示实验 2-2】 在试管中加入 0.1mol/L $FeCl_3$ 溶液和 0.1mol/L KSCN(硫氰化钾)溶液各 10mL,摇匀,可观察到溶液呈现血红色,如图 2-9 所示。然后将反应混合物平均分到三支试管中:第一份保持不变;第二份加少量的 $FeCl_3$ 溶液,振荡试管,并与第一份比较;第三份中加少量 KCl 溶液,振荡试管,并与第一份比较。

视频:浓度对化学平衡的影响

图 2-9 $FeCl_3$ 与 KSCN 反应

实验表明,第二份与第一份比较,红色加深;第三份与第一份比较,红色变淡。

$$FeCl_3 + 3KSCN \rightleftharpoons Fe(SCN)_3 + 3KCl$$
（黄色）（无色）　　（血红色）　（无色）

加 $FeCl_3 \Longrightarrow$ 溶液颜色加深 $\Longrightarrow$ 平衡向正反应方向移动

加 $KCl \Longrightarrow$ 溶液颜色变淡 $\Longrightarrow$ 平衡向逆反应方向移动

说明增大任何一种反应物的浓度都促使化学平衡向正反应的方向移动。

结论:在其他条件不变的情况下,增大反应物的浓度或减小生成物的浓度,都可以使化学平衡向正反应的方向移动;增大生成物的浓度或减小反应物的浓度,都可以使化学平衡向逆反应的方向移动。

2. 压力对化学平衡移动的影响

可以用下列反应来说明压力对化学平衡移动的影响。

$$2NO_2(g) \rightleftharpoons N_2O_4(g)$$
（2 体积,红棕色）　（1 体积,无色）

用注射器吸入少量 NO_2 和 N_2O_4 的混合气体,如图 2-10 所示。将注射器活塞反复往里推(加压)和往外拉(减压),可以观察到压力变化对化学平衡移动的影响。

加压⇌颜色逐渐变浅⇌平衡向气体体积减小的方向移动

减压⇌颜色逐渐变深⇌平衡向气体体积增大的方向移动

图 2-10　NO_2 和 N_2O_4 的混合气体在不同压力下的颜色转化

结论：在其他条件不变的情况下，增大压力，化学平衡向着气体体积减小的方向移动；减小压力，化学平衡向着气体体积增大的方向移动。

 微思考

> 一瓶汽水从冰箱里拿出来打开之后，便会发现有许多气泡冒出。实际上这里存在着化学平衡 $H_2CO_3 \rightleftharpoons CO_2(g) + H_2O$，打开瓶盖时汽水液面上压力减小，平衡向右移动；同时该反应为吸热反应，外面的温度又高于汽水的温度，所以才会出现许多气泡。

3. 温度对化学平衡移动的影响

当化学反应发生时，不仅有新物质生成，通常还伴随着能量的变化。化学上把有热量放出的化学反应叫做放热反应，放热反应往往可表现为反应体系温度的升高，例如燃料的燃烧、食物的腐败等。把吸收热量的化学反应叫做吸热反应，如 $C + CO_2 \rightleftharpoons 2CO$ 就是吸热反应。对于可逆反应，如果正反应方向是放热的，则逆反应方向是吸热的。

在吸热或放热的可逆反应中，反应达到平衡状态后，改变温度也会使化学平衡发生移动。

【演示实验 2-3】 把 NO_2、N_2O_4 气体平衡仪的一个球体放进热水中，而另一个球体放进冷水中，如图 2-11 所示。观察气体平衡仪球体的颜色变化，并与常温时 NO_2、N_2O_4 气体平衡仪球体中的颜色进行对比。

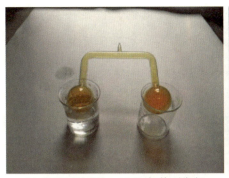   

(a) 常温下的 NO_2、N_2O_4 气体平衡仪　　(b) 右球放入热水、左球放入冷水中的 NO_2、N_2O_4 气体平衡仪

图 2-11　温度对化学平衡移动的影响

$$2NO_2 \rightleftharpoons N_2O_4 \quad (\text{正反应为放热反应})$$
（红棕色）（无色）

降温 ⟹ 颜色变浅 ⟹ 平衡向放热方向移动

升温 ⟹ 颜色变深 ⟹ 平衡向吸热方向移动

结论：在其他条件不变的情况下，温度升高，会使化学平衡向着吸热反应的方向移动；温度降低，会使化学平衡向着放热反应的方向移动。

 微思考

> 温水有利于洗衣粉中酶催化蛋白质等高分子化合物水解，同时蛋白质的水解、油脂的水解都是吸热反应，适当提高水温，会使洗涤效果更佳。

催化剂能同等程度地改变正、逆反应的速率，因此它对化学平衡的移动没有影响。但当使用了催化剂时，能大大缩短反应达到平衡所需时间。因此，化工生产中广泛使用催化剂。

浓度、压力、温度对化学平衡的影响可以概括为：如果改变影响平衡的一个条件（如浓度、压力或温度等），平衡就向能够减弱这种改变的方向移动。这个原理称为平衡移动原理，也叫勒夏特列原理。

 小贴士

太阳镜与勒夏特列原理

热可以影响化学反应平衡的移动，但热并不是能量来源的唯一形式，有些化学反应平衡的移动也受光的影响。因此，吸热反应和放热反应可以引申为吸光反应和发光反应。其中一个实例就是可随光线强弱发生明暗变化的太阳镜。变色玻璃中加入了许多卤化银的微晶体和作为催化剂的氧化铜，当某一波长的强光照射到变色玻璃时，卤化银吸收能量并在氧化铜的催化下分解生成银原子。

$$2Ag^+ + 2X^- \underset{}{\overset{光}{\rightleftharpoons}} 2Ag + X_2$$

银吸收光，镜片变暗，根据勒夏特列原理，光使平衡正向移动，光越强产生的银原子越多，玻璃变得越暗。停止光照后，平衡逆向移动，玻璃将逐渐变得透明。

阅读材料

（一）合成氨与三次诺贝尔奖

截至目前，合成氨的研究已经催生了三位诺贝尔化学奖得主。1918年，德国化学家弗里茨·哈伯因为发明合成氨的方法而获得诺贝尔化学奖。1931年，卡尔·博施因为改进合成氨的方法获得诺贝尔化学奖。

自第一次世界大战以来，人类就开始应用哈伯-博施法合成氨，但是没有人能解释合成过程的作用机理。

2007年度诺贝尔化学奖授予了德国化学家格哈德·埃特尔（Gerhard Ertl），理由是他发现了哈伯-博施法合成氨的作用机理，并以此为开端推动了表面化学动力学的发展。这也是合成氨研究领域诞生的第三位诺贝尔奖得主。埃特尔开创的一系列研究方法，为催化反应和表面化学领域的研究者广泛使用，并创造了巨大的工业和经济效益。埃特尔获奖的另一个理由是，解释了一氧化碳在金属催化剂表面转化为二氧化碳的化学机理。

（二）洗涤剂的有效利用

我们知道，油性污垢中的油脂成分因不溶于水而很难洗去。油脂的化学组成是高级脂肪酸的甘油酯，如果能水解成高级脂肪酸和甘油，那就很容易洗去。油脂水解的方程式如下：

$$(RCOO)_3C_3H_5 + 3H_2O \rightleftharpoons 3RCOOH + C_3H_5(OH)_3$$

这是一个可逆反应。日常生活中以洗衣粉（或纯碱）作洗涤剂，其水溶液呈碱性，能与高级脂肪酸作用，使化学平衡向正反应方向移动。高级脂肪酸转化为钠盐，在水中溶解度增大，因此油污容易被水洗去。

练习题

一、选择题

1. 有关化学平衡状态的特征，下列说法正确的是（　　）。

A. 所有的化学反应都存在化学平衡状态

B. 平衡时反应已达到最大限度，反应停止了

C. 平衡时各组分的浓度相等

D. 化学平衡状态是一种动态平衡

2. 在一定条件下，使 NO 和 O_2 在一密闭容器中进行反应，下列说法中不正确的是（　　）。

A. 反应开始时，正反应速率最大，逆反应速率为零

B. 随着反应的进行，正反应速率逐渐减小，最后为零

C. 随着反应的进行，逆反应速率逐渐增大，最后不变

D. 随着反应的进行，正反应速率逐渐减小，最后不变

3. 下列能用勒夏特列原理解释的是（　　）。

A. 高温及加入催化剂都能使合成氨的反应速率加快

B. SO_2 催化氧化成 SO_3 的反应，往往需要使用催化剂

C. 红棕色的 NO_2 加压后颜色先变深后变浅

D. H_2、I_2、HI 平衡时的混合气体加压后颜色变深

二、判断题

1. 只有可逆反应才存在平衡状态。（　　）

2. 化学平衡状态是一定条件下可逆反应进行到最大限度的结果。（　　）

3. 化学反应达到化学平衡状态时，正逆反应的速率都为 0。（　　）

4. 化学反应达到化学平衡状态时，反应混合物中各组分的浓度一定与化学方程式中对应物质的化学计量数成比例。（　　）

5. 可逆反应是指在同一条件下能同时向正、逆两个方向进行的反应。（　　）

6. 可逆反应中反应物和生成物同时存在。（　　）

微探索

分组查阅资料，运用化学平衡理论，讨论抢救一氧化碳中毒患者时应采取哪些措施？平时生活中应该注意哪些问题？

当人体吸入较多量的一氧化碳时，就会引起一氧化碳中毒，这是由于一氧化碳跟血液里的血红蛋白（Hb）结合，使血红蛋白不能很好地跟氧气结合，人因缺少氧气而窒息，甚至死亡。这个反应可表示如下：

$$Hb\text{-}O_2 + CO \rightleftharpoons Hb\text{-}CO + O_2$$

 探究实验

影响化学反应速率和化学平衡的主要因素

来做做看，要思考哟！

实验设计1：铜箔、镁条、铁片分别投入到盛有0.5mol/L盐酸的试管中，冒气泡速率最快的是_____，较慢的是_____，没气泡的是_____，有气泡的是_____。由此可知物质间能否发生化学反应以及决定化学反应速率大小的内因是_____。

实验设计2：把块状$CaCO_3$和粉末状$CaCO_3$分别投入到盛有稀盐酸的试管中，放出气泡速率较快的是_____，由此可知参加反应固体物质颗粒_____，接触面积_____，化学反应速率_____。

实验设计3：把相同大小的铁片分别投入到盛有0.5mol/L盐酸和3mol/L盐酸的试管中，产生气泡速率较快的是_____。由此可知反应物浓度越_____，化学反应速率越_____。

实验设计4：把相同大小的铁片分别投入到两支盛有0.5mol/L盐酸的试管中，其中一支试管用酒精灯加热，可观察到此试管中产生气泡_____且_____。表明，温度越_____，化学反应速率越_____。

实验设计5：取三支试管分别装入H_2O_2溶液，再向其中两支试管中分别加入$FeCl_3$溶液和MnO_2粉末，可观察到两支试管产生气泡的速率_____。$FeCl_3$和MnO_2起_____作用，此反应方程式表示为_____。由此可知，加入_____可以提高化学反应速率。

实验设计6：在一密闭容器中发生反应$2NO+O_2 \rightleftharpoons 2NO_2$。若减小此容器的体积，气体压力会_____，气体颜色变_____，说明化学平衡向_____移动；若增大此容器的体积，气体压力会_____，气体颜色变_____，说明化学平衡向_____移动。

结论：

1.实验结果表明_____、_____、_____、_____可以提高化学反应速率。

2.改变化学反应速率在实践中具有十分重要的意义。可采取措施加快某些反应速率的例子：_____、_____、_____。可根据需要降低某些化学反应速率的例子：_____。

本主题小结

氧化还原反应

概　念	定　义
氧化反应	失去电子的反应
还原反应	得到电子的反应
氧化还原反应	有电子得失（或共用电子对偏移）的反应
氧化剂	得到电子的物质
还原剂	失去电子的物质

影响化学反应速率的因素

条件改变	反应速率
恒温、恒压下增大反应物浓度	加快
恒温下增大压力（气体反应）	加快
恒压、恒浓度下升高温度	加快
恒温、恒压、恒浓度下使用催化剂	改变

影响化学平衡移动的因素

条件的改变（假设其他条件不变）		化学平衡的移动
浓度	增大反应物浓度或减小生成物浓度	向正反应方向
	减小反应物浓度或增大生成物浓度	向逆反应方向
压力（对有气体存在的反应）	增大压力	向气体体积缩小方向
	减小压力	向气体体积增大方向
温度	升高温度	向吸热反应方向
	降低温度	向放热反应方向
催化剂	使用催化剂	平衡不移动
结论	如果改变影响平衡的一个条件，平衡就向能够减弱这种改变的方向移动	

拓展提升

1. 请根据本主题内容完成有关化学平衡的思维导图。

2. 党的二十大报告中强调，实施全面节约战略，推进各类资源节约集约利用，加快节能降碳先进技术研发和推广应用，假设你是某个合成氨化工厂的技术人员，请你从化学反应速率和化学平衡的角度综合考量，谈谈如何绿色低碳地提高化工厂的生产效益？在解决问题的过程中会应用到哪些化学知识？

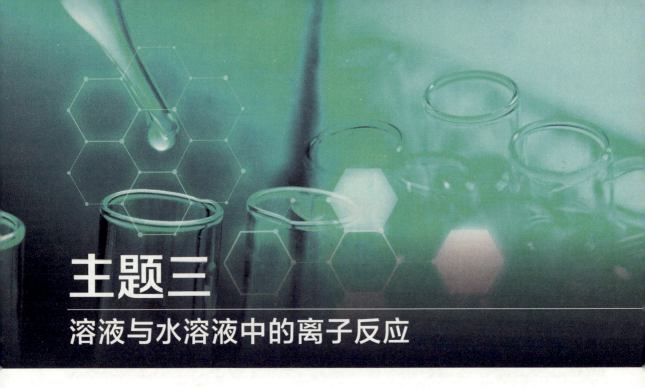

主题三
溶液与水溶液中的离子反应

本主题将讨论溶液组成的表示方法、弱电解质的解离平衡、水的离子积和溶液的pH、离子反应和离子方程式、盐的水解以及相关的实验,培养学生宏观辨识与微观探析、变化观念与平衡思想、现象观察与规律认知、实验探究与创新意识、科学态度与社会责任的化学学科核心素养。

第一节　溶液组成的表示方法

 学习目标

1. 了解物质的量和摩尔质量的概念。

2. 了解溶液组成的表示方法及其相关计算。

3. 学会一定物质的量浓度溶液的配制方法。

我们已经知道物质是由原子、分子、离子等微观粒子构成,物质之间所发生的化学反应,是由肉眼不能看到的原子、离子或分子之间按一定的数目关系进行的,而在实际化工生产或化学实验中,参加反应所用的原料或药品,通常都是既可以看见也可以用称量器具称量的。因而,在肉眼看不见的原子、离子、分子等微观粒子与可见、可称量的宏观物质之间一定存在着某种联系。科学上采用"物质的量"这个物理量把一定数目的原子、分子或离子等微观粒子与可称量的物质联系起来。

一、物质的量及其单位——摩尔

小视角

一双鞋

一盒夹子

一打毛巾

用合适的计量单位表示的物质

微思考

1. 你知道一双手套有几只？一打毛巾有多少条？一盒粉笔有多少支？这一双、一打、一盒表示的是什么意思吗？

2. 你知道 $C + O_2 \xrightarrow{\text{点燃}} CO_2$ 这个反应所表达的意义吗？在实验室里，能拿一个原子和一个分子反应吗？

3. 宏观(质量)  微观(粒子数)

小贴士

国际单位制（SI）的7个基本单位

物理量	单位名称	单位符号	物理量	单位名称	单位符号
长度	米	m	热力学温度	开[尔文]	K
质量	千克	kg	发光强度	坎[德拉]	cd
时间	秒	s	物质的量	摩[尔]	mol
电流	安[培]	A			

日常生活中，当某物质的质量很大时，一般不会用克表示，而用千克、吨等更大的计量单位表示。例如，一辆汽车的质量为3t，不会说是 3×10^6 g；做某事花去10min时间，不会说成是用了600s。人们喜欢选用一个合适的计量单位，把很大或很小的数值变为适中，以利于计算和使用。因此，我们常常需要根据实

际情况，选择使用不同的计量单位。例如：

长度——千米、米、厘米、毫米；

时间——年、月、日、时、分、秒；

体积——立方米、升、毫升；

质量——千克、克、毫克。

那么原子、分子、离子这些微观粒子用什么计量单位来表示呢？

1971年在第十四届国际计量大会上规定了一个新的基本物理量，其名称为"物质的量"，用符号 n 表示，其基本单位为摩尔，简称"摩"，符号为 mol。

物质的量是表示物质所含微观粒子数目多少的物理量。

国际单位制（SI）规定：1mol 任何物质所含粒子的数目和 $0.012kg\ ^{12}C$ 所含粒子数目相等。$0.012kg\ ^{12}C$ 含有 $6.02×10^{23}$ 个 ^{12}C 原子，这个数值称为阿伏伽德罗常数，符号为 N_A。

例如，1mol H_2O 含有 $6.02×10^{23}$ 个水分子；0.5mol Fe 含有 $3.01×10^{23}$ 个铁原子；1mol NaOH 含有 $6.02×10^{23}$ 个氢氧化钠分子；1mol Na^+ 含有 $6.02×10^{23}$ 个钠离子。

微观粒子与可称量的物质之间存在一定的联系

微观粒子可以是原子、分子、离子，如：1mol Zn、1mol CO_2、1mol Cu^{2+} 等，也可以是电子、中子、质子等。

 小贴士

N_A——一个惊人的数字

1. 将 $6.02×10^{23}$ 个一角硬币排起来，可在地球和太阳间往返400亿次之多。

2. 如果 1kg 谷子有 4 万粒，$6.02×10^{23}$ 粒谷子有 $1.505×10^{19}$ kg，地球上按 60 亿人计算每人可有 $2.5×10^9$ kg 谷子，按人均每年消耗 500kg，可供全世界人用 500 万年。

 **微思考**

> 1. 你知道可用哪些计量单位来表示苹果、时间、大米吗?
> 2. 可以说 1mol 氯吗? 那么 1mol 水呢? 1mol 水是指 1mol 水分子吗? 可以说 1mol 铁吗?

物质的量（n）、阿伏伽德罗常数（N_A）与粒子数目（N）之间存在着下述关系:

$$n=\frac{N}{N_A}$$

【例 3-1】 含 3.01×10^{23} 个 Al 原子的铝的物质的量是多少?

解 $$n=\frac{N}{N_A}=\frac{3.01\times10^{23} 个}{6.02\times10^{23} 个/mol}=0.5mol$$

答：含 3.01×10^{23} 个 Al 原子的铝的物质的量是 0.5mol。

注意： 物质的量及其单位摩尔的使用范围是微观粒子，在使用中应指明粒子的名称。

 练习题

判断题

1. 含 3.01×10^{23} 个钾原子的钾的物质的量为 0.5mol。　　　　（　　）
2. 摩尔是物质的量的单位。　　　　　　　　　　　　　　　　　（　　）

二、摩尔质量

 小视角

一打卷纸

一打鸡蛋

一打啤酒

一打不同物质有不同的质量

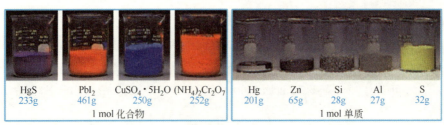

1mol 不同物质有不同的质量

微思考

1. 一打毛巾、一打鸡蛋、一打啤酒的质量相同吗？
2. 1mol 的 Zn、Al、S，它们的微粒数一样，质量却不一样，为什么？
3. 1mol 物质的质量由哪些因素决定？ 从数值上看与什么相联系？
4. 我们常喝的一瓶 550mL 的纯净水有多少个水分子呢？

1. 摩尔质量定义

1mol 不同物质中所含的粒子的数目虽然相同（约 6.02×10^{23} 个），但由于不同原子或分子的质量是不同的，因此，1mol 不同物质的质量也是不同的。

1mol 任何粒子或物质的质量以克（g）为单位时，在数值上都与该粒子原子量或分子量相等。我们将单位物质的量的物质所具有的质量，称为该物质的摩尔质量。摩尔质量的符号为 M，基本单位为 kg/mol，常用的单位为 g/mol。

例如，H_2 的摩尔质量为 2g/mol；CO_2 的摩尔质量为 44g/mol；NaOH 的摩尔质量为 40g/mol；Fe 的摩尔质量为 56g/mol。

任何物质的摩尔质量，以 g/mol 为单位，在数值上应与粒子的化学式的式量相同。

微思考

1. 90g 水的物质的量是多少？
2. 32g 氧气的物质的量是多少？

2. 有关计算

物质的量（n）、质量（m）和摩尔质量（M）之间存在着下述关系：

$$n=\frac{m}{M}$$

当我们知道了上述关系式中的任意两个量时，就可以求出第三个量。计算类型如下。

类型一： 已知 m，求 n

【例 3-2】 计算 $22gCO_2$ 的物质的量。

解 CO_2 的分子量为 44，摩尔质量为 44g/mol

$$n=\frac{m}{M}=\frac{22g}{44g/mol}=0.5mol$$

答：$22g\ CO_2$ 的物质的量是 $0.5mol$。

类型二： 已知 n，求 m

【例 3-3】 计算 $2molH_2O$ 的质量。

解 H_2O 的分子量为 18，摩尔质量为 18g/mol

$$m=nM=2mol\times18g/mol=36g$$

答：$2molH_2O$ 的质量是 $36g$。

同种物质的质量、物质的量和微粒之间的换算方法：

判断题

1. $1mol\ CO_2$ 和 $1mol\ H_2SO_4$ 所含的分子数相同。　　　　　　　　　（　　）

2. $1mol\ O_2$ 的质量是 $32g$。　　　　　　　　　　　　　　　　　　　（　　）

* 三、气体摩尔体积

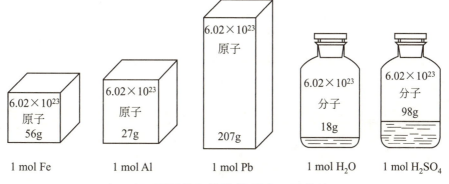

1mol 不同固体和液体物质有不同的体积

> 1. 1mol 任何物质的质量，我们都可以用摩尔质量做桥梁把它计算出来。若想要通过质量求体积，有什么办法吗？
> 2. 1mol 不同的固态或液态物质，体积相同吗？

1. 气体摩尔体积定义

大量的科学实验表明，在温度为 0℃、压力为 101.325kPa 时，1mol 任何气体所占的体积都约为 22.4L。我们把温度为 0℃、压力为 101.325kPa 时的状况规定为标准状况，把单位物质的量（即 1mol）气体所占的体积叫做气体摩尔体积，符号为 V_m，单位为 L/mol。可见，在标准状况下，$V_m = 22.4 \text{L/mol}$。

在相同的温度和压力下，相同体积的任何气体都含相同数目的分子。这个规律叫做阿伏伽德罗定律。

2. 有关计算

气体物质的量（n）、气体体积（V）和气体的摩尔体积（V_m）之间存在着下述关系：

$$n = \frac{V}{V_m}$$

利用上述公式，我们可以进行气体体积与质量或微观粒子数目之间的计算，计算类型有如下两种。

类型一： 已知 V，求 m

【例3-4】标准状况下，33.6L 的 H_2 的质量。

解 H_2 的分子量为 2，摩尔质量为 2g/mol

$$n = \frac{V}{V_m} = \frac{33.6\text{L}}{22.4\text{L/mol}} = 1.5\text{mol}$$

$$m = nM = 1.5\text{mol} \times 2\text{g/mol} = 3\text{g}$$

答：标准状况下，33.6L 的 H_2 的质量是 3g。

类型二： 已知 m，求 V

【例3-5】计算标准状况下，16g O_2 的体积是多少升？

解 O_2 的分子量为 32，摩尔质量为 32g/mol

$$n = \frac{m}{M} = \frac{16\text{g}}{32\text{g/mol}} = 0.5\text{mol}$$

$$V = nV_m = 0.5\,\text{mol} \times 22.4\,\text{L/mol} = 11.2\,\text{L}$$

答：标准状况下，16g O_2 的体积是 11.2L。

练习题

1. 1mol 不同的气态物质，在同一状态下，体积相同吗？已知下列气体在标准状况下，请试着填下表。

物质	物质的量/mol	质量/g	体积/cm³
H_2	1		
O_2	1		
CO_2	1		

2. 计算下列气体在标准状况下的体积：

(1) 45g NO　　(2) 28g CO　　(3) 16g SO_2　　(4) 9.2g NO_2

四、物质的量浓度

硫酸铜晶体

用硫酸铜加水配成不同浓度的溶液

硫酸铜晶体和硫酸铜溶液

1. 输液用 0.9% 氯化钠注射液，你知道 0.9% 是什么意思吗？
2. 某绿茶广告称绿茶有益，是因富含茶多酚，而一款茶饮品中茶多酚的含量至少需要 100mg/L，这是什么意思？
3. 血液化验的报告单中，"葡萄糖 4.94mmol/L"，这是什么意思？
4. 我们曾经学习过的浓度单位有哪些？

1. 物质的量浓度及计算

溶液由溶质和溶剂（常用水）组成。溶液的浓稀程度我们可用浓度来表示。浓度既可以体现在溶质与溶液间的数量关系，也可以体现在溶质与溶剂间的数量关系，浓度的表达方式有很多，本节要学习的物质的量浓度只是浓度表达方式中的一种。

物质的量浓度是以单位体积溶液里所含溶质的物质的量来表示的溶液浓度，用符号 c 表示，常用的单位为 mol/L 或 mol/dm^3，其数学表达式为：

$$\text{物质的量浓度（mol/L）} = \frac{\text{溶质的物质的量（mol）}}{\text{溶液的体积（L）}}$$

即

$$c = \frac{n}{V}$$

当我们知道了上述关系式中的任意两个量时，就可以求出第三个量。

对于溶液稀释，由于溶液稀释前后，溶液中溶质的物质的量不变，$n_\text{浓} = n_\text{稀}$，即

$$c_\text{浓} V_\text{浓} = c_\text{稀} V_\text{稀}$$

计算类型介绍如下。

类型一： 已知 m、V，求 c

【例3-6】 用 20g NaOH 配制成 250mL 溶液，求该溶液的物质的量浓度。

解 NaOH 的摩尔质量 $M = 40\text{g/mol}$

$$n = \frac{m}{M} = \frac{20\text{g}}{40\text{g/mol}} = 0.5\text{mol}$$

$$c = \frac{n}{V} = \frac{0.5\text{mol}}{0.25\text{L}} = 2\text{mol/L}$$

答：该溶液的物质的量浓度是 2mol/L。

类型二： 已知 c、V，求 m

【例3-7】 要配制 0.2mol/L 的 NaCl 溶液 500mL，需称量 NaCl 多少克？

解 NaCl 的摩尔质量 $M = 58.5\text{g/mol}$

$$n = cV = 0.2\text{mol/L} \times 0.5\text{L} = 0.1\text{mol}$$

$$m = nM = 0.1\text{mol} \times 58.5\text{g/mol} = 5.85\text{g}$$

答：需称量 NaCl 5.85g。

类型三： 已知 $c_浓$、$c_稀$、$V_稀$，求 $V_浓$

根据公式　$c_浓 V_浓 = c_稀 V_稀$

【例 3-8】 实验室要配制 1mol/L 的硫酸溶液 3L，需要取用 3mol/L 的硫酸溶液多少升？

解　根据公式
$$c_浓 V_浓 = c_稀 V_稀$$
$$3\text{mol/L} \times V_浓 = 1\text{mol/L} \times 3\text{L}$$
$$V_浓 = 1\text{L}$$

答：需要取用 3mol/L 的硫酸溶液 1L。

> 从 1L 1mol/L 的乙酸溶液中移取 50mL，取出的乙酸溶液的物质的量浓度是多少？

2. 一定物质的量浓度溶液的配制

配制一定物质的量浓度溶液需要使用容量瓶（见图 3-1）。以配制 250mL 0.4mol/L 的 NaCl 溶液为例，配制步骤如下。

（1）计算　计算配制溶液所需的 NaCl 的质量。

$m = nM = cVM = 0.4\text{mol/L} \times 0.25\text{L} \times 58.5\text{g/mol} = 5.85\text{g}$

图 3-1　容量瓶

（2）称量　用托盘天平称量 5.85g NaCl。

（3）溶解　将 5.85g NaCl 放入烧杯，加适量蒸馏水，用玻璃棒搅拌，使之溶解。

（4）转移　将烧杯中的溶液转移至 250mL 容量瓶（用玻璃棒引流），用蒸馏水洗涤烧杯和玻璃棒 2～3 次。洗涤液全部转入容量瓶中。加蒸馏水至容量瓶容积 3/4 时，平摇容量瓶，使溶液初步混匀。

（5）定容　继续向容量瓶中加蒸馏水，直到液面接近刻度下约 1～2cm 时，改用胶头滴管加水到刻度，此时弯液面的最低点与刻度线相切。

（6）摇匀　盖好容量瓶的瓶塞，用左手食指按住瓶塞，其余四指拿住瓶颈标线以上部分，右手指尖托住瓶底边缘（手心不要接触瓶底）。将容量瓶倒置，待气泡全部上移后，同时将容量瓶旋摇数次，混匀溶液，然后将容量瓶直立，让溶液完全流下至标线处。放正容量瓶，将瓶塞稍提起，让瓶塞周围的溶液流下，重新盖好，如此反复操作 10 次以上（注意要数次提起瓶塞），使溶液充分混匀。转移到试剂瓶，并贴好标贴。

配制一定物质的量浓度溶液过程示意图见图 3-2。

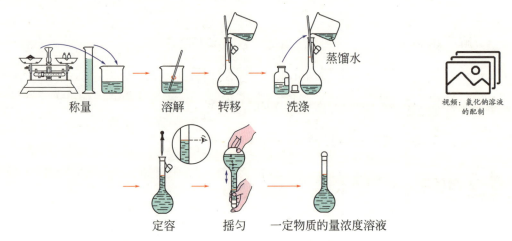

图 3-2　配制一定物质的量浓度溶液的过程示意图

用已知浓度的浓溶液配制稀溶液时，配制步骤基本与上述相同，为：计算→移取→搅匀→转移→定容→摇匀。

物质的量是不同的物理量（质量、气体体积、物质的量浓度）转换的桥梁，物质的量是化学计算的核心。我们必须建立以物质的量为核心进行计算的理念。图 3-3 为物质的量与其他物理量之间的关系。

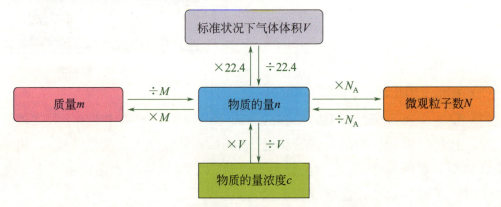

图 3-3　物质的量与其他物理量之间的关系

五、溶液组成的表示方法

在溶液中进行的化学反应很多，研究这类反应中物质的数量关系时，必须知道溶液中溶质的含量。例如，打针配药时，必须使药液中含有适量的药剂，药液过稀，达不到治病的目的，药液过浓则会使人受伤害。因此，掌握好溶质、溶剂、溶液之间量的关系，才能很好地为生产生活服务。

在国家有关标准中，溶剂用 A 代表，溶质用 B 代表。对于一定浓度的溶液，可用各种不同的方法表示。溶液组成的表示方法，主要有以下几种。

1. 物质的量浓度

物质的量浓度是以单位体积溶液里所含溶质的物质的量来表示的溶液浓度，用符号 c 表示，常用的单位为 mol/L、mmol/L 或 mol/dm^3。

2. 质量分数

溶液中溶质 B 的质量（m_B）与溶液质量（m）之比叫溶质的质量分数。如：质量分数是 0.98 的硫酸溶液，表示 100g 溶液里含有硫酸 98g，也可以用百分数表示，即 $w(H_2SO_4)=98\%$，市售浓酸、浓碱大多用这种方法表示。

3. 质量浓度

用 1L 溶液里所含溶质的质量（g）来表示的溶液浓度，叫做质量浓度。例如，在 1L 氯化钠溶液中含有氯化钠 150g，即氯化钠溶液的质量浓度就是 150g/L。质量浓度常用于电镀工业中配制电镀液。

4. 体积分数

用溶质（液态）的体积占全部溶液体积的分数来表示的浓度，叫做体积分数。如：体积分数是 60% 的乙醇溶液，表示 100mL 溶液里含有乙醇 60mL，也可以说将 60mL 乙醇溶于水配成 100mL 乙醇溶液。乙醇的体积分数是商业上表示酒类浓度的方法。白酒、黄酒、葡萄酒等酒类的"度"（以°标示），就是指酒精的体积分数。例如：60% 的酒写成 60°。

5. 体积比浓度

用两种液体配制溶液时，为了操作方便，有时用两种液体的体积比表示浓度，叫做体积比浓度。例如，配制 1：4 的硫酸溶液，就是指 1 体积硫酸（一般指 98%，密度是 $1.84g/cm^3$ 的 H_2SO_4）跟 4 体积的水配成的溶液。体积比浓度只在对浓度要求不太精确时使用。

6. 质量摩尔浓度

溶质 B 的质量摩尔浓度（m_B）用溶液中溶质 B 的物质的量除以溶剂的质量来表示。它在 SI 单位中表示为摩尔每千克（mol/kg）。质量摩尔浓度常用来研究难挥发的非电解质稀溶液的性质，如：蒸气压下降、沸点上升、凝固点下降和渗透压。

练习题

判断题

1. 将 1gNaOH 固体溶于水配成 250mL 溶液，此溶液中 NaOH 的物质的量浓度为 0.1。（ ）
2. 配制 200mL 1.0mol/L H_2SO_4 溶液，需要 10mol/L H_2SO_4 溶液的体积是 20mL。（ ）
3. 从 1L 1mol/L 的乙酸溶液中移取 50mL，取出的乙酸溶液的物质的量浓度是 1mol/L。（ ）

 微探索

> 现实验室需要配制 0.2mol/L 的硫酸铜溶液 500mL，你试想一下，需要哪些实验用品和进行什么样的操作？

 阅读材料

创立分子学说的阿伏伽德罗

在物理学和化学中，有一个重要的常数叫阿伏伽德罗常数：$6.02205×10^{23}/mol$；还有一个常见的定律叫阿伏伽德罗定律（即分子学说）：在同一温度、同一压力下，体积相同的任何气体所含的分子数都相等。

这一定律是意大利物理学家阿伏伽德罗于 1811 年提出的。

阿伏伽德罗
（1776—1856 年）

阿伏伽德罗发表的关于分子学说的第一篇论文没有引起任何反响。3 年后的 1814 年，他发表了第二篇论文，继续阐述他的分子学说。1821 年他又发表了阐述分子学说的第三篇论文。尽管阿伏伽德罗做了再三的努力，但是分子学说仍然没有被大多数化学家认可。

1860 年 9 月，在德国卡尔斯鲁召开了国际化学会议，这次会议力求通过讨论在化学式、原子量等问题上取得统一的意见。来自世界不同国家的 140 名化学家在会上争论很激烈，但没达成协议。这时意大利化学家康尼查罗散发了他所写的小册子，希望大家重视研究阿伏伽德罗的分子学说。他回顾了 50 年化学发展的历程、成功的经验、失败的教训，都充分证实阿伏伽德罗的分子学说是正确的。经过 50 年的曲折经历，阿伏伽德罗的分子学说终于得到公认，可惜此时他已溘然长逝了。

第二节　弱电解质的解离平衡

学习目标

1. 了解电解质的解离和弱电解质的解离平衡。
2. 知道弱电解质水溶液的组成。
3. 能从化学平衡的角度认识影响弱电解质解离平衡的因素。

在实际生产和实验室中，很多化学反应都是在水溶液中进行的，而参加反应的物质主要是电解质。在科学研究和日常生活中，经常接触到和应用到这类电解质溶液。因此，非常有必要进一步学习电解质溶液的性质及其反应特点。

小视角

医用电解质　　　含有电解质的饮料　　　固体电解质电池

生活中常见的含电解质的产品

微思考

1. 为什么出了汗的手触摸正在工作的电器，更容易发生触电事故？
2. 电解质导电的原因是什么？导电能力的强弱可以用什么来衡量？
3. 水也是电解质，为什么电解水制取 H_2 和 O_2 时，需要向水中加入少量的 NaOH 溶液或 H_2SO_4 溶液？

一、电解质

在水溶液中或熔融状态下能够导电的化合物叫做电解质。在水溶液中或熔融状态下不能导电的化合物叫做非电解质。

酸、碱、盐都是电解质，它们在水溶液中能导电，是因为在溶液中电解质

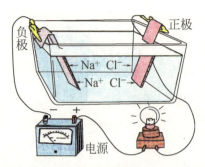

图 3-4 电解质溶液导电示意图

分子发生解离，产生了自由移动的离子，这些带电离子在外电场的作用下，做定向移动的结果。例如，NaCl、NaOH、HCl 的水溶液就能导电。图 3-4 为电解质溶液导电示意图。

大多数有机化合物，如酒精、蔗糖等都是非电解质，非电解质无法解离出离子而以分子形态存在，因而非电解质不导电。

电解质在水溶液中或熔融状态下形成自由移动离子的过程叫做解离。

二、强电解质和弱电解质的概念

不同的电解质在水溶液中解离的程度是不同的，可从它们水溶液的导电能力不同来证明。

【演示实验 3-1】取 5 个烧杯，分别装入 100mL 0.1mol/L 的下列溶液：①HCl 溶液；②CH_3COOH 溶液；③NaOH 溶液；④NaCl 溶液；⑤$NH_3 \cdot H_2O$ 溶液。连接电极和灯泡，接通电源（见图 3-5），注意观察各灯泡的明亮程度。

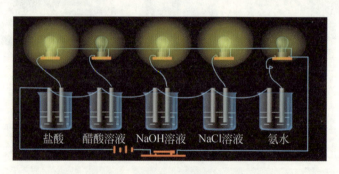

图 3-5 电解质溶液导电能力的比较

实验结果显示：连接在 CH_3COOH、$NH_3 \cdot H_2O$ 溶液中的灯泡比其他 3 个灯泡暗。可见体积和浓度相同而种类不同的酸、碱和盐的水溶液在相同条件下的导电能力是不同的。电解质溶液导电能力强弱不同的原因在于不同的电解质在水中的解离程度不同。根据电解质在溶液中的解离能力的大小，可将电解质分为强电解质和弱电解质。图 3-6、图 3-7 分别为 HCl 和 CH_3COOH 溶液的解离示意图。

我们把在水溶液中完全解离的电解质，称为强电解质，强电解质在水溶液中全部以离子形式存在，通常用"══"表示完全解离。强电解质包括强酸（盐酸、硝酸、硫酸）、强碱[NaOH、KOH、$Ba(OH)_2$]和大多数盐（包括难溶盐）。

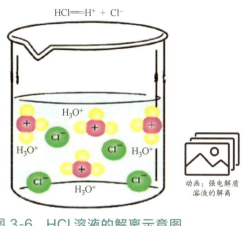

图 3-6　HCl 溶液的解离示意图

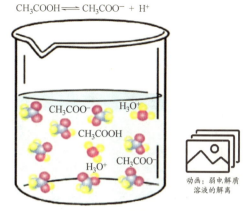

图 3-7　CH_3COOH 溶液的解离示意图

我们把在水溶液中只能部分解离的电解质称为弱电解质，弱电解质在水溶液中只有少部分解离成离子，大部分仍然以分子形式存在，通常用"$\rightleftharpoons$"表示部分解离。弱电解质包括弱酸（如：HAc、HF、H_2CO_3、H_2SO_3、HCN 等）、弱碱（如：氨水和难溶的氢氧化物）和水。

三、弱电解质的解离平衡

弱电解质溶解于水时，虽同样受到水分子的作用，却只有一部分分子解离成离子。因为溶液中的阴、阳离子在相互碰撞时又相互吸引，而重新结合成分子，因此弱电解质的解离是一个可逆过程。

如乙酸在水溶液中：

$$CH_3COOH \underset{结合}{\overset{解离}{\rightleftharpoons}} CH_3COO^- + H^+$$

在一定条件中，当电解质分子解离成离子的速率等于离子结合成分子的速率时，未解离的分子和离子间建立起动态平衡，这种动态平衡称为解离平衡。

强电解质和弱电解质的比较见表 3-1。

表 3-1　强、弱电解质的比较

项　目	强电解质	弱电解质
定义	溶于水后完全解离的电解质	溶于水后部分解离的电解质
解离过程	不可逆，无解离平衡	可逆，有解离平衡
溶液中的微粒	阴离子和阳离子，无电解质分子	同时存在阴离子、阳离子和电解质分子
化合物类型	强酸、强碱和绝大多数盐	弱酸、弱碱和水

阅读材料

侯氏联合制碱法

侯德榜

第一次世界大战期间，欧亚交通阻塞，我国所需纯碱由于大多从英国进口，一时间纯碱非常短缺，一些以纯碱为原料的民族工业难以生存。1917年，爱国实业家范旭东在天津塘沽创办永利碱业公司，决心打破洋人的垄断，生产出中国造的纯碱，并于1920年聘请当时正在美国留学的侯德榜出任总工程师。

为了发展我国的民族工业，侯德榜先生于1921年毅然回国就任。他全身心地投入制碱工艺和设备的改进上。1924年8月，塘沽碱厂正式投产。1926年，中国生产的红三角牌纯碱在美国费城的国际博览会上获得金质奖章。产品不但畅销国内，而且远销日本和东南亚。

侯德榜先生将他摸索出的制碱方法写成专著，公之于世。该书1933年由美国化学会出版，轰动了科学界，被誉为首创的制碱名著，为祖国争得了荣誉。

接着为进一步提高食盐的利用率，侯德榜先生继续进行工艺探索。1940年完成了新的工艺，新的工艺不仅提高了食盐的利用率（达98％），而且将制碱和制氨的生产联合起来，省去了石灰石煅烧产生CO_2和蒸氨的设备，从而节约了成本，大大提高了经济效益。1943年，这种新的制碱法被正式命名为"侯氏联合制碱法"。

练习题

判断题

1. 盐酸属于强电解质。   （   ）
2. 乙酸属于弱电解质。   （   ）

第三节　水的离子积和溶液的 pH

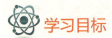
学习目标

1. 认识水的解离，了解水的离子积常数。

2. 认识溶液的酸碱性与 pH 的关系。

3. 掌握用试纸测定溶液 pH 的方法。

4. 知道溶液 pH 的调控在工农业生产和科学研究中的应用。

小视角

紫甘蓝

红凤菜

葡萄

植物酸碱指示剂

微探索

自制酸碱指示剂：

查阅资料：一些植物的花、果、茎中含有色素，这些色素在酸性和碱性溶液中显示不同的颜色，哪些植物可以作为酸碱指示剂？

采集校园或住家附近常见植物，将植物的叶子或花瓣或果实洗净，放入研钵中捣碎，用纱布将汁液挤出，用滴管分别滴加到稀盐酸、白醋、水和小苏打溶液中，振荡，观察颜色的变化，记录现象，并进行交流总结。

名称	在不同溶液中的颜色变化				
	汁液颜色	稀盐酸	白醋	水	小苏打
紫甘蓝					
红凤菜					
新鲜葡萄汁					

 **微思考**

1. 你知道这些我们日常生活用品（肥皂、醋、酱油、牛奶）的酸碱性吗？
2. 你所在城市的自来水是中性的吗？你听说过酸雨吗？雨怎么会是酸性的？
3. 苹果是酸性的吗？那你知道我们日常吃的食物中哪些是碱性的呢？
4. 你知道人体的胃液显什么性、人的血液显什么性吗？

一、水的离子积

水是一种极弱的电解质，可以发生微弱的解离，产生极少量的 H^+ 和 OH^-（图 3-8）。

$$H_2O \rightleftharpoons H^+ + OH^-$$

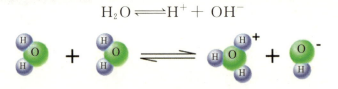

图 3-8 水的解离平衡示意图

动画：水的解离

实验测得，25℃时 1L 纯水中只有 1×10^{-7} mol 的水分子发生解离。由于水总是解离出等量的 H^+ 和 OH^-，因此，纯水中 $c(H^+)=c(OH^-)=1\times10^{-7}$ mol/L。

$$K_w = c(H^+)c(OH^-) = 1\times10^{-7} \times 1\times10^{-7} = 1\times10^{-14}$$

K_w 叫做水的离子积常数，简称水的离子积，它是一个常数，只与温度有关，即不同温度下水的离子积不同。但在室温附近变化很小，一般认为 $K_w=1\times10^{-14}$。

二、溶液的 pH

$c(H^+)c(OH^-)=1\times10^{-14}$ 这一关系式不仅适用于纯水，也适用于任何酸、碱、盐的稀溶液，即在纯水和以水作溶剂的稀溶液中都适用。

溶液中的 $c(H^+)$ 和 $c(OH^-)$ 的相对大小，决定了溶液的酸碱性：

$c(H^+)>c(OH^-)$　　$c(H^+)>10^{-7}$　　酸性溶液
$c(H^+)=c(OH^-)$　　$c(H^+)=10^{-7}$　　中性溶液
$c(H^+)<c(OH^-)$　　$c(H^+)<10^{-7}$　　碱性溶液

在实际生活中，仅仅知道某种溶液是酸性还是碱性是很不够的，还必须测定和控制溶液的酸、碱性的强弱程度，即溶液的酸碱度。溶液的酸碱度通常采用 $c(H^+)$ 的负对数来表示，这个值称为溶液的 pH。

$$pH = -\lg c(H^+)$$

pH 的范围在 0~14，若超出此范围，直接用离子浓度表示。图 3-9 为 c(H$^+$)、pH 与溶液酸碱性的关系。

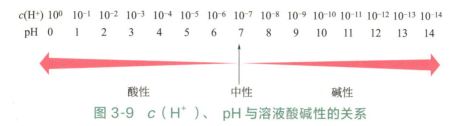

图 3-9　c(H$^+$)、pH 与溶液酸碱性的关系

pH 越小，c(H$^+$) 越大，溶液的酸性越强；pH 越大，c(H$^+$) 越小，溶液的碱性越强。溶液的 pH 相差 1 个单位，c(H$^+$) 就相差 10 倍。

 微思考

> 《中国药典》上收载的水有蒸馏水、注射用水和灭菌注射用水。其中，蒸馏水系天然水经过净化处理再行蒸馏制得的，注射用水系重蒸馏所得的水，但注射用水对 pH 的要求比蒸馏水对 pH 的要求严格，通常控制在 pH 5.0~7.0。你知道为什么吗？

 小贴士

预防酸中毒和碱中毒

预防酸中毒和碱中毒可以从控制食物的来源入手。食物分为酸性食品和碱性食品。一般来说，肉类、鱼类、蛋类、谷物、花生、动物的内脏等属于酸性食品；蔬菜、豆类、奶类、茶叶、咖啡、海藻等属于碱性食品。所以，长期爱吃肉食的人，要经常吃些蔬菜、水果等。爱吃素的人，也要适当吃一些肉类食品。应注意酸性食品和碱性食品的摄入量及它们之间的调节。

中国居民平衡膳食"宝塔"图

人体的体液与代谢产物有一个正常的 pH 范围,这是一个蕴藏于人体的平衡体系。对人体体液和代谢物的 pH 测定,可以帮助人们了解自身的健康状况。例如,人体血液的 pH 正常范围是 7.35～7.45,若 pH＜7.35,人体会出现酸中毒;若 pH＞7.45,人体会出现碱中毒;如果血液 pH 偏离 pH 正常范围 0.4 个单位,平衡就会打破,严重的会危及生命。

测定溶液的 pH 有多种方法,可以根据检测要求的精确度选用不同的方法。

酸碱指示剂是常用的指示溶液酸碱性的试剂;检测要求精确,可以用 pH 计(也称酸度计)等仪器。

检测要求不高,可简单地使用 pH 试纸、石蕊试纸等,这些试纸在不同酸碱度的溶液里,显示不同的颜色。测定时,把待测溶液滴在 pH 试纸上,然后把试纸显示的颜色跟标准比色卡对照,便可知道溶液的大致 pH。

图 3-10 为测量 pH 的 pH 试纸及酸度计。

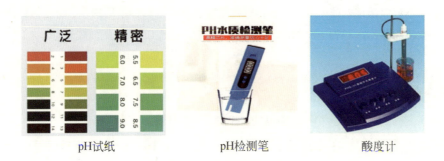

pH试纸　　　　　pH检测笔　　　　　酸度计

图 3-10　测量 pH 的 pH 试纸及酸度计

小贴士

pH 试纸是将试纸用多种酸碱指示剂的混合溶液浸透,经晾干制成的。由于它对不同 pH 值的溶液能显示出不同的颜色,因此,常用来迅速判断溶液的酸碱性。常用的 pH 试纸有广泛 pH 试纸和精密 pH 试纸。广泛 pH 试纸的 pH 测定范围是 1～14 或 0～10,可以识别的 pH 差值约为 1;精密 pH 试纸的 pH 范围较窄,可以判别 0.2 或 0.3 的 pH 差值。

阅读材料

pH 与日常饮食

在人们的饮食中,许多现象也与 pH 有关。如酱油(pH 为 4.8 左右)、醋

(pH 约为 3)都是常用的调味品,在食物烹调中,用它们来调节口味,实际是调整食物的 pH。在食欲低下时,往往在食物中加入少量醋,刺激胃酸分泌,起到开胃的作用。夏季,温度较高,食物容易腐败变质,这与食物中 pH 变化有着密切的关系。新鲜猪肉的 pH 在 7.0~7.4,放置一段时间后,肉中的蛋白质凝固,失去水分,pH 下降到 5.4~5.5,猪肉将失去原有的鲜味。味精在 pH 小于 7 的溶液中溶解后,游离出氨基酸,使汤味鲜美,而在碱性环境中,口感则较差。面粉发酵过程中,pH 会降低,因此在制作馒头的时候,一般要加少量小苏打(碳酸氢钠),中和发酵过程中产生的有机酸,但不宜过量,否则蒸出的馒头会发黄。为了避免发黄,我们可以在馒头出笼前,向水中加入少量醋,稍蒸片刻,以中和多余的碱,从而改善馒头等面制品的外观质量。

一些常见水溶液的 pH 见下表。

一些常见水溶液的 pH

名称	pH	名称	pH	名称	pH
食醋	3.0	番茄汁	3.5	海水	8.3
啤酒	4~5	柠檬汁	2.2~2.4	饮用水	6.5~8.0
牛奶	6.3~6.6	葡萄酒	2.8~3.8	人唾液	6.5~7.5
乳酪	4.8~6.4	鸡蛋清	7.0~8.0	人尿液	4.8~8.4

掌握 pH 的知识是非常必要的。

微探索

用 pH 试纸测定食醋的酸碱度时,甲、乙两位同学的操作如下:
(甲)直接把 pH 试纸浸入待测溶液中;
(乙)用蒸馏水将试纸润湿,然后把食醋滴到 pH 试纸上。
你认为甲、乙两同学的测定结果是否可靠? 为什么?

拓展思考

查阅资料,了解国家标准对生产、生活用水及污水、工业废水等关于 pH 的规定,讨论溶液酸碱性对生产、环境和生活的影响。

练习题

一、选择题

1. 生活中一些常见食物的pH如下：

食物	豆浆	牛奶	葡萄汁	苹果汁
pH	7.4~7.9	6.3~6.6	3.5~4.5	2.9~3.3

人体疲劳时血液中产生较多的乳酸，使体内pH减小。缓解疲劳，需补充上述食物中的（　　）。

　　A. 苹果汁　　　B. 葡萄汁　　　C. 牛奶　　　D. 豆浆

2. 人类健康的第二杀手——心血管疾病，对人类的身心健康造成了极大的危害。这类疾病患者大多属于酸性体质，应经常食用碱性食品。根据以下表中的信息，这类患者应经常食用的食物为（　　）。

食物	苹果	葡萄	牛奶	豆制品
pH	2.9~3.3	3.5~4.5	6.3~6.6	7.4~7.9

　　A. 牛奶　　　B. 豆制品　　　C. 葡萄　　　D. 苹果

3. 相同物质的量浓度的下列溶液中pH最大的是（　　）。

　　A. KOH　　　B. HCl　　　C. $NH_3 \cdot H_2O$　　　D. CH_3COOH

二、简答题

如下图所示是人体内几种体液或代谢产物的正常pH，其中哪些偏酸性，哪些偏碱性？

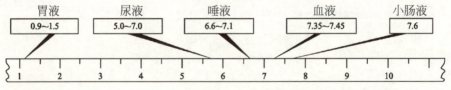

 微探索

> 取一小撮菜叶、少许土壤、一小块水果，分别捣烂，各放到一支试管里，分别加入蒸馏水3mL。用玻璃棒搅拌，静置。把三条pH试纸分开放在玻璃片上，分别用玻璃棒蘸取菜叶、土壤、水果的浸出液滴在pH试纸上，测定三种浸出液的pH。将测定结果按酸性由强到弱或碱性由弱到强的顺序排列。

第四节　离子反应和离子方程式

学习目标

1. 认识离子反应及其发生条件。
2. 了解离子方程式的书写方法。

小视角

离子反应的条件之一：形成沉淀

一、离子反应

电解质溶于水后，会完全或部分解离成离子，所以电解质在溶液中所起的反应实质上就是离子之间的反应，我们把凡有离子参加的化学反应叫做离子反应。不是任意两种电解质溶液都能发生离子反应，离子反应的发生需要一定的条件，只有当生成物中有沉淀、气体或弱电解质（包括水）产生时，离子反应才能发生，以下是发生离子反应的三个条件。

(1) 生成沉淀的离子反应：$Ag^+ + Cl^- \rightleftharpoons AgCl\downarrow$

(2) 生成气体的离子反应：$2H^+ + CO_3^{2-} \rightleftharpoons H_2O + CO_2\uparrow$

(3) 生成弱电解质的离子反应：$H^+ + OH^- \rightleftharpoons H_2O$

二、离子方程式

我们把用实际参加反应的离子的符号和化学式来表示离子反应的式子叫离子方程式。

离子方程式的书写主要包括"写""拆""删""查"四个步骤。以 $FeCl_3$ 和 NaOH 的反应为例。

1. 写

正确书写化学方程式：

$$FeCl_3 + 3NaOH == 3NaCl + Fe(OH)_3\downarrow$$

2. 拆

把易溶于水的强电解质写成离子形式，沉淀、气体、水及弱电解质等仍用化学式表示：

$$Fe^{3+} + 3Cl^- + 3Na^+ + 3OH^- == 3Na^+ + 3Cl^- + Fe(OH)_3\downarrow$$

3. 删

删去两边相同的离子：

$$Fe^{3+} + 3OH^- == Fe(OH)_3\downarrow$$

4. 查

检查两边原子个数和电荷数是否相等。上面的离子方程式两边都有一个 Fe^{3+} 和三个 OH^-，且两边的电荷总数都为 0。

离子反应的应用

离子反应在工农业生产和日常生活中有着广泛的应用：

（1）电镀前需用稀硫酸清洗镀件，除去镀件表面的氧化铁；

（2）锅炉用水需先加入石灰、苏打将其软化，避免锅炉形成水垢；

（3）某些工业废水中含有有毒的重金属离子，排放前要将其净化除去，防止环境污染；

（4）氯碱工业中，电解前需要加入试剂将食盐水中的杂质除去；

（5）化肥工业中，某些铵态氮肥的生成；

（6）在农业生产上，铵态氮肥水解呈酸性，草木灰主要成分碳酸钾水解呈碱性，二者混合使用，会使肥效降低；

（7）化肥的肥效还与土壤的酸碱性有着密切的关系，如：酸性土壤里存在较多的 Fe^{3+} 和 Al^{3+}，当施入可溶性的过磷酸钙等磷肥后，这些离子就跟磷肥起反应生成不溶性的磷酸盐，磷肥的肥效就大为降低；

（8）酸性土壤常用施石灰等方法来进行改良；

（9）在日常生活中，烧水用的不锈钢壶使用一段时间后，壶底上会形成水垢，可用稀乙酸溶解的方法，把水垢除去。

练习题

判断题

1. 离子反应的三个条件是，生成物中有沉淀、气体或弱电解质（包括水）产生。（   ）
2. 硫酸铜溶液与氢氧化钠可以发生离子反应。（   ）
3. 硫酸铜溶液与氯化钠可以发生离子反应。（   ）

 微探索

在日常生活中，烧水用的不锈钢壶使用一段时间后，壶底上会形成水垢，可用稀乙酸溶解的方法，把水垢除去。请试着写出离子方程式。

第五节　盐的水解

 学习目标

1. 认识强酸弱碱盐和强碱弱酸盐水解的原理。
2. 了解可溶性盐水解的实质和规律。
3. 知道影响盐类水解的主要因素。

 微探索

在野外考察时有人找到一水源，取水后发现有点浑浊。他在水中放了点明矾[主要成分为 $K_2SO_4 \cdot Al_2(SO_4)_3 \cdot 24H_2O$]，搅了搅，不一会儿，水干净了。为什么明矾可以净化水呢？

 微思考

1. 水厂进行水处理，能用明矾吗？
2. 我们知道的盐除 NaCl 外，还有 Na_2CO_3，它的俗名叫纯碱，既然它是盐，为什么称为"碱"呢？
3. 人们常说的胃灼热（也称烧心）是怎么回事？小苏打的化学成分是 $NaHCO_3$，属于盐类，为什么可以治疗烧心？想知道它的作用原理吗？

一、盐的类型

【演示实验 3-2】 取少量的 $NaCl$、NH_4Cl、CH_3COONa 晶体分别放入 3 支盛有少量水的试管中（见图 3-11），振荡试管，使之溶解，然后用 pH 试纸分别测定其酸碱性。

NaCl 溶液的 pH

NH_4Cl 溶液的 pH

CH_3COONa 溶液的 pH

图 3-11　几种盐溶液的 pH 比较

实验现象如上图，请根据实验结果填写下表：

溶液	NaCl	NH_4Cl	CH_3COONa
酸碱性			
盐的类型			

根据形成该盐的酸和碱的强弱，可将盐分成四类：强酸强碱盐、强酸弱碱盐、强碱弱酸盐、弱酸弱碱盐。

由图 3-11 可知，盐溶液有的显酸性，有的显碱性，还有的显中性。盐溶液的酸碱性与盐的类型有关，强碱弱酸盐的溶液显碱性，强酸弱碱盐的溶液显酸性。这是由于盐在溶液中，组成盐的离子能与水电离出来的少量的 H^+ 或 OH^- 发生反应生成弱电解质，使溶液中 H^+ 和 OH^- 的浓度不再相等，盐溶液便呈现出一定的酸碱性。溶液中盐的离子与水电离出的 H^+ 或 OH^- 作用生成弱电解质的反应，称为盐类的水解。

 小贴士

药品储存小常识

日常生活中，我们见到的药，除了片剂、胶囊外，还有粉针剂，如青霉素粉针剂等。这些粉针剂不能直接制成注射液，是因为这些药品易水解而失效，所以要现用现配。对于易水解的药物，储存时应注意密封保存在干燥处。药物在日常使用时，一定要注意说明书上的"储藏"，这一点对药效非常重要。

二、强酸弱碱盐的水解

强酸弱碱盐 NH_4Cl 水溶液显酸性的原因：由 NH_4Cl 解离出的 NH_4^+ 与水解离出 OH^- 作用生成弱电解质 $NH_3 \cdot H_2O$，消耗了溶液中 OH^-，使水的解离平衡向右移动，最终导致溶液中 $c(H^+) > c(OH^-)$，从而使溶液显酸性。

NH_4Cl 溶液水解方程式如下：

$$NH_4^+ + H_2O \rightleftharpoons NH_3 \cdot H_2O + H^+$$

明矾净水的原理：明矾的主要成分为 $K_2SO_4 \cdot Al_2(SO_4)_3 \cdot 24H_2O$，其中 K_2SO_4 是强酸强碱盐，不水解，而 $Al_2(SO_4)_3$ 是强酸弱碱盐，能水解，所以当明矾溶于水后，$Al_2(SO_4)_3$ 发生水解：

$$Al^{3+} + 3H_2O \rightleftharpoons Al(OH)_3 \downarrow (胶体) + 3H^+$$

$Al(OH)_3$ 胶体能吸附水中悬浮的杂质并形成沉淀，使水澄清，起到净化水的作用，但不能软化水，因它不能减少水中 Ca^{2+} 和 Mg^{2+}。另外，明矾中含有的铝对人体有害，长期饮用明矾净化的水，会导致脑萎缩，可能会引起老年痴呆。因此，目前已不用明矾作净水剂了。

 小贴士

灭火器的原理

泡沫灭火器内装的是饱和硫酸铝溶液和碳酸氢钠溶液。它们分别装在不同容器中，各自存在下列水解平衡：

$$Al^{3+} + 3H_2O \rightleftharpoons Al(OH)_3 + 3H^+;$$
$$HCO_3^- + H_2O \rightleftharpoons H_2CO_3 + OH^-$$

当两种溶液混合时，相互促进水解生成大量的 H_2CO_3，分解产生 CO_2，使灭火器内的压力增大，CO_2、H_2O、$Al(OH)_3$ 一起喷出覆盖在着火物质上使火焰熄灭。

三、强碱弱酸盐的水解

强碱弱酸盐 CH_3COONa 水溶液显碱性的原因：由 CH_3COONa 解离出的 CH_3COO^- 与水解离出 H^+ 作用生成了弱电解质 CH_3COOH，消耗了溶液中 H^+，使水的解离平衡向右移动，最终导致溶液中 $c(H^+) < c(OH^-)$，从而使溶

液显碱性。

CH_3COONa 溶液水解方程式如下：

$$CH_3COO^- + H_2O \rightleftharpoons CH_3COOH + OH^-$$

四、盐类水解的实质及规律

1. 盐类水解的实质

在溶液中，由于盐的离子与水解离出来的 H^+ 和 OH^- 生成弱电解质，从而破坏水的解离平衡，使溶液显示出不同程度的酸、碱性。

2. 盐类水解的规律

通常盐类水解程度是很小的，而且是可逆的。盐类水解遵循以下规律：有弱才水解，无弱不水解；越弱越水解，都弱都水解；谁强显谁性，同强显中性。

3. 盐类水解的离子方程式书写过程中应注意以下两点：

① 由于盐类水解反应一般是可逆反应，故反应方程式中要写"$\rightleftharpoons$"号。

② 一般盐类水解的程度很小，水解产物的量也很少，通常不生成沉淀或气体，也不发生分解，在书写方程式时，一般不标"↑"或"↓"，也不把生成物写成其分解产物的形式。

 阅读材料

（一）盐溶液的配制和结晶

$FeCl_3$、$SnCl_2$ 等盐溶液在配制时，常在盐溶液中加入少量盐酸，以抑制 Fe^{3+}、Sn^{2+} 等的水解，防止溶液出现浑浊现象，减少盐溶液的杂质。

如加热 $MgCl_2$ 水溶液制备 $MgCl_2$ 晶体时，常边加热边向容器中通以氯化氢气体，同样是防止 Mg^{2+} 的水解，转化成 $Mg(OH)_2$。

如直接加热蒸发 $FeCl_3$、$AlCl_3$、$MgCl_2$ 等盐溶液，都得不到无水 $FeCl_3$、无水 $AlCl_3$ 及无水 $MgCl_2$，原因是加热促进了它们的水解，使它们转化成了相应的氢氧化物 $Fe(OH)_3$、$Al(OH)_3$、$Mg(OH)_2$。若进一步加热可得到相应氧化物 Fe_2O_3、Al_2O_3、MgO。

（二）盐水解在生活中的应用

做馒头时，面团经过发酵后很容易产生酸味，这时应加入苏打——Na_2CO_3，以去除酸味，因为：$CO_3^{2-} + H_2O \rightleftharpoons HCO_3^- + OH^-$，显碱性，可以中和酸，从而去除酸味。

纯碱（Na_2CO_3）可以去油污，是因为：Na_2CO_3是强碱弱酸盐，水解后显碱性，能达到去污的效果。要提高纯碱的去污效果，用热水比用冷水效果好，这是因为升高温度有利于盐的水解（可促进CO_3^{2-}的水解），使溶液的碱性增强，去污能力增强。

练习题

选择题

1. 在医院，为酸中毒的病人输液不应采用（　　）。
   A. 0.9％氯化钠溶液　　　　　　　　B. 0.9％氯化铵溶液
   C. 0.25％碳酸氢钠溶液　　　　　　D. 5％葡萄糖溶液
2. 下列溶液中，酸性最强的是（　　）。
   A. NaCl　　　　B. NH_4Cl　　　　C. Na_2CO_3　　　　D. NaAc

微探索

> 用pH试纸测试家中食盐、鸡精（或味精）、食醋和小苏打溶液的酸碱性。

拓展思考

> 某些肉类食品中加入适量的亚硝酸钠（$NaNO_2$），可改善食品的外观和增加香味。但$NaNO_2$有毒，其外观和食盐相似而且有咸味，因而将它误为食盐使用发生的中毒事件时有发生，你知道如何用简单的方法鉴别亚硝酸钠和氯化钠吗？

第六节　学生实验　溶液的配制、稀释和pH的测定

学习目标

1. 掌握一定物质的量浓度溶液配制、稀释和pH测定的方法。
2. 养成细心观察、主动探索的学习态度和规范操作、精益求精的实验习惯。

1. 一定物质的量浓度溶液配制

【实验用品】

（1）实验仪器

烧杯（150mL）、容量瓶（250mL）、胶头滴管、量筒（50mL）、玻璃棒、药匙、托盘天平❶。

（2）实验药品

NaCl 固体、蒸馏水。

【实验内容】

配制 0.5mol/L 的 NaCl 溶液 250mL。

【实验步骤】

（1）计算

计算配制 250mL 0.5mol/L NaCl 溶液所需 NaCl 固体的质量：____g。

（2）称量

根据计算结果，用托盘天平称量所需的 NaCl 固体。

（3）配制溶液

把称好的 NaCl 固体放入烧杯中，再向烧杯中加入 100mL 蒸馏水，用玻璃棒搅拌，使 NaCl 固体完全溶解。

将烧杯中的溶液沿玻璃棒转移到容量瓶中（见图 3-2），并用少量蒸馏水洗涤烧杯和玻璃棒 2~3 次，并将洗涤液也全部转移到容量瓶中。加蒸馏水至容量瓶容积 3/4 时，轻轻摇动容量瓶，使溶液混合均匀。

继续向容量瓶中加入蒸馏水，直到液面在刻度线以下 1~2cm 时，改用胶头滴管逐滴加水，使溶液凹面恰好与刻度相切。盖好容量瓶瓶塞，反复颠倒、摇匀（见图 3-2）。

注意： 使用容量瓶时，应先检查容量瓶塞是否严密。震荡之前，要将瓶塞塞紧。

（4）倒入试剂瓶中，贴好标贴

拓展思考

1. 容量瓶定容时俯视或仰视刻度线会对溶液浓度造成什么影响？
2. 为什么在转移溶液入容量瓶后还要洗涤烧杯 2~3 次？且要求将洗涤液全部转入容量瓶中？

---

❶ 为了与容量瓶的精度相匹配，应用分析天平或电子天平来称量固体，此处是为了突出练习容量瓶的使用，考虑到学校的实际情况，可用托盘天平来称量。

2. 溶液的稀释

【实验用品】

（1）实验仪器

烧杯（100mL）、容量瓶（100mL）、胶头滴管、量筒（20mL）、玻璃棒。

（2）实验药品

6mol/L 盐酸、蒸馏水。

【实验内容】

配制 1mol/L 的盐酸溶液 100mL。

【实验步骤】

（1）计算

根据稀释公式，计算配制 100mL 1mol/L HCl 溶液，需 6mol/L 的 HCl____mL。

（2）量取

根据计算结果，用 20mL 量筒❶量取所需的浓盐酸的体积。

（3）稀释

将所量取的盐酸慢慢地沿着烧杯内壁倒入盛有 50mL 蒸馏水的烧杯中，边倒边搅拌边冷却。

注意： 不可将水倒入浓酸中！

（4）配制溶液

将烧杯中的溶液沿玻璃棒转移到容量瓶中，并用少量蒸馏水洗涤烧杯和玻璃棒 2～3 次，并将洗涤液也全部转移到容量瓶中。加蒸馏水至容量瓶容积 3/4 时，轻轻摇动容量瓶，使溶液混合均匀。继续向容量瓶中加入蒸馏水，直到液面在刻度线以下 1～2cm 时，改用胶头滴管逐滴加水，使溶液凹面恰好与刻度相切。盖好容量瓶瓶塞，反复颠倒、摇匀。

（5）倒入试剂瓶中，贴好标贴

【思考讨论】

1. 在用容量瓶配制溶液时，如果加水超过了刻度线，倒出一些溶液，再重新加水到刻度线。这种做法对吗？如果不对，会引起什么误差？

2. 使用浓盐酸、硫酸时应注意哪些问题？

---

❶ 使用容量瓶配制溶液时，应该用移液管量取溶液而不应该用量筒，此处只是为了强调容量瓶的使用，考虑到学校的实际情况，故用量筒代替移液管。

3. 溶液 pH 的测定

【实验用品】

（1）实验仪器

pH 试纸。

（2）实验药品

0.1mol/L HCl、0.1mol/L CH_3COOH、0.1mol/L $NH_3 \cdot H_2O$、0.1mol/L NaOH、0.1mol/L NH_4Cl、0.1mol/L CH_3COONa、0.1mol/L NaCl 和随处可以取的其他生活中常见物质。

【实验内容】

溶液 pH 的测定。

【实验步骤】

（1）取 0.1mol/L HCl 一滴，滴到 pH 试纸上，记录其 pH＿＿＿＿；取 0.1mol/L CH_3COOH 一滴，滴到 pH 试纸上，记录其 pH＿＿＿＿。由实验结果可知，盐酸的酸性比乙酸的酸性＿＿＿＿。

（2）取 0.1mol/L $NH_3 \cdot H_2O$ 一滴，滴到 pH 试纸上，记录其 pH＿＿＿＿；取 0.1mol/L NaOH 一滴，滴到 pH 试纸上，记录其 pH＿＿＿＿。由实验结果可知，氨水的碱性比氢氧化钠的碱性＿＿＿＿。

（3）用 pH 试纸测定 0.1mol/L 下列溶液的 pH：NaCl、NH_4Cl、CH_3COONa。将溶液按酸性由强到弱排序：＿＿＿＿＿＿＿＿＿＿＿＿＿＿。解释各种盐溶液的 pH 不同的原因：＿＿＿＿＿＿＿＿＿＿＿＿＿＿＿＿＿＿＿＿。

（4）选取果汁、自来水、矿泉水、茶水、肥皂水、米醋、雨水、公园湖水等生活中常见物质作为样品，用广泛 pH 试纸测定其 pH，了解生活中常见物质的酸碱性。

1. pH 试纸测定 pH 有何局限性？
2. 你还知道其他测定 pH 的方法吗？其特点是什么？

练习题

一、选择题

1. 使用浓盐酸、浓硝酸，必须在（　　）中进行。
   A. 大容器　　　　B. 玻璃器皿　　　　C. 耐腐蚀容器　　　D. 通风橱
2. 实验室废酸废碱处理方法为（　　）。
   A. 直接排入下水道　　　　　　　　　B. 经中和后用大量水稀释排入下水道
   C. 收集后利用　　　　　　　　　　　D. 加入吸附剂吸附有害物

二、判断题

1. 在用容量瓶配制溶液时，先将固体试剂称量后倒入容量瓶，加溶剂溶解后定容，摇匀。（　　）
2. 在无玻璃棒时，可临时用玻璃温度计代替玻璃棒搅拌溶液。（　　）
3. 用浓溶液配制稀溶液的计算依据是稀释前后溶质的物质的量不变。（　　）
4. 配制硫酸、盐酸和硝酸溶液时都应在搅拌条件下将酸缓慢注入水中。（　　）

本主题小结

物质的量及其相关计算

概念	符号	单位	公式
物质的量	n	mol	$n = \dfrac{N}{N_A}$
摩尔质量	M	g/mol	$M = \dfrac{m}{n}$
气体摩尔体积	V_m	L/mol	$n = \dfrac{V}{V_m}$
物质的量浓度	c	mol/L	$c = \dfrac{n}{V}$

溶液组成的表示

名称	定义	单位
物质的量浓度	单位体积溶液里所含溶质的物质的量	mol/L、mmol/L 或 mol/dm³
质量分数	溶液中溶质 B 的质量（m_B）与溶液质量（m）之比	%

续表

名称	定义	单位
质量浓度	1L 溶液里所含溶质的克数	g/L
体积分数	溶质（液态）的体积占全部溶液体积的分数	％或 度（°）
体积比浓度	两种液体的体积比	
质量摩尔浓度（m_B）	溶液中溶质 B 的物质的量除以溶剂的质量	mol/kg

电解质溶液及其性质

概　念	定义或符号	公式或包含类型
强电解质	在水溶液中完全解离的电解质	强酸、强碱、盐
弱电解质	在水溶液中部分解离的电解质	弱酸、弱碱、水
水的离子积	K_w	$K_w = c(H^+)c(OH^-) = 1×10^{-14}$
pH	pH	$pH = -\lg c(H^+)$
盐类水解	溶液中盐的离子与水解离出的 H^+ 或 OH^- 作用生成弱电解质的反应	强酸弱碱盐：溶液显酸性 强碱弱酸盐：溶液显碱性

 拓展提升

　　1. 一瓶 500mL 的纯净水含有多少个水分子，有多少个氢原子和氧原子？

　　2. 一日三餐，人们都要和食物打交道，但你知道食物也有酸碱性吗？请查阅资料，围绕以下几方面，写一篇小论文，与同学交流。

　　（1）食物酸碱性与化学上溶液酸碱性在概念上的区别。

　　（2）哪些食物是酸性食物？哪些食物是碱性食物？各举 3～5 个实例。

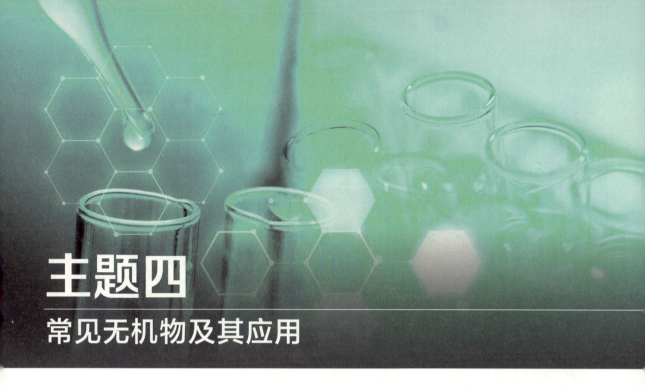

主题四
常见无机物及其应用

在已经发现的一百多种元素中，除稀有气体外，非金属元素只有十多种，它们大都位于元素周期表的右上部；元素周期表中有大约五分之四是金属元素。地壳中含量最多的元素是氧，其次是硅和铝，它们构成了地壳的基本骨架。空气中含量最多的元素是氮，其次是氧，它们是地球生命的重要基础元素。人体生理必需的食用盐——NaCl 中含有氯元素和钠元素。本主题将讨论常见非金属单质及其化合物、金属单质及其化合物的重要性质，认识它们在生活和生产中的应用，以及与环境的关系。

第一节　常见非金属单质及其化合物

 学习目标

1. 了解氯、硫、氮等常见非金属单质及其重要化合物的主要性质。
2. 认识这些物质在生产、生活中的应用和对生态环境的影响。
3. 知道氯离子、硫酸根离子和铵根离子的检验方法。

一、常见非金属单质

单晶硅　　　　　　　硫黄　　　　　　　　碘

非金属单质

1. 为什么计算机内芯片用硅做原材料？
2. 为什么非法商贩用硫黄熏制银耳？
3. 为什么游泳池周围总有刺激性气味？

（一）非金属元素在周期表中的位置及原子结构特征

1. 在周期表中的位置

在已知的所有元素中，共有 16 种非金属元素（不含稀有气体元素）。其中绝大部分位于元素周期表的右半部分。氢元素位于ⅠA族，但它不是碱金属元素。

2. 原子结构特征

非金属元素原子最外层电子数一般大于或等于 4，主要体现为易得电子，有氧化性；除氟原子和氧原子外，其他非金属元素原子都可失电子，有还原性。非金属单质的氧化性越强，其相应的阴离子还原性越弱。

（二）常见非金属单质的物理性质

非金属单质在常温下除溴外一般是气体或固体。固体非金属单质的硬度有明显的差别，例如硫是很软的，但金刚石（碳的一种同素异形体）却是自然界中最坚硬的材料。一般来说，固体非金属单质是易碎的，密度比金属要低而且导热性不好。大部分非金属单质是电的绝缘体，但是石墨具有导电性。

特别要提出的是，硅是重要的半导体材料，可用于制造半导体器件和集成电路，是电子工业中最重要的材料。常见非金属单质的物理性质见表 4-1。

表 4-1　常见非金属单质的物理性质

颜色	白磷（白色蜡状），硫（淡黄），氟气（浅绿），氯气（黄绿），溴（红棕），碘（紫黑）
气味	有刺激性气味的气体（F_2、Cl_2）；无色无味的气体（如 N_2）
溶解性	氯气可溶于水成为氯水；硫黄不溶于水，微溶于酒精，易溶于 CS_2；白磷不溶于水，易溶于 CS_2；溴、碘易溶于有机溶剂；氮气难溶于水
毒性	气体（F_2、Cl_2），液体（Br_2）
升华	碘

（三）常见非金属单质的化学性质

在元素周期表中，越向左下方，元素金属性越强；越向右上方，元素的非金属性越强，如卤族元素的非金属性 F＞Cl＞Br＞I。非金属性最强的元素是 F。

卤族元素单质见图 4-1。卤素单质均为双原子的非极性分子。

  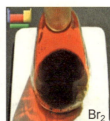 

图 4-1　卤族元素单质

小贴士

第一次世界大战期间，德军在比利时战役中用了 180t 液态氯作为化学武器，使联军 5000 余人丧生。该战区的生物中，唯独野猪生存，人们受此启示，根据野猪的呼吸器官特点，发明了防毒面具。

1. 氯气

氯气是很典型的非金属单质，化学性质很活泼，能与许多物质发生反应。

（1）与金属反应

氯气与活泼金属如钠、钾、钙等能直接反应。

$$2Na + Cl_2 \xrightarrow{\text{点燃}} 2NaCl \quad \text{产生大量白烟}$$

（2）与非金属反应

$$H_2 + Cl_2 \xrightarrow{\text{点燃}} 2HCl \quad \text{发出苍白色火焰，生成大量白雾}$$

氯气与氢气化合的产物 HCl 气体溶于水,就成为我们常用的盐酸。

(3) 与水的反应

在 25℃时,1 体积的水可溶解约 2 体积的氯气,氯气的水溶液称为氯水。常温下,溶于水中的部分氯气与水发生如下反应:

$$Cl_2 + H_2O = HCl + HClO$$
$$次氯酸$$

次氯酸(HClO)不稳定,在光照下容易分解生成盐酸和氧气:

$$2HClO = 2HCl + O_2\uparrow$$

次氯酸是强氧化剂,能杀死病菌,所以以前常用氯气对自来水(1L 水中约通入 0.002g 氯气)进行杀菌消毒。我们偶尔闻到的自来水散发出来的刺激性气味就是余氯的气味。次氯酸还具有漂白能力,可以使染料和有机色素褪色,可用做漂白剂。

氯气具有杀菌漂白能力,是由于它与水作用而生成次氯酸,所以,干燥的氯气没有这种性质。

(4) 与碱反应

最初,人们直接用氯气作漂白剂,但因氯气的溶解度不大,而且生成的次氯酸不稳定,难以保存,使用起来很不方便,效果也不理想。在氯气与水反应原理的基础上,经过多年的实验、改进,有了今天常用的漂白液和漂白粉。

在常温下,将氯气通入 NaOH 溶液中可以得到以次氯酸钠(NaClO)为有效成分的漂白液,其化学反应方程式如下:

$$Cl_2 + 2NaOH = NaCl + NaClO + H_2O$$

与 Cl_2 和 NaOH 的反应类似,将 Cl_2 通入冷的消石灰 [$Ca(OH)_2$] 中即制得以次氯酸钙 [$Ca(ClO)_2$] 为有效成分的漂白粉:

$$2Cl_2 + 2Ca(OH)_2 = Ca(ClO)_2 + CaCl_2 + 2H_2O$$

由于氯气化学性质活泼,能与很多物质发生反应,故氯气是一种重要的化工原料,除用于制漂白粉和盐酸外,还用于制造橡胶、塑料、农药和有机溶剂等。

氯气是一种有毒气体,会损伤人的呼吸道黏膜,严重时会发生肺水肿,使循环作用困难而致死亡。因此,使用氯气要十分注意安全。

2. 氮气

氮气的性质非常稳定,很难和其他物质发生化学反应。但在高温或放电条件下,氮分子获得了足够的能量,还是能与氢气、氧气、金属等物质发生化学反应。

(1) 氮气与氧气的反应

在放电条件下,氮气可以直接和氧气反应生成无色的一氧化氮(NO):

$$N_2 + O_2 \xrightleftharpoons{\text{放电}} 2NO$$

(2) 氮气与氢气的反应

氮气与氢气在高温、高压和催化剂的作用下，可直接化合生成氨：

$$N_2 + 3H_2 \xrightleftharpoons[\text{催化剂}]{\text{高温、高压}} 2NH_3$$

这是一个可逆反应。工业上就是利用这个反应来合成氨的。

在雷雨天，大气中常有 NO 气体生成。通过闪电产生含氮化合物的过程称为高能固氮，这是自然固氮的一种途径。自然固氮的另一种途径为生物固氮，这种固氮是自然界中的一些微生物种群将空气中的氮气通过生物化学转化为含氮化合物的过程。自然固氮远远不能满足农业生产需求，因此在工业上通常用 N_2 和 H_2 反应合成氨生产各种化肥。

3. 硫

硫是一种非常重要的非金属元素，在点燃或加热条件下，能与氢气、氧气、金属等物质发生化学反应。

(1) 与金属反应

硫能和许多金属反应，生成金属硫化物。如铜丝在硫蒸气中燃烧，生成黑色 Cu_2S。

$$2Cu + S \xrightarrow{\triangle} Cu_2S$$

(2) 与非金属反应

硫具有还原性，能与氧气反应生成二氧化硫：

$$S + O_2 \xrightarrow{\text{点燃}} SO_2$$

硫也具有氧化性，其蒸气能与氢气直接化合生成硫化氢气体：

$$S + H_2 \xrightleftharpoons{\triangle} H_2S$$

常见非金属单质的化学性质见表 4-2。

表 4-2 常见非金属单质的化学性质

共性	1. 能与氢气反应 2. 能与金属反应
不同点	1. 除卤素单质外，都能与氧气反应 2. 卤素单质与水反应，其余不反应 3. 卤素单质、硅、硫与强碱反应，其余一般不反应 4. S、P、C 与强氧化性酸反应，X_2（X= Cl，Br，I）、O_2 与某些还原性酸反应，Si 与氢氟酸反应，其余不反应

趣味实验

指纹检查

在电影、电视剧及侦探小说中，大家经常可以看到警察利用指纹来破案的情节。下面用简单的方法来看一下你自己留在白纸上的指纹，请你准备好实验用品：试管、橡胶塞、酒精灯、剪刀、白纸、碘，按以下的步骤进行实验。

1. 取一条长 4cm、宽 0.5cm 的光滑白纸条，用手指在纸条上摁几个手指印。

2. 用药匙取芝麻粒大小的一粒碘，放入试管中，把纸条悬于试管中（注意：摁有手指印的那面不要贴在管壁上）塞上橡胶塞。

3. 用酒精灯微热试管，待产生碘蒸气后，将纸条立即取出，观察你自己留在纸条上的指纹。每个人的手指上总是含有油脂、矿物油和汗水。当你用手指往纸上摁的时候，手指上的油脂、矿物油和汗水就会留在纸面上，只不过人的眼睛看不到。碘受热升华变成碘蒸气，碘蒸气能溶解在纸上手指印中的油脂等分泌物中，形成棕色指纹印记，指纹就显示出来了。如果你将摁过手指印的白纸收藏起来，数月之后再做这个实验，仍能将隐藏在纸面上的指纹显示出来。

 微思考

> 小小芯片到底能发挥多大作用？ 芯片，改变了整个世界的信息产业。 进入 5G 时代，VR 技术、物联网、人工智能、智能硬件等的基础器件都是芯片，芯片生产成为关键的技术。 你知道生产芯片的材料是什么吗？

二、常见非金属的气态氢化物

 小视角

井喷事件

温泉

施氨肥后茁壮成长的植物

非金属氢化物的影响

1. 施用了氨肥的植物为什么长得非常茁壮？
2. 人们通过泡温泉可以治疗皮肤病的依据是什么？
3. 天然气井喷事故造成大量人员伤亡的原因是什么？

非金属与氢形成的气态氢化物命名为"某化氢"。下面介绍几种比较典型的非金属气态氢化物。

1. 氨气

氨气是一种无色、有强烈刺激性气味的气体，它极易溶于水，常温、常压下1体积水可溶解700倍体积氨形成氨水 $NH_3·H_2O$，$NH_3·H_2O$ 很不稳定，受热会分解出氨和水。

$$NH_3 + H_2O \rightleftharpoons NH_3·H_2O$$

氨在常压下冷却到 $-33.35℃$，会凝结成无色液体，同时放出大量的热；液态氨汽化时要吸收大量的热。早期的制冷剂就是用的液态氨。

氨具有碱性，能与酸反应。例如，取两根分别蘸有浓盐酸和浓氨水的玻璃棒，使两根玻璃棒靠近，可见有大量白烟，这白烟是微小的氯化铵晶体。反应式如下：

$$HCl + NH_3 = NH_4Cl$$

氨在空气中不能燃烧，但在纯氧中能燃烧生成 N_2 和 H_2O，同时发出黄色火焰。氨对地球上的生物相当重要，它是肥料的重要成分，对农业生产的意义十分重大。

氨是一种重要的化工原料，可用来制造硝酸、铵盐、纯碱等。氨也是尿素、纤维、塑料等有机合成产品的原料。

2. 硫化氢

硫化氢（H_2S）是一种无色、易燃的酸性气体，浓度低时带恶臭，气味如臭鸡蛋，浓度高时反而闻不到气味（因为高浓度的硫化氢可以麻痹嗅觉神经）。它是一种急性剧毒气体，吸入少量高浓度硫化氢可于短时间内致命。低浓度的硫化氢对眼、呼吸系统及中枢神经都有影响。硫化氢是一种可燃气体，在空气中燃烧时，可被氧化生成二氧化硫或硫；硫化氢在空气中能腐蚀金属，具有还原性。如银、镍等许多在空气中很稳定的金属在含有硫化氢的空气中也会被腐蚀而生成金属硫化物。所以，精密仪器和设备等绝不能放置在含硫化氢较多的环境里。硫化氢在自然界中存在于原油、天然气、火山气体和温泉之中，它也可以在细菌分解有机物的过程中产生。

3. 氯化氢

氯化氢（HCl）为无色而有刺激性气味的气体。它易溶于水，在0℃时，1体积的水大约能溶解500体积的氯化氢。氯化氢的水溶液呈酸性，习惯上称为盐酸。盐酸的应用领域非常广泛，为工业生产中的三大强酸（硫酸、硝酸、盐酸）之一。同时盐酸也是胃酸的主要成分，在食物消化过程中起到了举足轻重的作用。但是如果胃酸过多也会腐蚀胃内壁造成胃溃疡甚至胃穿孔，从而影响健康。

非金属气态氢化物的性质见表4-3。

表4-3 非金属气态氢化物的性质

水溶液酸碱性	NH_3的水溶液显碱性，其余水溶液显酸性，其中，HCl、HBr、HI水溶液为强酸，HF、H_2S水溶液为弱酸
还原性	均有还原性，但HF很难被其他物质氧化
稳定性	HF、HCl受热难分解，NH_3、HBr高温分解，H_2S、HI受热易分解

 小贴士

84消毒液为什么不能与洁厕灵同时使用？

在疫情防控期间，84消毒液、漂白粉、过氧乙酸等化学消毒剂在各种场所大量使用，稍有不慎，消毒剂就会变成"夺命毒气"。

84消毒液的主要成分为次氯酸钠（NaClO），洁厕灵的主要成分为盐酸（HCl），这两者混合在一起会迅速生成氯气，反应方程式为：

$$NaClO + 2HCl = NaCl + Cl_2\uparrow + H_2O$$

氯气是一种具有强烈刺激性气味的有毒气体，主要通过呼吸道侵入人体，少量吸入会使鼻和喉头的黏膜受到刺激而引起咳嗽，吸入过量氯气会使人窒息，甚至死亡。

 微思考

你知道84消毒液是怎么生产的吗？

三、常见非金属氧化物及含氧酸

光导纤维

火力发电

化工生产

非金属氧化物及含氧酸的应用和影响

1. 为什么 SiO_2 能够制造光导纤维？
2. 为什么火力发电站中要添加除硫设备？
3. 为什么说硫酸的产量是衡量化学工业发展水平的重要指标？

水晶

二氧化硫分子（模型）

二氧化氮

硫酸

非金属氧化物及含氧酸

SiO_2 的用途

由于氧的非金属性很强，能与很多非金属元素生成非金属氧化物，例如与碳反应生成 CO_2，与 N_2 反应生成 NO、NO_2，与 Si 反应生成 SiO_2，与 S 反应生成 SO_2。同时部分非金属氧化物溶于水以后会形成含氧酸，例如 H_2CO_3、

H_2SO_4、HNO_3。

以下介绍几种有代表性的非金属氧化物及含氧酸。

(一) 一氧化氮、二氧化氮及硝酸

由氮、氧两种元素组成的化合物称为氮氧化物,常见的氮氧化物有一氧化氮(NO,无色)、二氧化氮(NO_2,红棕色)、一氧化二氮(N_2O,也称笑气)、五氧化二氮(N_2O_5)等,其中除五氧化二氮在常态下呈固态外,其他氮氧化物常温常压下都呈气态。

一氧化氮不溶于水,在常温下很容易与空气中的氧气反应生成二氧化氮。

$$2NO + O_2 = 2NO_2$$

NO_2与水反应生成硝酸。纯硝酸为无色、容易挥发的液体,沸点约为83℃,凝固点约为-42℃,密度为1.51g/mL。

$$3NO_2 + H_2O = 2HNO_3 + NO$$

HNO_3具有很强的酸性,是三大强酸之一。硝酸具有强氧化性,在常温下能与除金、铂、钛、钌、铑、锇、铱、铌、钽以外的所有金属反应,生成相应的硝酸盐。无论是浓硝酸还是稀硝酸在常温下都能与铜发生反应,这是盐酸与硫酸无法达到的。但浓硝酸在常温下会与铁、铝发生钝化反应,使金属表面生成一层致密的氧化物薄膜,阻止硝酸继续氧化金属。作为制备硝酸盐和硝酸酯的必需原料,硝酸被用来制取一系列硝酸盐类氮肥,如硝酸铵、硝酸钾等;也用来制取硝酸酯类或含硝基的炸药,如三硝基甲苯(TNT)、硝化甘油等。

稀硝酸与铜反应:

$$3Cu + 8HNO_3 = 3Cu(NO_3)_2 + 2NO\uparrow + 4H_2O$$

浓硝酸与铜反应:

$$Cu + 4HNO_3 = Cu(NO_3)_2 + 2NO_2\uparrow + 2H_2O$$

(二) 二氧化硫、三氧化硫及硫酸

二氧化硫(SO_2)是最常见的硫氧化物。无色、酸性氧化物气体,有强烈刺激性气味,易溶于水,溶于水时生成亚硫酸(H_2SO_3),溶液显酸性。亚硫酸不稳定,容易分解成水和二氧化硫,因此二氧化硫与水反应生成亚硫酸是一个可逆反应,即

$$SO_2 + H_2O \rightleftharpoons H_2SO_3$$

二氧化硫具有漂白性,它能漂白某些有色物质。工业上常用来漂白纸浆、毛、丝、草帽等。二氧化硫的漂白作用是由于它与某些有色物质生成不稳定的无色物质。这种无色物质容易分解而使有色物质恢复原来的颜色,因此用二氧化硫

漂白过的物质日久又变成黄色。此外，二氧化硫还用于杀菌、消毒等。

二氧化硫是大气主要污染物之一。火山爆发时会喷出该气体，在许多工业过程中也会产生二氧化硫。由于煤和石油通常都含有硫化合物，因此燃烧时会生成二氧化硫。SO_2 在空气中进一步氧化并溶于水，便会生成硫酸（H_2SO_4）——酸雨的成分之一。因此，使用这些燃料作为能源将对环境产生不利的影响。

硫酸的工业制法：

$$4FeS_2 + 11O_2 \xrightarrow{\text{燃烧}} 2Fe_2O_3 + 8SO_2 \uparrow$$

$$2SO_2 + O_2 \xrightleftharpoons[400\sim500℃]{V_2O_5} 2SO_3$$

三氧化硫是无色易挥发的气体。它是酸性氧化物，具有酸性氧化物的通性。三氧化硫极易溶于水，生成硫酸，同时放出大量的热，所以，三氧化硫也叫硫酸酐。

$$SO_3 + H_2O = H_2SO_4$$

纯硫酸是一种无色、无味的油状液体。常用的浓硫酸中 H_2SO_4 的质量分数为 98.3%，其密度为 $1.84g/cm^3$，物质的量浓度为 $18.4mol/L$。硫酸是一种高沸点、难挥发的强酸，故可用来制取易挥发的盐酸、硝酸。浓硫酸易溶于水，能以任意比例与水混溶。浓硫酸溶解时放出大量的热，因此浓硫酸稀释时应该"酸入水，沿器壁，慢慢倒，不断搅"。若将三氧化硫溶于浓硫酸中，则得到无色至棕色油状液体。当这种液体暴露于空气中时，挥发出来的三氧化硫和空气中的水蒸气形成硫酸的细小露滴而冒烟，因此称为"发烟硫酸"。

浓硫酸具有脱水性，能将糖类化合物中的水分脱去，留下黑色的炭（见图4-2）。可被浓硫酸脱水的物质一般为含氢、氧元素的有机物，例如蔗糖、木屑、纸屑和棉花等物质。

图 4-2　白糖变焦炭（向蔗糖中加入浓硫酸）

浓硫酸还具有强氧化性，常温下，浓硫酸能使铁、铝等金属钝化，加热时，浓硫酸可以与除金、铂之外的所有金属反应，另外浓硫酸还具有吸水性，可用来作为干燥剂。

$$2Fe + 6H_2SO_4(浓) \xrightleftharpoons{\triangle} Fe_2(SO_4)_3 + 3SO_2\uparrow + 6H_2O$$

$$C + 2H_2SO_4(浓) \xrightleftharpoons{\triangle} CO_2\uparrow + 2SO_2\uparrow + 2H_2O$$

稀硫酸具有一般酸的通性，可与多数金属氧化物、碱反应生成相应的硫酸盐和水。

硫酸的主要用途见图 4-3。

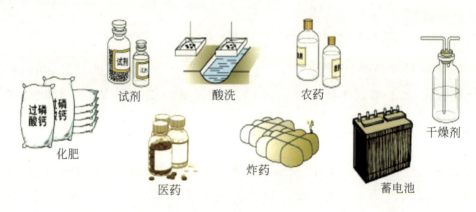

图 4-3　硫酸的主要用途

 趣味实验

自制冰箱除臭剂

家中的冰箱使用时间久了会有臭味，我们可以自己动手制作除臭剂来清除这种臭味。

称取 15g 活性炭和 15g 硅胶粉放在一只小烧杯中，加入 10mL 白胶（聚醋酸乙烯酯）和 10mL 水，搅拌均匀并倒入小纸盒中压实成型后取出。在 150～200℃烘干，冷却后即得除臭剂。将除臭剂放入冰箱中 1～2 周后取出，烘干或在阳光下晒干后，又可重新使用。

活性炭是用木材、硬果壳或兽骨干馏制成的。干馏就是在隔绝空气的条件下进行加热的过程。经过干馏，木材中的纤维素等都变成了炭；同时，水分及其他挥发性物质不断逸出，在炭中留下了无数的空隙。因此，活性炭具有多孔结构，表面积较大，有很强的吸附气体的能力。当温度升高时，活性炭所吸附的气体很快被解吸，可以反复使用。所以，活性炭是制造防毒面具、冰箱除臭剂等吸附性材料的优质原料。

小贴士

干 冰

干冰是固态二氧化碳，因形状似冰雪，受热不经熔化而直接汽化，故名干冰。干冰无毒、无腐蚀性，具有许多奇妙的用处。

舞台上演员们在云雾缭绕中翩翩起舞，有步入仙境之感，这正是干冰的杰作。干冰很容易升华，同时吸收大量的热量，使周围空气的温度急剧下降，于是空气中的水蒸气就会凝结成雾滴，产生了人造云雾。

干冰汽化后，可以使周围的细菌窒息死亡，因此用干冰做制冷剂有保鲜的作用，可以使鱼、肉等食品保存得更久。干冰同乙醚、氯仿等挥发性液体混合，温度可达$-77℃$，常用于实验室中低温冷浴。

煤矿开采用的炸药里常加入一些干冰，炸药引燃后产生的热量，使干冰在瞬间汽化。一方面增加了爆炸的威力，另一方面因逸散出去的二氧化碳无可燃性，可以有效避免引起煤层中甲烷等可燃气体爆炸。

干冰汽化后不留任何痕迹。如图书馆、仪器室、文物楼等场所不慎发生火灾时，用干冰来灭火，可以完好地保护没有着火的物品。

此外，干冰可用作人工降雨和人工消雨的材料。

 **拓展思考**

请查阅资料了解什么是碳达峰、碳中和。你知道我国力争2030年前实现碳达峰、2060年前实现碳中和这一目标及绿色发展的重要意义吗？

四、重要非金属离子的检验

离子检验就是确定某种元素或其离子是否存在。离子检验反应大都是在水溶液中进行的，选择那些迅速而变化明显的反应，如溶液颜色的改变，沉淀的生成或溶解、气体的产生等，还要考虑反应的灵敏性和选择性。

重要非金属离子主要包括CO_3^{2-}、SO_4^{2-}、Cl^-、Br^-、I^-、NH_4^+等。下面将对上述非金属离子的检验方法进行介绍。

1. 碳酸根离子

碳酸根离子（CO_3^{2-}）能与$BaCl_2$溶液反应，生成白色的$BaCO_3$沉淀，该沉淀溶于硝酸（或盐酸），生成无色无味、能使澄清石灰水变浑浊的 CO_2 气体。

2. 硫酸根离子

硫酸根离子（SO_4^{2-}）能与含 Ba^{2+} 溶液反应，生成白色 $BaSO_4$ 沉淀，不溶于硝酸。

3. 卤离子

卤离子（X^-）常用硝酸银（$AgNO_3$）来检验。Cl^-、Br^- 和 I^- 的检验如下。

$$Cl^- + Ag^+ =\!=\!= AgCl\downarrow$$
（白色）

AgCl 能溶于氨水，生成 $[Ag(NH_3)_2]^+$，称为二氨合银离子。

$$Br^- + Ag^+ =\!=\!= AgBr\downarrow$$
（浅黄色）

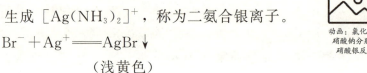
动画：氯化钠和硝酸钠分别与硝酸银反应

$$I^- + Ag^+ =\!=\!= AgI\downarrow$$
（黄色）

I^- 能与氯水反应，生成 I_2，使淀粉溶液变蓝。

三种沉淀呈现不同的颜色，不溶于水，也不溶于稀硝酸。根据此性质，可以用来鉴定卤离子。注意，因 AgF 易溶，F^- 不能用 $AgNO_3$ 溶液检验。

4. 铵根离子

铵根离子（NH_4^+）能与碱作用逸出有刺激性气味的气体，用湿润的红色石蕊试纸接近管口，红色石蕊试纸变成蓝色。说明有 NH_3 生成。

 趣味实验

白纸显图

找一张吸水性好的白纸，用淀粉溶液（也可用米汤或面粉糊代替）在纸上写字或作画。待字迹稍干，字、画就难以辨认了，随即用毛笔或棉花蘸少量碘酒涂抹在纸上，纸上原来看不到的文字或图画就会显现出来，利用这个性质，秘密传递情报，是许多影视剧中常用的剧情设计。

 **拓展思考**

你知道怎样才能防止饮食中的亚硝酸盐中毒吗？

*五、大气污染与环境保护

酸雨破坏的树木　　　臭氧层空洞　　　雾霾笼罩的城市

大气污染危害

> 1. 酸雨、温室效应分别是由什么原因形成的？
> 2. 臭氧层空洞是由什么因素造成的？

大气污染通常指由于人类活动或自然过程引起某些物质进入大气中，呈现出足够的浓度，达到足够的时间，并因此危害人体的舒适和健康的环境现象。凡是能使空气质量变坏的物质都是大气污染物。大气污染物目前已知约有100多种。有自然因素（如森林火灾、火山爆发等）和人为因素（如工业废气、生活燃煤、汽车尾气、核爆炸等）造成大气污染，且以后者为主，尤其在工业生产和交通运输中所造成的大气污染尤为严重。主要过程由污染源排放、大气传播、人与物受害这三个环节所构成。

大气污染对人体的危害主要表现为呼吸道疾病；对植物可使其生理机制受压抑，成长不良，抗病虫能力减弱，甚至死亡。大气污染还对气候产生不良影响，例如由于化石燃料的不断使用，大气中CO_2浓度不断增加，产生温室效应，地球温度不断升高，使两极冰川不断融化，海平面升高，造成气候异常。

大气污染物能腐蚀物品，影响产品质量；当烟囱排放出的二氧化硫酸性气体或汽车排放出来的氮氧化物烟气上升到空中与水蒸气相遇时，就会形成硫酸或硝酸小滴，使雨水酸化，这时落到地面的雨水就成了酸雨。酸雨会对环境带来广泛的危害，造成巨大的经济损失。例如腐蚀建筑物和工业设备；破坏露天的文物古迹；损坏植物叶面，导致植物死亡，森林被破坏；使湖泊中鱼虾死亡；破坏土壤成分，使农作物减产甚至死亡；饮用含酸化物的地下水，对人体有害。

在地面上空 20～50km 的大气层中的臭氧层，肩负着一个重要的使命，就是吸收太阳光中的紫外线，保护地球上的生物免受远紫外辐射的伤害。但是由于地球上大量使用氟里昂（氟氯烃），使臭氧层受到破坏。

氟里昂是含氟、氯的有机化合物，常用做制冷剂。氟里昂通常比较稳定，但当它被大气环流带到平流层（16～30km）时，由于受太阳紫外线的照射，容易产生游离的氯原子。这些氯原子比较活泼，易与臭氧发生化学反应，将臭氧分子分解为氧气分子和氧原子，从而使臭氧总量减少，由此形成臭氧层空洞。

为了让人类生存在一个安全、舒适的环境中，为了给子孙后代留下一个清洁的地球，环境保护必须从现在做起，从我做起。针对大气的环境保护，应该采取如下措施：减少化石燃料的使用，以清洁能源替代，从而减少硫化物、氮氧化物以及二氧化碳的排放；运用新型制冷剂代替氟里昂的使用，从而减少氯自由基对臭氧层的破坏；增加地球表面的植被覆盖面积，从而减少大气中二氧化碳的含量，并阻挡大气中悬浮颗粒物的飘散；大量推广使用环保新技术，实现清洁生产，从生产的源头上控制污染物的产生。

 小贴士

电冰箱制冷剂氟里昂的替代品

以前普通电冰箱常使用氟里昂作制冷剂。但当氟里昂泄漏到空气中，受到阳光的照射，氟里昂中氯会与臭氧发生化学反应，导致臭氧数量减少，造成臭氧层消失而形成的空洞，使过量的紫外辐射到达地面，对人类健康造成危害；也会使平流层温度发生变化，导致地球气候异常，影响植物生长、生态的平衡。随着国家发布了对氟里昂制冷剂的规定：凡是用氟里昂制冷剂产品，2010 年开始全部不予销售，很多厂家陆续转型推出用 R600a 作为制冷剂的绿色环保电冰箱。R600a 是一种性能优异的新型碳氢制冷剂，不损坏臭氧层，无温室效应，绿色环保。

 拓展思考

了解净化汽车尾气的方法，调查所在城市的空气质量及主要污染物质，调查当地有关部门对控制汽车尾气排放采取的措施。发展变化观念与平衡思想、科学态度与社会责任等化学学科核心素养。

*六、氟、碘与人体健康

含碘的海带　　　　健康的牙齿

氟、碘与人体健康

1. 缺碘为什么会甲状腺肿大？
2. 氟对牙齿有什么作用？

氟是人体内重要的微量元素之一，氟化物是以氟离子的形式广泛分布于自然界。骨骼和牙齿中含有人体内氟的大部分，氟化物与人体生命活动及牙齿、骨骼组织代谢密切相关。氟是牙齿及骨骼不可缺少的成分，少量氟可以促进牙齿珐琅质对细菌酸性腐蚀的抵抗力，防止龋齿，因此水处理厂一般都会在自来水、饮用水中添加少量的氟。据统计，氟摄取量高的地区，老年人罹患骨质疏松症的比率以及龋齿的发生率都会降低。

碘是人体必需的元素，用以制造甲状腺激素以调控细胞代谢、神经性肌肉组织发展与成长。缺乏碘会导致甲状腺肿大，俗称"大脖子病"。孕妇怀孕期间严重的碘缺乏会损害胎儿发育，尤其对脑部发育的伤害最为严重，可导致智商明显偏低。碘是如此的重要，然而碘在自然界中的丰度是不大的，由此 GB 26878—2011 规定，在食用盐中加入碘强化剂后，食用盐产品（碘盐）中碘含量的平均水平（以碘元素计）为 20～30mg/kg。全民可通过食用加碘盐（碘酸钾 KIO_3）这一简单、安全、有效和经济的补碘措施，来预防碘缺乏病。同时海洋生物（如海带、紫菜、海鲜鱼、干贝、淡菜、海蜇、龙虾等）含碘量很高，其中干海带含碘可达 240mg/kg。因此我们在日常生活中应使用碘盐，并经常食用海洋生物。

 **拓展思考**

你知道人体中有哪些微量元素吗？它们对机体的正常代谢和生存有着什么样的作用？

*七、用途广泛的无机非金属材料

 小视角

水泥　　　　　玻璃　　　　　陶瓷

用途广泛的无机非金属材料

无机非金属材料是以某些非金属元素的氧化物、碳化物、氮化物、卤素化合物、硼化物以及硅酸盐、铝酸盐、磷酸盐、硼酸盐等物质组成的材料，是除有机高分子材料和金属材料以外的所有材料的统称。无机非金属材料的主角是硅。硅主要以熔点很高的氧化物及硅酸盐的形式存在，硅的自然分布见图 4-4。无机非金属材料、有机高分子材料和金属材料并称为三大材料。

图 4-4　硅的自然分布

无机非金属材料品种和名目多种多样，用途各异。通常把其简单划分为普通的（传统的）和先进的（新型的）无机非金属材料两大类。传统的无机非金属材料是工业和基本建设所必需的基础材料。如水泥是一种重要的建筑材料；耐火材料与高温技术，尤其与钢铁工业的发展关系密切；各种规格的平板玻璃、仪器玻璃和普通的光学玻璃以及日用陶瓷、卫生陶瓷、建筑陶瓷、化工陶

瓷和电瓷等与人们的生产、生活休戚相关。它们产量大，用途广。其他产品，如搪瓷、磨料（碳化硅、氧化铝）、铸石（辉绿岩、玄武岩等）、碳素材料、非金属矿（石棉、云母、大理石等）也都属于传统的无机非金属材料。新型无机非金属材料是20世纪中期以后发展起来的，具有特殊性能和用途的材料。它们是现代新技术、新产业、传统工业技术改造、现代国防和生物医学所不可缺少的物质基础。主要有新型陶瓷、非晶态材料、人工晶体、无机涂层、无机纤维等。

我国无机非金属新材料工业是20世纪50年代末为配合研制"两弹一星"开始创建和发展起来的，被列为"中国技术政策"中的四大材料工业之一。它包括：玻璃纤维和特种玻璃纤维、玻璃钢、特种玻璃、深加工玻璃、石英玻璃、特种陶瓷、人工晶体、特种密封材料及特种胶凝材料等。这些材料和产品具有轻质、高强、耐磨、抗腐、耐高温、抗氧化以及特殊的声、光、电、磁等一系列优异的综合性能，是其他材料难以替代的功能材料和结构材料，是发展现代工业、农业、国防和科学技术不可缺少的基础材料，也是新技术革命赖以发展的重要物质基础。我国把无机非金属新材料和其他新材料称为产业的"粮食"，放在优先发展的地位，并作为一项重要的发展战略加以支持。

查阅资料，了解新型材料石墨烯的作用及应用领域。

新型陶瓷

1. 结构陶瓷

结构陶瓷是具有耐高温、耐腐蚀、高硬度、高强度等优良的力学、热学、化学性能的先进陶瓷，常用于各种结构部件、空间技术领域、光通信产业领域等。

2. 压电陶瓷

压电陶瓷是一类具有压电特性的电子陶瓷材料。经过极化处理后的压电陶瓷，在电场取消之后，会保留一定的宏观剩余极化强度，从而使陶瓷具有了一定的压电性质。压电陶瓷主要用于制造超声换能器、水声换能器、电声换能器、陶瓷滤波器、陶瓷变压器、陶瓷鉴频器、高压发生器、红外探测器、声表面波器件、电光器件、引燃引爆装置和压电陀螺等。例如，压电陶瓷组成的声呐系统誉为水中雷达侦察兵。雷达是用无线电原理对空中目标搜索、定位、导向的通讯工具，而在水中不能发挥作用。用压电陶瓷制成的声呐系统可在水中起到同样的作用，在军事上可搜索敌潜艇，观测鱼雷活动方位、速度等，在民用上，探测海中鱼群分布和种类以便有计划捕捞、打捞遇难船物等。

3. 透明陶瓷

陶瓷一般是不透光的，由于陶瓷的不透光，使陶瓷的用途受到很多的限制。科学家经过长时间悉心研究后，终于在1957年制成了世界上第一片透光陶瓷。透光陶瓷有着广泛的用途。当透光陶瓷问世后，使高压钠灯研制成功。高压钠灯是一种发光效率很高的电光源，在同样功率下一盏高压钠灯能顶两盏高压汞灯，且光线柔和、银白，在高压钠灯下看物体不但清楚，且不刺眼。另外高压钠灯还具有特殊的本领，光线能透过浓雾不被散射，作为道路、汽车、广场的用灯特别合适。

4. 超导陶瓷

1973年，人们发现了超导合金——铌锗合金，其临界超导温度为23.2K，该记录保持了13年。1986年，设在瑞士苏黎世的美国IBM公司的研究中心报道了一种氧化物（镧-钡-铜-氧）具有35K的高温超导性，打破了传统"氧化物陶瓷是绝缘体"的观念，引起世界科学界的轰动。此后，科学家们争分夺秒地攻关，几乎每隔几天，就有新的研究成果出现。1987年2月，美国华裔科学家朱经武和中国科学家赵忠贤相继在钇-钡-铜-氧系材料上把临界超导温度提高到90K以上，液氮的禁区（77K）也奇迹般地被突破了。1987年底，铊-钡-钙-铜-氧系材料又把临界超导温度的记录提高到125K。从1986～1987年的短短一年多的时间里，临界超导温度竟然提高了100K以上，这在材料发展史，乃至科技发展史上都堪称是一大奇迹！高温超导材料的不断问世，为超导材料从实验室走向应用铺平了道路。

5. 生物陶瓷

生物陶瓷指与生物体或生物化学有关的新型陶瓷。生物陶瓷可分为与生物体相关的植入陶瓷和与生物化学相关的生物工艺学陶瓷。前者植入体内以恢复和增强生物体的机能，是直接与生物体接触使用的生物陶瓷。后者用于固定酶、分离细菌和病毒以及作为生物化学反应的催化剂，是使用时不直接与生物体接触的生物陶瓷。

练习题

一、选择题

1. 下列过程属于自然固氮的是（　　）。
   A. 镁在氮气中燃烧　　　　　　　B. 雷雨固氮
   C. 合成氨　　　　　　　　　　　D. 模拟生物固氮

2. 下列气体中，黄绿色且有刺激性气味的气体是（　　）。
   A. O_2　　　　B. CO_2　　　　C. N_2　　　　D. Cl_2

3. 下列说法均摘自某科普杂志，你认为无科学性错误的是（　　）。
   A. 铅笔芯的原料是金属铅，儿童在使用时不可用嘴吮咬铅笔，以免引起铅中毒
   B. 一氧化碳有毒，生有煤炉的居室，可放置数盆清水，这样可有效地吸收一氧化碳，防止煤气中毒
   C. "汽水"浇灌植物有一定的道理，其中二氧化碳的缓释，有利于作物的光合作用
   D. 硅的提纯与应用，促进了半导体元件与集成芯片业的发展，可以说"硅是信息技术革命的催化剂"

4. 石墨炸弹爆炸时，能在方圆几百米范围内撒下大量石墨纤维，造成输电线、电厂设备损失，这是由于石墨（　　）。
   A. 有放射性　　　B. 易燃、易爆　　　C. 能导电　　　D. 有剧毒

5. 下列物质中，硫元素只具有还原性的是（　　）。
   A. S　　　　B. SO_2　　　　C. H_2S　　　　D. H_2SO_4

6. 关于氨的下列叙述中，错误的是（　　）。
   A. 是一种制冷剂　　　　　　　　B. 氨在空气中可以燃烧
   C. 氨极易溶于水　　　　　　　　D. 氨水是弱碱

二、判断题

1. HClO 具有极强的还原性，能杀死水里的病菌，也能使有色物质褪色。（　　）
2. 浓硫酸能使蔗糖炭化，是由浓硫酸的强吸水性引起的。（　　）
3. 检验 Cl^- 常用的试剂是 $AgNO_3$。（　　）
4. 检验硫酸根离子常用的试剂是含 Ba^{2+} 的溶液。（　　）

第二节 常见金属单质及其化合物

学习目标

1. 了解钠、铝、铁等常见金属单质及其重要化合物的主要性质。
2. 了解这些物质在生产、生活中的应用。
3. 知道铁离子的检验方法。

已发现的一百多种元素中,大约有五分之四是金属元素。它们位于元素周期表中的大部分区域中。金属在国防、工业和日常生活中起着非常重要的作用,在各行业都得到了广泛的应用。我国有丰富的金属矿藏资源,其中钨、铋、锑、钛等居世界首位。

一、常见金属单质

小视角

甘肃武威铜奔马

河北沧州铁狮子

锡器

微思考

1. 你知道五颜六色的焰火是用什么成分制成的吗?
2. 你见过可以用小刀切割的金属吗?
3. 为什么人们喜欢用铁锅炒菜?

Ca

Mg

Ba

Be

Sr

金属的状态

金属具有很多共同的物理性质，其主要表现见图4-5。

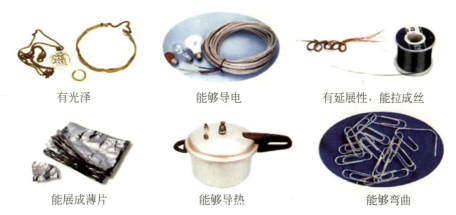

图 4-5　金属的物理性质

金属最主要的化学性质是容易失去最外层的电子表现出还原性，例如金属可以和非金属反应，也可与氧、与酸反应。由于金属失去电子的难易程度不同，所以各种金属还原性的强弱也不同，化学活动性差别也较大。

多数金属单质化学性质活泼，容易转化为化合物，所以地球上绝大多数金属元素是以化合态存在于自然界中。常见金属元素在地壳中的含量：Al＞Fe＞Ca＞Na＞K＞Mg。

下面我们来介绍几种典型的金属单质。

（一）钠

碱金属元素的原子最外电子层都只有1个电子，在化学反应中很容易失去而变成＋1价的阳离子，因此碱金属是典型的活泼金属。

钠不能以游离态存在于自然界，因为它的化学性质很活泼。在自然界，钠存在于许多无机物中，例如，我们每天生活都离不开的食盐的主要成分是氯化钠，在海水、盐湖水中也有可溶性钠盐。

1. 钠的物理性质

钠是一种银白色的金属，熔点低，密度小（0.97g/cm³）但大于煤油，沸点为882.9℃。质软，可以用小刀切割。具有良好的导电、导热性。钠可以作为还原剂，用于冶炼金属，也广泛应用于电光源上，高压钠灯发出的黄光射程远，透雾能力强，用作路灯时，亮度比高压水银灯高几倍，液态钠和钾的合金是原子反应堆的导热剂。

【演示实验4-1】　取一小块金属钠，用滤纸吸干表面的煤油后，用刀切去一端的外皮，观察钠断面的光泽和颜色，见图4-6。

图 4-6　金属钠的状态

图 4-7　过氧化钠

2. 钠的化学性质

（1）与氧气的反应　观察【演示实验 4-1】可以看到，新切开的光亮的金属钠的断面失去了光泽，已经变暗，这主要是生成了一薄层氧化物的缘故。

在常温下，钠能与空气中的氧气化合生成氧化钠（Na_2O）。但氧化钠不稳定，加热时能继续与氧反应，生成比较稳定的过氧化钠（Na_2O_2），见图 4-7。钠受热以后也能够在空气中燃烧，生成过氧化钠，燃烧时火焰呈黄色。

$$4Na + O_2 =\!=\!= 2Na_2O$$
（白色）
$$2Na + O_2 =\!=\!= Na_2O_2$$
（淡黄色）

> **小贴士**
>
> 过氧化钠可用于航空、航天器的呼吸面具中作为氧气的来源，潜水艇在紧急情况时也可用过氧化钠来供氧。原因是过氧化钠在常温下能与水反应生成氢氧化钠和氧气；还能与二氧化碳反应生成碳酸钠和氧气。

（2）与水的反应　图 4-8 为碱金属与水的反应情况。碱金属都能与水反应，锂在反应中较为缓和，并且不熔化，钠与水反应较剧烈，反应放出的热使钠熔化成小球；钾与水反应更剧烈，产生的氢气能燃烧。

【演示实验 4-2】将绿豆大小的金属钠投入滴有酚酞的水中（图 4-9），观察反应现象和溶液颜色的变化。

图 4-8　碱金属与水的反应

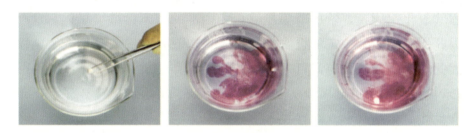

图 4-9　将金属钠投入滴有酚酞的水中

观察实验现象，我们可以看出：钠的化学性质比较活泼，能与水发生剧烈的反应，反应时放出热量，放出的热量使钠块熔成小球，反应后得到的溶液呈碱性（溶液显红色），钠与水反应有气体生成。

$$2Na + 2H_2O = 2NaOH + H_2\uparrow$$

综上所述，由于钠在空气中不稳定，容易与氧气及水发生反应。因此，实验室里通常将它保存在密度较小的煤油中，以隔绝氧气和水。

 微思考

> 钾的化学性质比钠更活泼，钾与水的反应又会怎么样？

（二）铝

铝是自然界中分布最广的金属元素。地壳中铝的含量接近 8%，仅次于氧和硅。铝通常以化合状态存在，已知的含铝矿物最常见的如长石、云母、高岭石、铝土矿、明矾石等。

1. 铝的物理性质

铝是银白色金属，密度为 2.7g/cm³，较软，熔点为 660℃。具有良好的导电、导热性，在工业上常用铝代替铜做导线、热交换器和散热材料等。铝延展性好，可抽成细丝，也可压成薄片成为铝箔，用来包装胶卷、糖果等。铝粉能保持银白色的光泽，常用来制作涂料，俗称"银粉"。铝还可以跟许多元素形成合金，因铝合金轻而坚韧，它们在飞机、火箭、人造卫星等制造业以及日常生活中具有广泛的用途。

2. 铝的化学性质

（1）与非金属的反应　在常温下，铝能够与空气中的氧气反应，生成一层致密而坚固的氧化铝薄膜，这层薄膜能够阻止内部的铝不再继续氧化，这种现象叫钝化，因此铝制品具有一定的抗腐蚀能力。把铝放入冷的浓硝酸或浓硫酸中会被钝化，因此，浓硝酸或浓硫酸可用铝制的容器储存。

【演示实验4-3】 用坩埚钳夹住一铝条，在酒精灯上点燃铝条后，立刻把它伸入盛有氧气的集气瓶中，观察现象。

可以看到，铝条在氧气中剧烈燃烧，发出耀眼的白光，并冒出白烟（图4-10）。铝的这种性质在军事上常用做制造照明弹和燃烧弹的原料。

$$4Al + 3O_2 \xrightarrow{\text{点燃}} 2Al_2O_3$$
$$（白色）$$

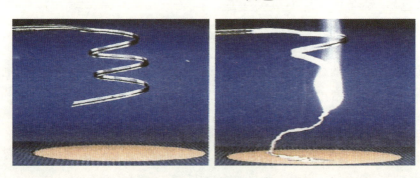

图 4-10　铝与氧气的反应

铝除能与氧气反应外，还能跟其他非金属如硫、卤素等反应。

（2）与稀酸反应　铝可与稀酸（如稀盐酸或稀硫酸）反应生成盐，同时放出氢气。

$$2Al + 6HCl = 2AlCl_3 + 3H_2\uparrow$$

（3）与强碱的反应　铝可以跟强碱溶液反应，生成偏铝酸盐和氢气。

$$2Al + 2NaOH + 2H_2O == 2NaAlO_2 + 3H_2\uparrow$$
（偏铝酸钠）

> **小贴士**
>
> 人们日常用的铝制品，表面总是覆盖着保护膜，这层膜起着保护内部金属的作用，这也正是性质活泼的铝在空气中能够稳定存在的原因。也由于氧化膜的存在，使得性质活泼的金属铝成为一种应用广泛的金属材料。

铝既能与强酸溶液反应也能与强碱溶液反应，因此酸、碱可直接侵蚀铝的保护膜以及铝制品本身，所以，铝制品餐具不宜用来蒸煮或长时间存放酸性、碱性或咸的食物。

（三）铁

铁元素位于元素周期表的第ⅧB族，是一种重要的过渡元素。一般来说，过渡元素密度大，硬度大，熔点高，有良好的导电、导热性能。

铁是地壳中最丰富的元素之一，在金属中仅次于铝，居第四位。铁分布很广，能稳定地与其他元素结合，常以氧化物的形式存在。有赤铁矿（主要成分是 Fe_2O_3）、磁铁矿（主要成分是 Fe_3O_4）、褐铁矿（主要成分是 $Fe_2O_3 \cdot 3H_2O$）等。土壤中也含铁 1%～6%。

1. 铁的物理性质

铁是活泼的过渡元素，是一种光亮的银白色金属，纯铁相对较软，有良好的延展性和导热性，能导电；密度为 $7.86 g/cm^3$，能被磁铁吸引，具有铁磁性。铁是制造发电机和电动机必不可少的材料。铁也是生命过程所必需的元素，是血红蛋白的重要组成成分。

2. 铁的化学性质

纯铁化学性质比较活泼，常见的化合价为 +2 和 +3 价。

（1）与非金属反应

在常温下，铁在干燥的空气里与氧、硫、氯等典型的非金属不起显著的反应，因此工业上可用钢瓶储存干燥的氯气和氧气。但在一定条件下，铁能和氧、硫、氯等非金属反应。

$$3Fe + 2O_2 \xrightarrow{点燃} Fe_3O_4$$

$$Fe + S \xrightarrow{\triangle} FeS$$

$$2Fe + 3Cl_2 \xrightarrow{\text{点燃}} 2FeCl_3$$

(2) 与水的反应

红热的铁跟水蒸气起反应,生成四氧化三铁和氢气。

$$3Fe + 4H_2O(g) \xrightarrow{\triangle} Fe_3O_4 + 4H_2\uparrow$$

常温下,铁与水不起反应。但含杂质的铁在潮湿空气里逐渐生锈,外表生成一层褐色的氢氧化铁。

(3) 与盐溶液的反应

$$Fe + CuSO_4 = FeSO_4 + Cu$$

铁与 O_2、H_2O、$CuSO_4$ 溶液发生化学反应的现象见图 4-11。

图 4-11 铁与 O_2、H_2O、$CuSO_4$ 溶液发生反应的现象

(4) 与酸的反应

铁能与稀酸反应,生成氢气,例如:

$$Fe + 2HCl = FeCl_2 + H_2\uparrow$$

金属镁、锌也能与稀酸反应生成氢气,例如:

$$Mg + 2HCl = MgCl_2 + H_2\uparrow$$

$$Zn + H_2SO_4 = ZnSO_4 + H_2\uparrow$$

镁、锌、铁与稀酸反应的活泼性次序为:Mg>Zn>Fe。

铜不如酸中的氢活泼,因此不能与稀酸发生上述反应。

小贴士

葛洪是我国晋代著名的炼丹家，曾在葛山等地修道炼丹多年。一次葛洪之妻鲍姑用铁勺盛曾青（硫酸铜溶液），几天后，葛洪拿起铁勺便用，奇妙的现象出现了：铁勺变成了"铜勺"，金光闪闪。葛洪的徒弟高兴得跳了起来："点铁成金了！"葛洪把铜勺放在火上烤，铜勺逐渐变黑。虽然没能够"点铁成金"，但是葛洪却因此发现了"湿法冶铜"。

 微探索

> 一些不法商贩常常用铝制的假银元坑害消费者。小明在收藏品市场上买了一枚银元，请你帮他鉴别一下这枚银元是真还是假。

二、常见金属的氧化物和氢氧化物

小视角

黄铁矿 FeS_2

赤铜矿 Cu_2O

孔雀石 $Cu_2(OH)_2CO_3$

常见几种金属矿物的成分

 微思考

> 1. 铝在常温下能与氧气反应，那么我们为什么可以使用铝制餐具？为何不宜用钢刷来擦洗铝制餐具呢？
> 2. 汽车、铁栏杆等为什么要喷漆？

大多数金属都能与氧气反应，但反应的难易和剧烈程度不同。例如镁、铝在常温下就能与氧气反应。铁、铜在常温下不能与氧气反应，但在高温时能与氧气反应。金即使在高温时也不能与氧气反应。

下面介绍几种典型金属元素的氧化物和氢氧化物。

（一）铝的氧化物及氢氧化物

1. 氧化铝（Al_2O_3）

氧化铝是一种白色粉末，熔点为 2050℃，不溶于水。天然产的无色氧化铝晶体称为刚玉，其硬度仅次于金刚石；它耐高温，是一种比较好的耐火材料，常被用来制成砂轮、研磨纸或研磨石等。通常所说的蓝宝石和红宝石就是混有少量不同氧化物杂质的刚玉，它们不但可用作装饰品，而且还可用作精密仪器和手表的轴承。人工高温烧结的氧化铝称为人造刚玉。

氧化铝的用途见图 4-12。

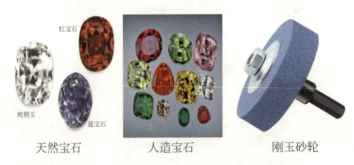

图 4-12　氧化铝的用途

Al_2O_3 是两性氧化物，既能与强酸反应也能与强碱反应。

$$Al_2O_3 + 6HCl == 2AlCl_3 + 3H_2O$$

$$Al_2O_3 + 2NaOH == 2NaAlO_2 + H_2O$$

（偏铝酸钠）

2. 氢氧化铝 [$Al(OH)_3$]

氢氧化铝是几乎不溶于水的白色胶状物质。它能凝聚水中悬浮物（如明矾就能凝聚水中悬浮物，是很好的净水剂），又有吸附色素的性能。氢氧化铝凝胶在医药上也是一种良好的抗酸药（如胃舒平），它的碱性不强，不会对胃壁产生强烈的刺激或腐蚀作用，但却可以与酸反应，使胃液酸度降低，起到中和过多胃酸的作用，用于治疗消化性溃疡病。

$Al(OH)_3$ 是两性氢氧化物，能溶于较强的酸或碱溶液。

$$Al(OH)_3 + 3HCl == AlCl_3 + 3H_2O$$

$$Al(OH)_3 + NaOH == NaAlO_2 + 2H_2O$$

（二）铁的氧化物和氢氧化物

1. 铁的氧化物

铁的氧化物有氧化亚铁（FeO）、氧化铁（Fe_2O_3）、四氧化三铁（Fe_3O_4）等。

FeO 是一种黑色粉末状固体，它不稳定，在空气中加热，迅速被氧化成 Fe_3O_4。

Fe_2O_3 是一种红棕色粉末，俗称铁红，可用作油漆的颜料等。

Fe_3O_4 是具有磁性的黑色粉末，俗称磁性氧化铁，是一种复杂的化合物。特制的磁性氧化铁可以制造录音磁带和电讯器材。

铁的氧化物都不溶于水，也不与水发生反应。FeO 和 Fe_2O_3 属于碱性氧化物，都与酸起反应，分别生成亚铁盐和铁盐。

$$FeO + 2H^+ = Fe^{2+} + H_2O$$
$$Fe_2O_3 + 6H^+ = 2Fe^{3+} + 3H_2O$$

2. 铁的氢氧化物

铁的氢氧化物有氢氧化亚铁 [$Fe(OH)_2$] 和氢氧化铁 [$Fe(OH)_3$] 两种。
$Fe(OH)_2$ 是白色絮状沉淀，在空气中不稳定，能氧化成红褐色的 $Fe(OH)_3$ 沉淀。在氧化过程中，颜色由白色变成灰绿色，最终变为红褐色，见图4-13。

  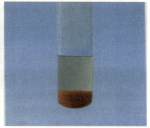

(a) $Fe(OH)_2$ 白色絮状沉淀　　(b) $Fe(OH)_2$ 变成灰绿色　　(c) $Fe(OH)_3$ 红褐色沉淀

图 4-13　$Fe(OH)_2$ 与 $Fe(OH)_3$ 之间的颜色转化

$$4Fe(OH)_2 + O_2 + 2H_2O = 4Fe(OH)_3$$

$Fe(OH)_2$ 和 $Fe(OH)_3$ 都是不溶性碱，它们能与酸反应，分别生成亚铁盐和铁盐。

$$Fe(OH)_2 + 2H^+ = Fe^{2+} + 2H_2O$$
$$Fe(OH)_3 + 3H^+ = Fe^{3+} + 3H_2O$$

$Fe(OH)_3$ 受热不稳定，易分解。

$$2Fe(OH)_3 \xrightarrow{\triangle} Fe_2O_3 + 3H_2O$$

 拓展思考

查阅资料，了解铝对人体的危害，铝及其合金材料的广泛应用；调查铝及其他常见金属的回收利用情况，理解资源循环利用的重要意义，增强环保意识。发展科学态度与社会责任等化学学科核心素养。

 微探索

在现代考古中，发现从地下挖出的铜器总是比铁器要保存得完好，你知道为什么吗？

三、重要金属离子的检验

（一）焰色反应

 小视角

五彩缤纷的焰火

在日常生活中，我们炒菜时，当把少量食盐或盐水洒在火焰上，火焰呈黄色。事实上，很多金属及其化合物在被灼烧时，都会使火焰呈特殊的颜色，这在化学上叫做焰色反应。图 4-14 为几种金属或金属离子的焰色反应颜色。

图 4-14 （透过蓝色钴玻璃）几种金属或金属离子焰色反应的颜色

【演示实验 4-4】 各取 K^+、Na^+ 溶液 1 滴，分别滴入点滴板的两个凹槽中，各加入 1 滴浓 HCl。用洁净的铂丝分别蘸取试液，于无色灯焰中灼烧，Na^+ 溶液火焰呈黄色；K^+ 溶液呈紫色（透过蓝色钴玻璃观察）。

利用焰色反应呈现的特殊颜色，可以鉴定金属或金属离子的存在，还可以制造各种焰火。

 小贴士

烟火为什么会五颜六色

火焰颜色是由于烟花药剂燃烧时，它的各组成成分间起了某种化学反应生成了某些原子或分子，这些分子或原子以一定的频率振动，在可见光谱范围内呈现一定波长的谱带或谱线，从而使火焰着色成为有色火焰，这种现象称为"焰色效应"。

根据产生焰色效应的原理，可以制成各种颜色的火焰。其方法是在烟花药剂中，加入一些可使药剂燃烧时火焰能染成需要颜色的物质。例如，红色火焰是利用氯化锶的分子辐射光谱；绿色火焰是利用氯化钡、氧化钡的分子辐射光谱；蓝色火焰是利用氯化铜分子辐射光谱。橙色和紫色火焰则是利用光谱色混合规律而创造出来的，用红色光和黄色光可配成橙色光；用红色光和蓝色光可配制成紫色光。

采用这些燃烧后能产生有火焰的药剂，可制成各种色彩鲜艳的发光体（如药柱、药球、药粒）；可制成一面旋转一面喷花的转花；可制成被点燃后连续射出各种色彩球的魔术棍；可制成在空中构成各式各样花形图案的烟花等等。

（二）铁离子的检验

铁是我们平时工作生活中经常遇到的物质，它的检验方法是怎么样的呢？

1. Fe^{3+} 与 KSCN 溶液反应

【演示实验 4-5】 Fe^{3+} 遇到 KSCN 溶液变成血红色，Fe^{2+} 遇到 KSCN 溶液不显红色。我们可以利用这一反应检验 Fe^{3+} 的存在。

$$Fe^{3+} + 3SCN^- \rightleftharpoons Fe(SCN)_3$$
$$\text{（血红色）}$$

2. Fe^{3+} 与 NaOH 溶液反应

【演示实验 4-6】 取两支试管，分别装入 2mL $FeCl_3$ 溶液和 2mL $FeCl_2$ 溶液，再往两支试管中加入 2mL NaOH 溶液，观察现象。

Fe^{3+} 与 NaOH 溶液混合产生红褐色沉淀，Fe^{2+} 则生成灰白色沉淀。利用这一反应也可以检验 Fe^{3+} 的存在。

$$Fe^{3+} + 3OH^- \rightleftharpoons Fe(OH)_3 \downarrow$$
（红褐色）

$$Fe^{2+} + 2OH^- \rightleftharpoons Fe(OH)_2 \downarrow$$
（灰白色）

> 补铁药剂中的铁是几价的？ 如何鉴别 Fe^{3+} 与 Fe^{2+}？

四、重要的盐

（一）碳酸钠和碳酸氢钠

碳酸钠 Na_2CO_3 俗名纯碱或苏打，是白色粉末。含结晶水的碳酸钠 $Na_2CO_3 \cdot 10H_2O$ 为白色晶体，在空气中很容易变成白色粉末。

碳酸氢钠 $NaHCO_3$ 俗称小苏打，是细小的白色粉末。在厨房里我们经常能看到它。

Na_2CO_3 比 $NaHCO_3$ 更易溶于水，它们的水溶液都因水解而呈碱性。

Na_2CO_3 和 $NaHCO_3$ 都能与 HCl 溶液反应放出 CO_2。$NaHCO_3$ 与 HCl 溶液的反应比 Na_2CO_3 与 HCl 溶液的反应要剧烈。

$$HCO_3^- + H^+ = CO_2 \uparrow + H_2O$$
$$CO_3^{2-} + 2H^+ = CO_2 \uparrow + H_2O$$

Na_2CO_3 很稳定，而 $NaHCO_3$ 不稳定，受热易分解。

$$2NaHCO_3 \xrightarrow{\triangle} Na_2CO_3 + H_2O + CO_2 \uparrow$$

利用这个反应可以区别 Na_2CO_3 和 $NaHCO_3$。

碳酸钠的用途十分广泛，大量用于玻璃、肥皂、造纸、石油等工业，也可以用来制造其他钠的化合物。在临床上，碳酸氢钠常用作抗酸药。在食品工业上，碳酸氢钠是发酵粉的主要成分之一，我们食用的苏打饼干、馒头等在制作时，都加了碳酸氢钠。

（二）铁盐与亚铁盐

铁的盐类有亚铁盐（即二价铁盐）和铁盐（即三价铁盐）两种，以下介绍几种常见的亚铁盐和铁盐。

1. 硫酸亚铁

硫酸亚铁晶体（$FeSO_4 \cdot 7H_2O$）含有 7 分子结晶水，是淡绿色晶体，又称绿矾，易溶于水。绿矾在潮湿的空气中能逐渐被氧化而变成黄棕色，因此绿矾需保存在密闭容器内。绿矾在农业上用作杀菌剂，它也是一种微量元素肥料，可防治小麦黑穗病和条纹病等；在医药上，作内服药用于治疗缺铁性贫血；工业上，用于制造蓝黑墨水和媒染剂，也可用于木材防腐。

2. 氯化铁

氯化铁（$FeCl_3 \cdot 6H_2O$）是棕黄色固体，吸湿性很强，易溶于水。氯化铁能引起蛋白质的迅速凝聚，所以在医疗上常用作伤口的止血剂；在有机合成工业中作催化剂等。

二价铁的化合物，在较强的氧化剂的作用下，会氧化成三价铁的化合物。例如，$FeCl_2$ 溶液遇氯水会氧化成 $FeCl_3$。

$$2FeCl_2 + Cl_2 =\!=\!= 2FeCl_3$$
（浅绿色）　　　　（黄色）

三价铁的化合物，在还原剂的作用下，会还原成二价铁的化合物。例如，$FeCl_3$ 溶液中加入铁粉，会生成 $FeCl_2$。

$$2FeCl_3 + Fe =\!=\!= 3FeCl_2$$
（黄色）　　　　（浅绿色）

（三）漂白粉

漂白粉是常见的廉价消毒剂、杀菌剂，广泛用于漂白棉、麻、纸浆。主要用于食品、食品加工、制药、医院、公共环境等的消毒、防霉和食品的防腐保鲜等。

漂白粉是 $Ca(ClO)_2$（次氯酸钙）、$CaCl_2$（氯化钙）和 $Ca(OH)_2$（氢氧化钙）的混合物，漂白粉的有效成分是次氯酸钙。次氯酸钙与稀酸或空气里的二氧化碳和水蒸气反应生成具有强氧化性的次氯酸（HClO），起漂白和杀菌作用：

$$Ca(ClO)_2 + 2HCl =\!=\!= CaCl_2 + 2HClO$$
$$Ca(ClO)_2 + H_2O + CO_2 =\!=\!= CaCO_3\downarrow + 2HClO$$

从上述反应可见，保存漂白粉时应密封，注意防潮。

（四）铵盐

氨跟酸作用生成铵盐，铵盐都是晶体，能溶于水。铵盐都能跟碱反应放出有刺激性气味的气体——氨气，这是铵盐的共同性质，实验室就是利用这样的反应来制取氨气，同时也可以利用这个性质来检验铵根离子（NH_4^+）的存在。例如：

$$(NH_4)_2SO_4 + 2NaOH \xrightarrow{\triangle} Na_2SO_4 + 2NH_3\uparrow + 2H_2O$$

铵盐在农业上可用作化肥，在工业上金属的焊接也可以用铵盐来除去锈迹，氯化铵还可来制造干电池。

拓展思考

1. 人们在施肥时，一般将氮肥跟草木灰相隔一段时间分开施用，这是为什么呢？
2. 民以食为天，讨论如何从我做起，节约粮食，树立环保意识，发展科学态度与社会责任化学学科核心素养。

微探索

现有两瓶失去标签的 Na_2CO_3 和 $NaHCO_3$ 固体，你能用什么方法将它们区分开来？

*五、重金属污染与防治

小视角

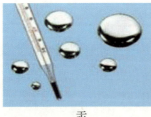
汞

铅

镉

对人体有害的重金属

重金属污染是指由重金属或其化合物造成的环境污染。主要由采矿、废气排放、污水灌溉和使用重金属制品等人为因素所致。

例如，日本的水俣病，就是因为烧碱工业排放的废水中含有汞，再经生物作用变成有机汞后造成的；又如骨痛病，是由炼锌工业和镉电镀工业所排放的镉所致。其危害程度取决于重金属在环境、食品和生物体中存在的浓度和化学形态。

重金属污染主要表现在水污染中，还有一部分是在大气和固体废物中。

重金属指相对密度大于 4 或 5 的金属，约有 45 种，如铜、铅、锌、铁、钴、镍、钒、铌、钽、钛、锰、镉、汞、钨、钼、金、银等。尽管锰、铜、锌等重金属是生命活动所需要的微量元素，但是大部分重金属如汞、铅、镉等并非生命活动所必需，而且所有重金属超过一定浓度都对人体有害。

重金属一般以天然矿物广泛存在于自然界中，但由于人类对重金属的开采、冶炼、加工及商业制造活动日益增多，使不少重金属如铅、汞、镉、钴等进入大气、水、土壤中，造成严重的环境污染。以各种化学状态或化学形态存在的重金属，在进入环境或生态系统后就会存留、积累和迁移，造成危害。如随废水排出的重金属，即使浓度小，也可在藻类和底泥中积累，被鱼和贝的体表吸附，产生食物链浓缩，从而造成公害。如汽车尾气排放的铅经大气扩散等过程进入环境中，造成目前地表铅的浓度已有显著提高，致使近代人体内铅的吸收量比原始人增加了约100倍，损害了人体健康。

近几年，人们加强了环保意识，对金属污染有了认识，国家也高度重视，加大了整治力度。我们要继续增强环保意识，合理利用金属，携手共创绿色家园。

拓展思考

> 你知道"杀人不见血"的重金属是指的哪几个吗？使用无铅汽油的目的是什么？

六、用途广泛的金属材料

合金是一种金属元素和一种或几种其他元素（金属或者非金属）熔合后而组成的具有金属特性的物质。

由于合金的优良特性，在实际生活中有着广泛的应用。下面主要介绍几种。

（一）铝合金

动车组列车

国产C919大型客机

铝合金门窗

铝合金的应用

按性能和用途不同，可分为：工业纯铝、防锈铝、硬铝、超硬铝和特殊铝等。

1. 工业纯铝

工业纯铝加工性能好，导电性好，主要用于制作电线及热交换器。

2. 防锈铝

防锈铝是热处理不可强化合金，只能通过冷加工来强化，具有中等强度良好的塑性和抗蚀性。

3. 硬铝

硬铝的强度高，有一定的耐热性，可制作150℃以下工作的零件。

4. 超硬铝

超硬铝主要用于航空工业，是飞机结构中的主要受力元件。

我国动车组列车、C919大型客机都使用了铝合金材料。

（二）铜合金

铜合金零件

铜合金蜗轮

电动汽车中的铜合金

铜合金的应用

工业上常用铜合金来制造各种机械零件。

我国使用最早的合金为青铜，主要含铜、锡、铅。青铜有良好的强度和塑性、耐磨性、耐腐蚀性，主要用于作轴承、蜗轮等。黄铜主要含铜和锌，有良好的强度和塑性，易加工、耐腐蚀，主要用于制作仪表和日用品。白铜主要含铜、镍和锌，它不容易生铜绿，常用于制作精密仪器和装饰品。

（三）铁合金

深水钻井平台

港珠澳大桥

福建舰航母

铁合金的应用

工农业生产和日常生活中用到的铁器，一般都是由铁和碳的合金制成的。铁碳合金应用最广的是生铁和钢。它们的主要区别是含碳量的不同。

含碳量在2%～4.3%的铁碳合金叫做生铁。生铁中除含碳外，还含有Si、

Mn 以及少量的 P、S 等杂质。S 元素会使铁碳合金具有热脆性，P 元素会使铁碳合金具有冷脆性。

含碳量在 0.03%～2% 的铁碳合金叫做钢。钢坚硬、有韧性和弹性，可以锻打，也可以铸造。按钢的化学成分的不同，可分为非合金钢、低合金钢和合金钢三类。在钢中加入一种或几种合金元素，如 Si、Mn、Mo、W、V、Ni、Cr 等元素，可使钢的机械性能、物理性质和化学性质发生变化，因而可制成各种具有特殊性能的钢，叫做低合金钢或合金钢。我国的海上钻井平台、港珠澳大桥主体均为钢结构。我国首艘国产航母的整块甲板也是钢材料。

（四）钛合金

玉兔号月球车

蛟龙号载人潜水器

歼-20 战斗机

钛合金的应用

钛合金是以钛为基础加入其他元素组成的合金，钛合金材料具有质量轻、强度大、弹性小、耐高低温和耐腐蚀等特点，在尖端仪器、医疗器件、军事工业、航天工业等领域具有非常广泛的用途。航天器主要利用钛合金的高比强度、耐腐蚀和耐低温性能来制造各种压力容器、燃料贮箱、紧固件、仪器绑带、构架和火箭壳体。人造地球卫星、登月舱、载人飞船和航天飞机也都使用钛合金板材焊接件。钛合金在我国的玉兔号月球车、歼-20 战斗机、蛟龙号载人潜水器、神州十五号载人飞船等超级项目中都有应用。

 **阅读材料**

生活中的形状记忆合金

1932 年，瑞典人奥兰德在金镉合金中首次观察到：合金的形状被改变之后，一旦加热到一定的温度时，它又可以魔术般地变回到原来的形状。具有这种形状记忆效应的合金称为形状记忆合金。

利用形状记忆合金弹簧可以控制浴室水管的水温，在热水温度过高时通过"记忆"功能，调节或关闭供水管道，避免烫伤。当发生火灾时，记忆合金制成的弹簧发生形变，启动消防报警装置，达到报警的目的。还可以将用记忆合金制成的弹簧放在暖气的阀门内，用以保持暖房的温度，当温度过低或过高时，自动开启或关闭暖气的阀门。

练习题

一、选择题

1. 少量金属钠应该保存在（　　）。
   A. 水中　　　　　B. 煤油中　　　　C. 密闭容器中　　　D. 盐酸溶液中

2. 以下说法错误的是（　　）。
   A. 钠在常温下就容易被氧化　　　　B. 钠受热后能够着火燃烧
   C. 钠在空气中缓慢氧化能自燃　　　D. 钠在氧气中燃烧更为激烈

3. 下列性质中，不属于大多数金属通性的是（　　）。
   A. 有银白色光泽　　　　　　　　　B. 有延展性
   C. 有良好的导电性和导热性　　　　D. 有很高的熔点和硬度

4. 出土的古文物中，金器保存完好，铜器表面有锈迹，而铁器锈迹斑斑。这表明金、铜、铁的金属活动性从强到弱的顺序是（　　）。
   A. 金、铜、铁　　B. 铁、金、铜　　C. 铁、铜、金　　D. 铜、金、铁

5. 世界卫生组织经过严密的科学分析，认为我国的铁锅是最理想的炊具，并向全世界大力推广，其主要原因是（　　）。
   A. 铁锅价格便宜　　　　　　　　　B. 铸铁锅的铁熔点高
   C. 铁锅烹饪的食物中留有铁元素　　D. 铁锅含有有机物必含的碳元素

6. 下列物质中属于两性氢氧化物的是（　　）。
   A. $NaOH$　　　B. $Al(OH)_3$　　　C. $Mg(OH)_2$　　　D. $Ba(OH)_2$

7. 小兰家中收藏一件清末的铝制佛像，该佛像至今保存十分完好。其主要原因是（　　）。
   A. 铝不易发生化学反应
   B. 铝的氧化物容易发生还原反应
   C. 铝不易被氧化
   D. 铝易氧化，但氧化铝具有保护内部铝的作用

8. 铝制品具有较强的抗腐蚀性，主要是因为（　　）。
   A. 铝的化学性质稳定
   B. 铝在常温时与氧气不反应
   C. 铝具有金属性，也具有非金属性
   D. 铝与氧气反应生成一层致密的氧化物薄膜

9. 在下列条件下，铁最容易生锈的是（   ）。

　　A. 有氧气存在　　　B. 有水存在　　　C. 在潮湿空气中　　D. 表面有油污

10. 下列 4 种铁的化合物溶于稀盐酸后，滴加 KSCN 溶液没有颜色变化，再加氯水呈红色的是（   ）。

　　A. Fe_3O_4　　　　B. Fe_2O_3　　　　C. $FeCl_3$　　　　D. $FeSO_4$

11. 为了防止试剂变质，配制 $FeSO_4$ 的溶液在试剂瓶中除加入少量 H_2SO_4 外，还要加入（   ）。

　　A. 加入 Cu　　　B. 通入 Cl_2　　　C. 加入 Fe　　　D. 加入 KSCN

二、判断题

1. 有些糖果、烟盒中的"包装纸"是用铝箔制作的，说明这种金属具有良好的延展性。　　　　　　　　　　　　　　　　　　　　　　　　　　（   ）

2. 世界卫生组织向全世界推广使用铁锅，是因为使用铁锅一定程度上可以预防贫血。　　　　　　　　　　　　　　　　　　　　　　　　　　（   ）

3. 实验室的废酸液不能直接倒入下水道。　　　　　　　　　　　　（   ）

4. 金属钠在纯氧中燃烧产生淡黄色的物质。　　　　　　　　　　　（   ）

5. $FeSO_4$ 溶液中滴入 NaOH 溶液，并在空气中放置一段时间变成红褐色。（   ）

6. $FeCl_3$ 溶液中滴入 KSCN 溶液显示红色。　　　　　　　　　　　（   ）

7. 无水 $CuSO_4$ 放入医用酒精中显示蓝色。　　　　　　　　　　　（   ）

 探究实验

几种未知物质的鉴别

（1）铁锈中的铁是以什么形态存在的

主题：铁锈中的铁是以什么形态存在的？

操作：① 将一枚生锈的铁钉放入试管中。

② 向试管中滴加 4～5mL 稀盐酸。

现象：铁钉表面的铁锈＿＿＿＿＿＿＿＿＿。

③ 再向试管中滴加 2～3 滴硫氰化钾（KSCN）溶液，轻轻振荡。

现象：＿＿＿＿＿＿＿＿＿。

推理：铁锈中的铁是以什么形态存在的？_____。

（2）补血剂中的铁是以什么形态存在的

众所周知，铁是人体必需的微量元素之一，一个成年人的体内大约含铁 4～6g，它起到输氧的作用，如果人体缺铁就会引起缺铁性贫血。治疗缺铁性贫血可以服用补血剂来补充铁，那么补血剂中的铁是什么形态存在的呢？

主题：补血剂中的铁是以什么形态存在的？

(1) 补血剂中的铁是单质铁吗？请用简单的方法加以证明。

方法：_____。

结论：_____。

(2) 补血剂中的铁是三价铁吗？

操作：① 使用小刀将药片切开，取一块放入试管中。

② 使用胶头滴管向试管中加入少量蒸馏水。

③ 向试管中滴入 2～3 滴硫氰化钾（KSCN）溶液，轻轻振荡。

现象：_____。

推理：补血剂中的铁是以什么形态存在的？_____。

（3）氢氧化铁与氢氧化亚铁的制备

(1) 观察氯化铁溶液。

记录：氯化铁溶液呈_____色。

在试管里注入少量的氯化铁溶液，然后滴入氢氧化钠溶液。

现象：_____。

反应方程式：_____。

(2) 观察硫酸亚铁溶液。

记录：硫酸亚铁溶液呈_____色。

在试管里注入少量新制的硫酸亚铁溶液，用胶头滴管吸取氢氧化钠溶液，将滴管插入试管内溶液液面下，再逐渐滴入氢氧化钠溶液（试一试：如果白色沉淀转变太快，在溶液上再加上一层汽油，与空气中的氧气隔离）。

现象：_____。

推理：_____。

反应方程式：

① $FeSO_4 + NaOH \longrightarrow$ _____

② $Fe(OH)_2 + O_2 + H_2O \longrightarrow$ _____

实验表明，二价铁容易被氧化成三价铁，那么怎样防止二价铁的氧化呢？

（4）钠与水反应的科学探究

主题：钠为什么不能保存在水中？

假设：（1）预测产物 $Na + H_2O \longrightarrow$ _____。

（2）产物验证方法：_____。

实验验证过程：

（1）注意钠与溶液的变化。

（2）有没有气体产生。

（3）有没有听到声音。

实验记录：

实验内容	观察记录（你看到了什么？）	解释（为什么会产生这些现象？）
在烧杯中加入一些水，滴入几滴酚酞溶液，然后把一小块钠放入水中，你看到什么现象？	1	
	2	
	3	
	4	
	5	

总结：（写出钠与水反应的化学方程式）_____。

本主题小结

常见非金属单质及其化合物

单质	Cl_2	氧化性	与金属及其他非金属反应
		与水、碱反应	消毒剂，漂白剂
	S	还原性及氧化性	生成 SO_2——还原性 生成 H_2S——氧化性
	N_2	稳定性	空气的主要成分
化合物	氧化物	SO_2、SO_3	与水反应：酸雨
		NO、NO_2	与环境的关系：大气污染的防治
	氢化物	NH_3	极易溶于水与氧气、水、酸等反应
		HCl	易溶于水；与碱反应
		H_2S	在空气中燃烧；金属的腐蚀
	含氧酸	H_2SO_4	强氧化性、脱水性、吸水性
		HNO_3	强氧化性、钝化

常见金属单质及其化合物

单质	Na	银白色的金属，熔点低、密度小、质软，良好的导电、导热性	与氧气反应 与水反应
	Al	银白色金属，较软，熔点高，良好的导电、导热性，延展性好	与非金属反应 与酸反应 与强碱反应
	Fe	银白色金属，熔点高、密度大，纯铁相对较软，良好的延展性和导热性，能导电，具有铁磁性	与非金属反应 与水反应 与盐、与酸反应
化合物	铝的氧化物	Al_2O_3 两性氧化物	与强酸反应 与强碱反应
	氢氧化物	$Al(OH)_3$ 两性氢氧化物	与强酸反应 与强碱反应
	铁的氧化物	FeO 和 Fe_2O_3 碱性氧化物	与酸反应
	氢氧化物	$Fe(OH)_2$ 和 $Fe(OH)_3$	与酸反应
	重要的盐	碳酸钠（纯碱、苏打）	对热稳定；用于玻璃、肥皂、造纸、石油
		碳酸氢钠（小苏打）	受热易分解生成碳酸钠；作抗酸药、发酵粉
		铁盐与亚铁盐	Fe^{2+} 盐易氧化生成 Fe^{3+} 盐 Fe^{3+} 盐在还原剂的作用下还原成 Fe^{2+} 盐
		铵盐	与碱反应；用作化肥、制氨气
		漂白粉	用作消毒、杀菌、漂白和食品的防腐保鲜

拓展提升

1.请你结合课本内容，查阅相关资料，以小组为单位调查小区附近汽车尾气污染状况，制作关于汽车尾气的排放、危害及预防的资料卡片，呼吁大家保护环境，绿色出行。

2.请你结合课本内容，查阅相关资料，以小组为单位找出我国近几年大气污染和水污染的主要污染源，总结我国为保护生态环境采取的措施，并以"保护生态，大国先行"为主题制作宣传墙报于校园内展示。

3.请你查阅资料，以"高科技材料引领未来"为题，写一篇关于新材料应用的小论文。

主题五
简单有机化合物及其应用

早期，有机化合物系指由动植物有机体内取得的物质。自1828年人工合成尿素后，有机物和无机物之间的界限随之消失，但由于历史和习惯的原因，"有机"这个名词仍沿用。有机化合物对人类具有重要意义，地球上所有的生命形式，主要是由有机化合物组成的。例如，脂肪、蛋白质、糖、血红素、叶绿素、酶、激素等。生物体内的新陈代谢和生物的遗传现象，也涉及有机化合物的转变。此外，许多与人类生活有密切关系的物质，例如石油、天然气、棉花、染料、天然和合成药物等，均属有机化合物。

第一节　有机化合物的特点和分类

 学习目标

1. 认识有机化合物，知道有机化合物分子具有特殊的空间结构。
2. 了解有机化合物的特点、分类及常见的官能团。

 小视角

包装材料

食用油

衣服

生活中常见到的有机化合物产品

> 1. 你还能说出几种有机化合物？
> 2. 人工合成的有机化合物对你的生活有哪些影响？

一、有机化合物的概念

有机化合物通常指含碳元素的化合物。但一些简单的含碳化合物，如一氧化碳、二氧化碳、碳酸盐、碳化物、氰化物等除外。除含碳元素外，绝大多数有机化合物分子中含有氢元素，有些还含氧、氮、卤素、硫和磷等元素。因此，有机化合物是指碳氢化合物及其衍生物。有机化合物简称为有机物。

二、有机化合物的特点

一般来说，有机物具有以下主要特点。

(1) 大多数有机物难溶于水，但容易溶于汽油、酒精、苯等有机溶剂。
(2) 绝大多数有机物受热容易分解，也易着火燃烧，燃烧生成二氧化碳和水。
(3) 绝大多数有机物是非电解质，不易导电，熔点、沸点较低。
(4) 有机物所发生的化学反应比较复杂，常伴有副反应发生；反应速率一般比较慢，有的需要几小时甚至几天或更长时间才能完成。所以常常需要通过加热、光照或使用催化剂来加快有机反应的进行。
(5) 有机物中同分异构现象普遍存在。

三、有机化合物的分类

1. 按碳的骨架分类

有机化合物按碳的骨架分类见图 5-1。

2. 按官能团分类

有机化合物分子中比较活泼，容易发生化学反应的原子或者原子团称为官能团，这些原子或者原子团对有机化合物性质起着决定性作用。表 5-1 为常见有机物的类别和官能团。

主题五 简单有机化合物及其应用

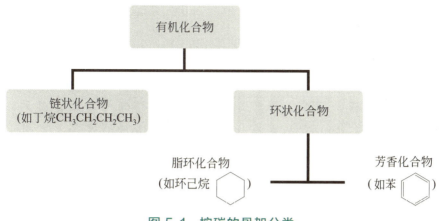

图 5-1 按碳的骨架分类

表 5-1 常见有机物的类别和官能团

类别	官能团		典型代表物的名称和结构简式	
	结构	名称		
烷烃	—	—	甲烷	CH_4
烯烃	$\diagup C=C \diagdown$	双键	乙烯	$CH_2=CH_2$
炔烃	$—C\equiv C—$	三键	乙炔	$CH\equiv CH$
芳香烃	—	—	苯	⌬
卤代烃	—X	卤原子	氯乙烷	CH_3CH_2Cl
醇	—OH	羟基	乙醇	CH_3CH_2OH
酚	—OH	羟基	苯酚	⌬—OH
醛	—CHO	醛基	乙醛	H_3C-CHO
羧酸	—COOH	羧基	乙酸	$H_3C-COOH$
酯	—COOR	酯基	乙酸乙酯	$H_3C-COO-C_2H_5$

在人类衣食住行所需的物品中,有许多是天然有机物,如蛋白质、油脂、糖类、石油、天然气等,但越来越多的人工合成有机物进入了人类的生活。如今,合成塑料、合成纤维、合成橡胶、合成药物等有机物广泛用于生产和生活的各个方面。现代社会对于人工合成的化学物质的依赖性日益增强。

生活中的有机化合物

有机化合物一直存在于人类生活中，人们的衣食住行都离不开它。我们日常生活中用的塑料、纤维、橡胶制品是典型的有机化合物；作为燃料的天然气、液化石油气、煤，汽车或交通运输工具中使用的汽油、柴油等，食物中的蛋白质、淀粉、植物油、维生素以及日常生活中常见的酒精、食醋、食糖、味精等都是有机化合物；家居装饰材料中的涂料、胶黏剂等是有机化合物；我们穿的衣服、鞋子，主要也是有机化合物。可见，我们的生活与有机化合物密切相关。

对有机化合物的研究，可以帮助我们更加有效地研发药物、食品添加剂、农业化学品、环保装饰材料以及各种高性能材料，还将有助于开发绿色环保的生产工艺，在提高人们生活水平的同时，保护好我们赖以生存的环境。

 拓展思考

1. 有机物有哪些特点？这些特点与什么密切相关？
2. 有机物对发展国民经济和提高人民生活水平具有什么意义？

第二节 烃

1. 认识有机化合物分子中碳原子的成键特点。

2. 知道有机化合物存在同分异构现象。

3. 了解烷烃的系统命名方法。

4. 认识烃类的结构特点，理解甲烷、乙烯、乙炔、苯等的主要性质及其在生产、生活中的重要应用。

5. 理解官能团与有机化合物性质的关系，知道氧化、加成、取代、聚合等有机反应类型。

一、甲烷及烷烃

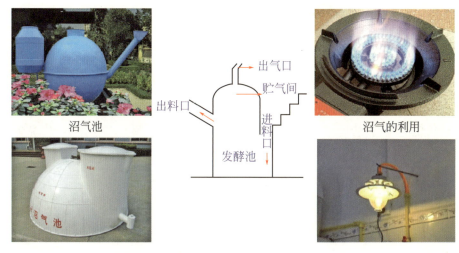

沼气池　　　沼气的利用

沼气池结构示意图

> 你了解甲烷吗？你听说过瓦斯爆炸吗？

（一）甲烷

有机化合物中，有一大类物质仅由碳和氢两种元素组成，这类物质总称为烃，也叫碳氢化合物。甲烷是烃类分子中组成最简单的物质。

甲烷是天然气、池沼和煤矿坑道所产生的气体（俗称瓦斯）的主要成分，天然气里甲烷的体积分数为 80%～90%。沼气对于解决我国农村的能源问题，改善农村环境卫生，提高肥料质量等方面都有重要的意义。

1. 甲烷的物理性质和结构

甲烷是没有颜色、没有气味的气体，比空气轻，极难溶于水，易溶于醇、乙醚，很容易燃烧。甲烷由碳和氢两种元素组成，分子式是 CH_4。

碳原子的最外电子层有 4 个电子，它能跟 4 个氢原子形成 4 个共价键（C—H 键）。如果以·表示碳原子的价电子，以×表示氢原子的价电子，甲烷的电子式可以写作：

$$\text{H} \overset{\text{H}}{\underset{\text{H}}{\overset{\times}{\underset{\times}{\text{C}}}}} \text{H}$$

在化学上常用一条短线来代表一对共用电子。因此，可以用下式来表示甲烷分子的结构：

$$\text{H} - \overset{\text{H}}{\underset{\text{H}}{\text{C}}} - \text{H}$$

这种用元素符号和短线表示分子中原子的排列和结合方式的化学组成式叫做结构式。

那么甲烷分子中的原子在空间是如何分布的呢？图 5-2(a) 是甲烷分子结构的示意图，它可以表示分子中各原子的相对位置。图 5-2(b) 是甲烷分子的球棍模型，深色球代表碳原子，浅色球代表氢原子，短棍代表价键。

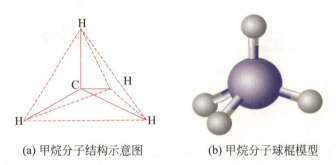

(a) 甲烷分子结构示意图　　(b) 甲烷分子球棍模型

图 5-2　甲烷的分子结构模型

甲烷分子具有正四面体结构，碳原子位于正四面体的中心，4 个氢原子分别位于正四面体的 4 个顶点，4 个 C—H 键的长度和强度相同，每两个 C—H 键的夹角都相等。

动画：甲烷的结构

化合物的结构式对于我们认识有机物的结构、性质、制备等都是很重要的。分子结构的模型可以帮助我们进一步了解分子的立体形状和分子内各原子的相对位置。

有机化合物的立体结构式书写起来比较麻烦，为方便起见，一般采用平面结构式。如甲烷可书写为：

$$\text{H} - \overset{\text{H}}{\underset{\text{H}}{\text{C}}} - \text{H}$$
。

也可以用结构简式表示：CH_4。

2. 甲烷的化学性质和用途

在通常情况下，甲烷比较稳定，与强酸、强碱或强氧化剂等一般不发生反应。

（1）取代反应　在室温下，甲烷和氯气的混合物可以在黑暗中长期保存而不起任何反应。但将混合气体放在光亮的地方就会发生反应，黄绿色的氯气会逐渐变淡。这个反应的化学方程式可以表示如下（为明显起见，用结构式代替分子式）：

动画：甲烷的取代反应

$$\begin{array}{c}H\\|\\H-C-[H\ +\ Cl]-Cl\\|\\H\end{array} \xrightarrow{\text{光}} \begin{array}{c}H\\|\\H-C-Cl\\|\\H\end{array} + H-Cl$$

一氯甲烷

但是反应并没有停止，生成的一氯甲烷仍继续跟氯气作用，依次生成二氯甲烷（CH_2Cl_2）、三氯甲烷（$CHCl_3$，又叫氯仿）和四氯甲烷（CCl_4，又叫四氯化碳），产物的比例取决于反应物甲烷与氯气的比例。

像这样，有机物分子里的某些原子或原子团被其他原子或原子团所代替的反应称为取代反应。像这种烃分子中的氢原子被卤素原子取代所生成的化合物称为卤代烃，如 CH_3Cl 为氯代烃。

（2）氧化反应　纯净的甲烷在空气中安静地燃烧，同时放出大量的热。

$$CH_4 + 2O_2 \xrightarrow{\text{点燃}} CO_2 + 2H_2O$$

所以甲烷是一种很好的气体燃料。但是必须注意，如果点燃甲烷跟氧气或空气的混合物，它就立即发生爆炸。煤矿的矿井坑道瓦斯中含有大量甲烷，采矿时，必须采取安全措施，如通风、严禁烟火等，以防止甲烷与空气混合物的爆炸事故发生。

小贴士

瓦斯的主要成分是甲烷，瓦斯在煤矿中从煤岩裂缝中喷出，当瓦斯混合物吸收一定的能量（通常是引火源给予的能量），超过爆炸点临界温度，就会发生爆炸，爆炸产生的高温高压，使附近的气体以极大的速度向外击，破坏设备，同时扬起大量煤尘，产生更大破坏力。瓦斯爆炸后还会产生大量有毒气体，造成人员中毒死亡。为防止瓦斯在开采过程中积聚，应安装通风系统，安装瓦斯浓度报警和实施自动检测系统，控制井下明火和违章用电等违规行为。

（二）烷烃

1. 烷烃的通式

除甲烷外，还有一系列性质跟它很相似的烃，像乙烷（C_2H_6）、丙烷（C_3H_8）、丁烷（C_4H_{10}）等等。乙烷、丙烷的分子结构模型如图 5-3 所示。

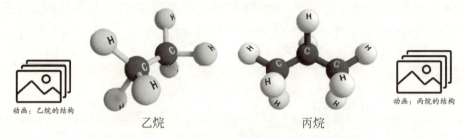

图 5-3　乙烷、丙烷的分子结构模型

在这些烃的分子里，碳原子与碳原子都以单键结合成链状。与甲烷一样，碳原子剩余的价键全部与氢原子相结合。这样的结合使得每个碳原子的化合价都已充分利用，均达到"饱和"。具有这种结构的链烃称为饱和链烃，或称烷烃。

几种烷烃的结构式和结构简式如图 5-4 所示。

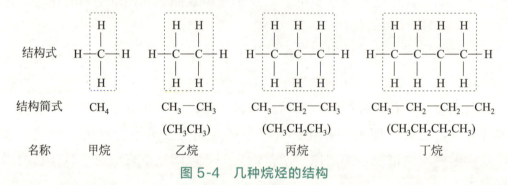

图 5-4　几种烷烃的结构

从乙烷开始，每增加一个碳原子，就相应地增加两个氢原子，因此可用 C_nH_{2n+2}（$n \geq 1$）来表示这一系列化合物的组成，该式子叫做烷烃的分子式通式。

2. 烷烃的同系物

相邻两个烷烃在组成上都相差一个"CH_2"原子团。我们把结构相似，在分子组成上相差一个或若干个 CH_2 原子团的物质互称为同系物。甲烷、乙烷、丙烷等互为同系物。

3. 同分异构体及烷烃的命名

（1）同分异构现象　在研究物质的分子组成和性质时，发现有很多物质的分子组成相同，但性质却有差异。例如，在研究丁烷（C_4H_{10}）的组成和性质时，发现有另一种组成和分子量与丁烷完全相同，但性质却有差异的物质。为了区别起见，人们把一种称为正丁烷，另一种称为异丁烷。正丁烷和异丁烷的分子结构模型见图 5-5。

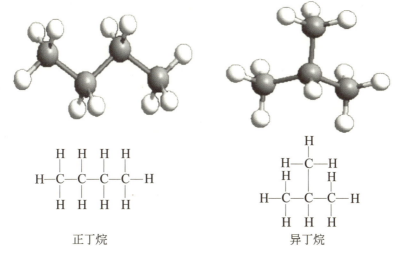

图 5-5　正丁烷和异丁烷的分子结构模型

正丁烷和异丁烷的物理性质比较见表 5-2。

表 5-2　正丁烷和异丁烷物理性质比较

物理性质	正丁烷	异丁烷
熔点/℃	-138.4	-159.6
沸点/℃	-0.5	-11.7
液态时的密度/（g/cm³）	0.5788	0.557

 微思考

> 为什么正丁烷和异丁烷具有相同的组成和相同的分子量，但却有不同的性质呢？

经过科学实验证明，正丁烷分子里的碳原子形成直链，而异丁烷分子里的碳原子却带有支链。虽然两种丁烷的组成相同，但分子里原子结合的顺序不同，也就是说分子的结构不同，因此它们的性质就有差异。

化合物具有相同的分子式，但具有不同结构的现象，称为同分异构现象。具有同分异构现象的化合物互称为同分异构体。例如正丁烷和异丁烷就是丁烷的两种同分异构体。戊烷有三种同分异构体。同分异构现象是有机物普遍存在的重要现象，也是有机物种类繁多的原因之一。

(2) 烷烃的命名　烷烃是根据分子中所含碳原子的数目来命名的。碳原子数在十以下的，从一到十依次用甲、乙、丙、丁、戊、己、庚、辛、壬、癸来表示，碳原子数在十一以上的，就用数字来表示。例如，C_7H_{16} 叫庚烷，$C_{17}H_{36}$ 叫十七烷。

烃分子失去一个或几个氢原子后所剩余的部分称为烃基。烃基一般用"R—"表示。如果这种烃是烷烃，那么烷烃失去一个氢原子后所剩余的原子团称为烷基。—CH_3 叫甲基，—CH_2CH_3 叫乙基。

现以带有支链的烷烃为例，来介绍烷烃的系统命名法。这种命名法的步骤如下：

① 选定分子中最长的碳链作主链；若有两条或多条等长的最长链，选择支链数目最多的来作为主链，并按主链上碳原子的数目称为"某烷"。

② 确定主链后，要根据最低系列原则对主链进行编号。最低系列原则为：要使取代基的位号尽可能小，若有多个取代基，逐个比较，直至比出高低为止。

③ 根据有机化合物名称的基本格式写出全名称，按取代基英文字母的顺序依次排列。常见的甲基、乙基、丙基和丁基按照丁基（butyl）、乙基（ethyl）、甲基（methyl）、丙基（propyl）的顺序列出。把取代烃基的名称写在烷烃名称的前面，在取代烃基的前面用阿拉伯数字注明它在烷烃直链上的所在位置，取代基的位次与名称之间用半字线"-"连接起来。

例如：

2-甲基丁烷　　　　　2,3-二甲基戊烷　　　　　4-乙基-3-甲基庚烷

4. 烷烃的性质

随着分子中碳原子数的递增（同时分子量也在递增），各种烷烃的物理性质呈规律性的变化。例如在常温下，烷烃的状态由气态、液态到固态；烷烃的熔点、沸点基本上逐渐升高；烷烃密度逐渐增大，并且小于1。见表5-3。

视频：烷烃的性质概述

这些烃在化学性质上跟甲烷相似。在通常状况下，它们很稳定，跟酸、碱和氧化剂都不起反应，也难于跟其他物质化合；这些烃在空气里都可以点燃；在光照条件下，这些烃都能跟氯气起取代反应等。

表 5-3　常见烷烃的物理性质

名称	结构简式	常温时的状态	熔点/°C	沸点/°C	液态时的密度/(g/cm³)
甲烷	CH₄	气	-182.5	-164	0.466①
乙烷	CH₃CH₃	气	-172.0	-88.63	0.752②
丙烷	CH₃CH₂CH₃	气	-187.1	-42.07	0.5005
丁烷	CH₃(CH₂)₂CH₃	气	-138.4	-0.5	0.5788
戊烷	CH₃(CH₂)₃CH₃	液	-129.7	36.07	0.6262
庚烷	CH₃(CH₂)₅CH₃	液	-90.61	98.42	0.6838
辛烷	CH₃(CH₂)₆CH₃	液	-56.79	125.7	0.7025
癸烷	CH₃(CH₂)₈CH₃	液	-29.7	174.1	0.7300
十七烷	CH₃(CH₂)₁₅CH₃	固	22	301.8	0.7780（固态）
二十四烷	CH₃(CH₂)₂₂CH₃	固	54	391.3	0.7991（固态）

① 是-164°C时的值。
② 是-108°C时的值，其余都是20°C时的值。

二、乙烯及烯烃

小视角

富含胡萝卜素的瓜果

花香味中含烯烃物质

催熟其他水果

含烯烃的植物

微思考

为什么成熟的香蕉能催熟其他水果？

除饱和烃（烷烃）外，链烃中还有不饱和链烃。在碳原子数相同的情况下，不饱和烃分子中所含的氢原子数比相应的烷烃要少，根据"缺少"的氢原子数不同可以分为烯烃和炔烃。乙烯是烯烃中最简单的物质。

（一）乙烯

1. 乙烯分子的结构

乙烯的分子式是 C_2H_4，从乙烯的结构式可以看出，乙烯分子里含有 $C=C$ 双键，乙烯是分子组成最简单的烯烃，其结构见图 5-6 所示。

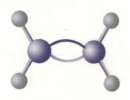

乙烯的球棍模型　　乙烯的电子式　　乙烯的结构简式

图 5-6　乙烯的结构

动画：乙烯的结构及电子云

2. 乙烯的物理性质

乙烯是无色的气体，稍有气味，比空气的密度略小些，难溶于水。

3. 乙烯的化学性质和用途

（1）加成反应　将乙烯通入盛有溴水的试管中，可以观察到溴水的红棕色很快消失。

这是因为乙烯能与溴水里的溴起反应，生成无色的1,2-二溴乙烷（$CH_2Br—CH_2Br$）液体。利用这个反应可以鉴别甲烷和乙烯。

$$CH_2=CH_2 + Br_2 \longrightarrow CH_2Br—CH_2Br$$

视频：乙烯的性质概述

这个反应的实质是乙烯分子双键中的一个键断裂，两个溴原子分别加在两个双键（即不饱和）碳原子上，生成了二溴乙烷。这种有机物分子中断裂不饱和碳原子间的一个（或两个）化学键，与其他原子或原子团结合生成新物质的反应称为加成反应。

视频：乙烯与溴加成反应

乙烯还能跟氢气、氯气、卤化氢以及水等在适宜的反应条件下起加成反应。

$$CH_2=CH_2 + H_2 \xrightarrow[\triangle]{催化剂} CH_3—CH_3$$

$$CH_2=CH_2 + HCl \longrightarrow CH_3—CH_2Cl$$

（2）氧化反应　点燃纯净的乙烯，它能在空气里燃烧。与其他的烃一样，乙烯在空气里完全燃烧的时候，也生成二氧化碳和水。乙烯因含碳量高，燃烧时的火焰比甲烷燃烧时的火焰明亮。反应式如下：

$$CH_2=CH_2 + 3O_2 \xrightarrow{点燃} 2CO_2 + 2H_2O$$

视频：乙烯的氧化反应

乙烯可被氧化剂高锰酸钾（$KMnO_4$）氧化，使高锰酸钾溶液褪色。用这种方法也可以鉴别甲烷和乙烯。

（3）聚合反应　在适当温度、压力和有催化剂存在的情况下，乙烯双键中的一个键发生断裂，分子中的碳原子能互相结合成为很长的链。这个化学反应用下式来表示：

$$n CH_2 = CH_2 \xrightarrow{催化剂} [CH_2-CH_2]_n$$
聚乙烯

产物聚乙烯是一种分子量很大（几万到几十万）的化合物，分子式可简单写为 $[C_2H_4]_n$。这种由分子量小的化合物（单体）分子互相结合成为分子量很大的化合物（高分子化合物）分子的反应叫聚合反应。

4. 乙烯的用途

乙烯可生产聚乙烯。聚乙烯是一种重要的塑料，性质坚韧、低温时仍能保持柔软性、化学性质稳定、电绝缘性高，在工农业生产和日常生活中有广泛应用。图 5-7 为聚乙烯部分产品。

  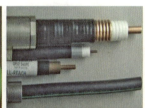

聚乙烯渔网　　　　　洗发水瓶　　　　　实芯聚乙烯绝缘同轴射频电缆

图 5-7　聚乙烯产品

乙烯是石油化学工业最重要的基础原料，用于制造塑料、合成纤维、有机溶剂等。乙烯生产的发展带动了其他石油化工基础原料和产品的发展。乙烯的产量通常是衡量一个国家石油化工发展水平的标志。乙烯还是一种植物生长调节剂，它可用做果实催熟剂等。

 小贴士

在日常生活中也会遇到需将生水果催熟的情况，这时候如果没有乙烯，可以把青香蕉和几个熟橘子放在同一个塑料袋里，或者把生苹果和熟苹果放在一起，也可以起到催熟的作用。这是因为水果在成熟的过程中，自身能放出乙烯气体，利用成熟水果放出的乙烯可以催熟水果。

（二）烯烃

烯烃是分子中含有碳碳双键（C=C）的不饱和链烃，例如丙烯（$CH_3CH=CH_2$），丁烯（$CH_3CH_2CH=CH_2$）等。

跟烷烃一样，乙烯同系物也是依次相差一个 CH_2 原子团。烯烃的通式是 C_nH_{2n}。它们的物理性质一般地也随着碳原子数目的增加而递变。烯烃的物理性质见表 5-4。

表 5-4 烯烃的物理性质

名称	结构简式	常温时的状态	熔点 /℃	沸点 /℃	液态时的密度 /(g/cm³)
乙烯	$CH_2=CH_2$	气	-169.2	-103.7	0.384
丙烯	$CH_3CH=CH_2$	气	-185.3	-47.4	0.5193
1-丁烯	$CH_3CH_2CH=CH_2$	气	-185.4	-6.3	0.5951
1-戊烯	$CH_3(CH_2)_2CH=CH_2$	液	-138	29.97	0.6405
1-己烯	$CH_3(CH_2)_3CH=CH_2$	液	-139.8	63.35	0.6731
1-庚烯	$CH_3(CH_2)_4CH=CH_2$	液	-119	93.64	0.6970

烯烃的化学性质也跟乙烯类似，如易于发生加成反应、聚合反应等。丙烯是石油工业的一种重要产品，也是一种重要的化工原料。

 拓展思考

如何鉴别乙烷和乙烯？

三、乙炔及炔烃

 小视角

乙炔燃烧产生的火焰将钢熔化

炔氧焰喷枪

乙炔气瓶

乙炔及应用

（一）乙炔的物理性质和结构

1. 乙炔的物理性质

乙炔俗名电石气，纯的乙炔是无色、无臭味的气体，由电石生成的乙炔因常混有磷化氢、硫化氢等杂质而有特殊难闻的臭味。乙炔的密度比空气稍小，微溶于水，易溶于有机溶剂。

2. 乙炔的结构

乙炔的分子式是 C_2H_2，从分子式可以看出，乙炔比乙烯少两个氢原子。在乙炔分子中的碳原子间有三对共用电子对，通常称为三键。乙炔分子里的两个碳原子和两个氢原子处在一条直线上，结构见图 5-8。

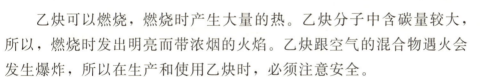

乙炔的球棍模型　　　电子式　　　结构式　　动画：乙炔的结构

图 5-8 乙炔的结构

（二）乙炔的化学性质和用途

1. 氧化反应

乙炔可以燃烧，燃烧时产生大量的热。乙炔分子中含碳量较大，所以，燃烧时发出明亮而带浓烟的火焰。乙炔跟空气的混合物遇火会发生爆炸，所以在生产和使用乙炔时，必须注意安全。

视频：乙炔的性质概述

> **小贴士**
>
> 纯乙炔具有发生猛烈爆炸的特性，乙炔弹即利用此特性而制得。在乙炔弹的弹体内，两个弹舱中分别装有水和碳化钙，使用时将两个弹舱打通，水和碳化钙混合后产生高压乙炔。高压乙炔气体被飞行中的战斗机的发动机吸入后，便会引燃油料，引起大规模爆炸导致战斗机坠毁。若这些乙炔气体被吸入坦克和装甲车内，也会引起大规模爆炸，炸坏发动机。
>
> 现代坦克的装甲都是复合钢板，就像夹心饼干一样，里外是钢板，中间是碳纤维。炮弹打在装甲上，不是反弹，就是钢板外爆炸，很难击穿。绝大多数反坦克硬杀伤武器很难击毁坦克。有一种新型反坦克乙炔弹，专门用来摧毁坦克的发动机，而不会危及坦克乘员的生命安全，这就是"软"杀伤武器。

乙炔在氧气中燃烧时，产生的氧炔焰温度很高（可达3000℃以上），可以用来切割或焊接金属。

$$2C_2H_2 + 5O_2 \xrightarrow{\text{点燃}} 4CO_2 + 2H_2O$$

乙炔也容易被氧化剂所氧化，能使高锰酸钾溶液的紫色褪去。

 探究实验

冰块"着火"

在冰块（如饭盒大小）上挖几个凹坑，分别放入蚕豆粒大小的电石各一块。用燃着的木条在冰块上（靠近电石）依次点燃，冰块立即着火，火焰明亮似一排冰灯。随着冰块融化，火焰越来越旺，直至电石耗尽火焰才熄灭。

2. 加成反应

把纯净的乙炔通入盛有溴水的试管，观察溶液颜色的变化。可以观察到乙炔也能使溴水褪色。它们发生了以下反应：

$$HC \equiv CH + Br_2 \longrightarrow CHBr = CHBr$$
$$CHBr = CHBr + Br_2 \longrightarrow CHBr_2 - CHBr_2$$

如果用镍粉作催化剂并且加热，乙炔能跟氢气进行加成反应，先生成乙烯，再继续反应生成乙烷。

$$CH \equiv CH + H_2 \xrightarrow[\triangle]{Ni} CH_2 = CH_2$$

$$CH_2 = CH_2 + H_2 \xrightarrow[\triangle]{Ni} CH_3 - CH_3$$

在催化剂的条件下，乙炔能跟氯化氢进行加成反应，生成氯乙烯。

$$HC \equiv CH + HCl \xrightarrow[\triangle]{\text{催化剂}} CH_2 = CHCl$$

PVC塑料板

PVC护套软线

PVC管材

图 5-9　聚氯乙烯产品

氯乙烯是制备聚氯乙烯 ┤C—C├ₙ 的原料，聚氯乙烯是一种重要的合成树脂，用于制备塑料和合成纤维（见图 5-9）。

 小贴士

小心有毒的 PVC 保鲜膜

保鲜膜为保存食物带来了很大的便利。但是，使用含有聚氯乙烯（PVC）保鲜膜包装食品，则会对健康带来危害。

聚氯乙烯（PVC）塑料含有 DEHA［二（2-乙基己基）己二酸酯］的增塑剂，能渗透入食物，尤其是高脂肪食物。而 DEHA 中含有干扰人体内分泌的物质，会扰乱人体内的激素代谢，甚至导致精神疾病等。

为此，国家质检总局发布公告：禁止含有 DEHA 增塑剂等不符合强制性国家标准的或氯乙烯单体含量超标的 PVC 食品保鲜膜进口、出口；禁止企业在生产 PVC 保鲜膜时使用 DEHA；禁止企业销售含有 DEHA 或氯乙烯单体含量超标的 PVC 食品保鲜膜。

3. 乙炔的用途

从乙炔的性质可以知道，由乙炔开始能制氯乙烯等许多重要有机化学工业的原料，所以乙炔是一种重要的基本有机原料。

（三）炔烃

链烃分子里含有碳碳三键的不饱和烃称为炔烃。除乙炔外，还有丙炔、丁炔等。几种炔烃物理性质见表 5-5。

表 5-5　炔烃的物理性质

名称	结构简式	常温时状态	熔点 /℃	沸点 /℃	液态时的密度 /（g/cm³）
乙炔	HC≡CH	气	-80.8（加压）	-84.0	0.6181
丙炔	CH₃C≡CH	气	-101.5	-23.2	0.66
1-丁炔	CH₃CH₂C≡CH	气	-125.7	8.1	0.6784
1-戊炔	CH₃（CH₂）₂C≡CH	液	-90	40.18	0.6901

从表 5-5 可知，乙炔的各同系物也依次相差一个 CH_2 原子团，但它们比同碳原子数的烯烃各少两个氢原子，所以炔烃的通式是 C_nH_{2n-2}。炔烃的物理性质一般也是随着分子里碳原子数的增多而递变的。

四、苯

| 藿香 | 薄荷 | 桂花 |

富含芳香族化合物的植物

能不能仅凭气味作为芳香族化合物的分类依据？

芳香族化合物最早是指那些从各种天然的香树脂、香油中提取而来并且具有香味的物质。随着化学的发展，人们发现，大多数的芳香族化合物都含有一个或多个苯环结构，于是人们将苯及含有苯环结构的化合物统称为芳香族化合物。

目前已知的芳香族化合物有很多种，但不是所有的都具有芳香气味，而且仅凭气味作为分类依据并不合适，所以这个名称早已失去原来的意思。但是由于习惯，"芳香族化合物"的名称仍被沿用下来，用来表示含苯环的有机化合物。所以，苯是芳香族化合物的母体。苯是最简单、最基本的芳烃，是芳香烃的典型代表。

（一）苯分子的结构

苯是没有颜色带有特殊气味的液体，密度比水小，不溶于水。苯的沸点是 80.1℃，熔点是 5.5℃。如果用冰来冷却，苯可以凝结成无色的晶体。苯的分子式是 C_6H_6。根据研究，认为苯的结构可以用图 5-10 所示来表示。

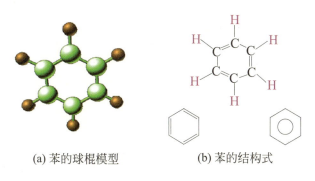

(a) 苯的球棍模型　　　(b) 苯的结构式

图 5-10　苯的结构

（二）苯的化学性质和用途

1. 苯的取代反应

动画：苯的结构及电子云

苯分子中的氢原子能分别被其他原子或原子团所取代。

（1）苯的磺化反应　苯与浓硫酸共热到 70～80℃，就会发生反应。在这个反应里，苯分子里的氢原子被硫酸分子里的磺酸基（—SO$_3$H）取代生成苯磺酸，这种反应称为磺化反应。

$$\text{C}_6\text{H}_6 + \text{HO—SO}_3\text{H} \xrightarrow{\triangle} \text{C}_6\text{H}_5\text{—SO}_3\text{H} + \text{H}_2\text{O}$$
苯磺酸

（2）苯的硝化反应　苯与浓硝酸和浓硫酸混合共热到 55～60℃ 发生如下反应。

$$\text{C}_6\text{H}_6 + \text{HNO}_3 \xrightarrow[55\sim 60℃]{\text{浓 H}_2\text{SO}_4} \text{C}_6\text{H}_5\text{—NO}_2 + \text{H}_2\text{O}$$
硝基苯

苯分子中的氢原子被硝基（—NO$_2$）取代而生成硝基苯的反应称为硝化反应。

产物硝基苯（C$_6$H$_5$NO$_2$）是一种没有颜色的油状液体，不纯的硝基苯显淡黄色，有苦杏仁味，硝基苯与皮肤接触或它的蒸气被吸入，都能引起中毒。

2. 苯的加成反应

苯不具有典型的双键所应有的加成反应性质，但在特殊情况下，它仍能够起加成反应。如有镍催化剂存在和在 180～250℃ 的条件下，苯可以跟氢起加成反应，生成环己烷。

$$\bigcirc + 3H_2 \xrightarrow[180\sim250℃]{Ni} \text{环己烷}$$

3. 苯的氧化反应

在盛有苯的试管里,加入高锰酸钾的酸性溶液,溶液颜色保持不变。这说明苯跟高锰酸钾溶液不起反应。由此可知,苯与一般烯烃在性质上有较大差别。

苯在空气里能燃烧,发生氧化反应生成二氧化碳和水,燃烧时发出明亮并带有浓烟的火焰,这是由于苯分子里含碳量很大的缘故。

苯是一种很重要的有机化工原料,它广泛用来生产合成纤维、合成橡胶、塑料、农药、医药、染料、香料等。苯也常用作有机溶剂。

最初,苯是从炼焦所得的煤焦油里提取的,但产量受到一定的限制。自从石油工业迅速发展以来,大量的苯可以从石油中获得。

(三)芳香烃

分子中含有一个或多个苯环的烃叫做芳香烃。芳香烃包括苯及其同系物,萘、蒽、菲等。

甲苯　　　邻二甲苯　　　萘　　　蒽　　　菲

甲苯、二甲苯属于苯的同系物,是两种烷基苯,它们是常见的芳香烃。苯的同系物属于单环芳烃,而萘、蒽、菲则属于稠环芳烃。苯的同系物的通式为 C_nH_{2n-6} ($n \geqslant 6$ 的正整数)。苯的同系物的命名以苯为母体,按烷基的名称称为某基苯,"基"字往往省略,若环上有多个烷基,须表明它们的位置。如:

—CH$_2$CH$_3$　　称为乙苯(或乙基苯)

苯的同系物的性质跟苯有许多相似之处,如燃烧时都产生带浓烟的火焰,都能发生苯环上的硝化反应等。例如,甲苯跟浓硝酸、浓硫酸的混合酸发生硝化反应,可制得三硝基甲苯,俗名梯恩梯(TNT)。

$$\underset{}{\text{CH}_3\text{-C}_6\text{H}_5} + 3\text{HO-NO}_2 \xrightarrow[\triangle]{\text{浓硫酸}} \underset{\text{三硝基甲苯}}{\text{C}_6\text{H}_2(\text{CH}_3)(\text{NO}_2)_3} + 3\text{H}_2\text{O}$$

TNT 是一种烈性炸药，在国防、开矿、筑路、兴修水利等方面都有广泛用途。

*五、石油和煤

小视角

加油站的油价牌

煤——工业的"粮"

石油——工业的"血"

石油和煤工业

微思考

> 1. 公路边的加油站里有不同型号的汽油和柴油。你知道它们是通过哪些步骤用石油制得的吗？
> 2. 以石油为原料还能制得哪些物质？它们有什么性质和用途？

（一）石油的分馏

石油主要含碳和氢两种元素。两种元素的总含量平均为 97%～98%（质量分数），也有达到 99% 的；同时还含有少量的硫、氧、氮等。石油主要是由各种烷烃、环烷烃和芳香烃所组成的混合物，石油的化学成分随产地不同而不同。大部分石油是液态烃，同时在液态烃里溶有气态烃和固态烃。从油田里开采出来没有经过加工处理的石油叫原油。通过加热和冷凝，可以把石油分成不同沸点范围的产物，这种方法称为石油的分馏。分馏出来的不同沸点的蒸馏产物统称为馏分。

石油分馏的产品及用途如表 5-6 所示。

表 5-6 石油分馏的产品和用途

分馏产品		沸点范围	含碳原子数	用途
石油气		先分馏出的馏分	$C_1 \sim C_4$	气体燃料
汽油		70～180℃	$C_5 \sim C_{10}$	重要的内燃机燃料和溶剂
煤油		180～280℃	$C_{10} \sim C_{16}$	拖拉机燃料和工业洗涤剂
柴油		280～350℃	$C_{17} \sim C_{20}$	重型汽车、军舰、坦克、轮船、拖拉机和各种柴油机的燃料
重油	润滑油	360℃以上	$C_{16} \sim C_{20}$	机械润滑剂和防锈剂
	凡士林		$C_{18} \sim C_{20}$	润滑剂、防锈剂和药物软膏原料
	石蜡		$C_{20} \sim C_{30}$	制造蜡纸、蜡烛和绝缘材料
	沥青		$C_{30} \sim C_{40}$	筑路和建筑材料,也是防腐涂料

　　分馏的主要过程是将处理过的原油压入加热炉,加热到360℃左右,使原油成为液体和气体的混合物,从导管进入分馏塔。在分馏塔里,按各种烃的沸点不同(也就是挥发性大小的不同),在不同层的塔盘上分离出重油、柴油、煤油等。沸点最低的烃以蒸气状态从分馏塔顶出来以后,再经冷凝成汽油(其中包括溶剂油)。石油分馏示意图见图5-11。

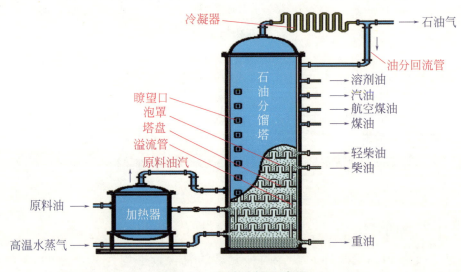

图 5-11 石油分馏示意图

　　石油是一种极其重要的资源,是发展国民经济和国防建设的重要物资。通过石油炼制,可以得到汽油、煤油、柴油等燃料和各种机器所需要的润滑油以及许多气态烃(称为炼厂气)等产品。利用石油产品做原料,通过化工过程,可以制造合成纤维、合成橡胶、塑料以及农药、化肥、炸药、医药、染料、涂料、合成洗涤剂等产品。石油产品已被广泛地应用到国民经济各个部门。石油产品的重要用途见图5-12。

图 5-12　石油产品的重要用途

（二）煤的干馏

煤是由有机物和无机物所组成的复杂混合物，它是由植物残骸经过复杂的生物化学和物理化学作用转变而成的。煤主要含碳，还含有少量的氢、氮、硫、氧等元素以及无机矿物质（主要含硅、铝、钙、铁等元素）。煤是工业上获得芳香烃的重要来源。把煤隔绝空气加强热使它分解的过程，称为煤的干馏。煤经过干馏能生产出焦炭、煤焦油、粗氨水和焦炉气等。煤干馏的产品和用途见表５７。

表 5-7　煤干馏的产品和用途

干馏产品		主要成分	用　　　途
焦炭		碳	冶金、电石、燃料等
出炉煤气	煤焦油	苯、甲苯、二甲苯等(170℃以下)	炸药、染料、医药、农药、合成材料等
		酚类、萘等(170～230℃)	染料、医药、农药、合成材料等
		蒽、菲及其衍生物(230℃以上)	化工原料
		沥青(俗名柏油)(分馏后的残渣)	筑路材料
	粗氨水	氨和铵盐	氮素肥料
	焦炉气	氢气、甲烷、乙烯、一氧化碳	气体燃料和化工原料

煤在国民经济中占有很重要的地位。煤的用途极为广泛，煤除了作为能源和冶金工业的重要原料外，经过不同方法加工，可以制取化肥、塑料、合成橡胶、合成纤维、炸药、染料、医药等的多种重要化工原料。所以煤的综合利用具有很重要的意义。我国是世界上煤藏量最丰富的国家之一，煤的品种很多，质地优良。

 阅读材料

新型能源——可燃冰与页岩气

"可燃冰"又称"固体瓦斯"和"汽冰"，其实是一个固态块状物，因其外观

像冰而且遇火即可燃烧而得名，也被称作天然气水合物，化学式为 $CH_4 \cdot nH_2O$，是有机化合物。可燃冰分布于陆域的永久冻土或深海沉积物中，是天然气与水在低温高压条件下形成的类冰状的结晶物质。2017年，我国在南海北部海域进行试采获得成功，国务院正式批准将天然气水合物列为新矿种。研究表明，$1m^3$ 的可燃冰可分解为 $164m^3$ 的甲烷，它燃烧后只会生成生水和二氧化碳，无固态残渣，不会产生有害气体，是一种燃烧热值高、无污染、清洁的新型能源，而且广泛分布、储量巨大。

页岩气的成分以甲烷为主，是一种非常规天然气，在富含有机质泥页岩及其夹层中以吸附和游离状态存在，是一种高效、清洁的新型能源和化工原料，广泛用于发电、城市供热、居民燃气、汽车燃料和化工生产等。页岩气的形成和富集有着独特的特点，分布在盆地内厚度较大、分布广的页岩烃源岩地层中。较常规天然气相比，页岩气开发具有开采寿命长和生产周期长、分布范围广、厚度大、气井能够长期以稳定的速率产气的优点。页岩气生产过程中一般无需排水，勘探开发成功率高，具有较高的工业经济价值。我国的主要盆地和地区资源量约36万亿立方米，经济价值巨大，资源前景广阔。地球页岩层内的天然气资源与常规天然气可采储量相当。虽然我国页岩气开发起步晚，却是继美国、加拿大之后第三个形成规模产能的国家，产量近期可达百亿立方米。

练习题

选择题

1. 下列物质不属于有机物的是（ ）。

   A. CH_4　　　　B. CH_3CHO　　　　C. Na_2CO_3　　　　D. C_6H_6

2. 甲烷在光照的条件下与氯气混合，最多可以生成几种取代产物？（ ）

   A. 1种　　　　B. 2种　　　　C. 3种　　　　D. 4种

3. 二氟甲烷是性能优异的环保产品，它可替代某些会破坏臭氧层的"氟利昂"产品，用作空调、冰箱和冷冻库的制冷剂。二氟甲烷的结构简式（ ）。

   A. 有4种　　　　B. 有3种　　　　C. 有2种　　　　D. 只有1种

4. 通常用于衡量一个国家石油化工发展水平的标志是（ ）。

   A. 石油的产量　　B. 乙烯的产量　　C. 天然气的产量　　D. 汽油的产量

5. 下列各组物质属于同系物的是（ ）。

   A. C_3H_4 和 C_3H_6　　　　　　　　B. C_2H_6 和 C_5H_{12}

   C. C_3H_8 和 C_5H_{10}　　　　　　　　D. CH_3Cl 和 $C_2H_4Cl_2$

6. 芳香烃是指（　　）。

　　A. 分子组成符合 C_nH_{2n-6}（$n \geqslant 6$）的化合物

　　B. 分子中含有苯环的化合物

　　C. 有芳香气味的烃

　　D. 分子中含有一个或多个苯环的烃

7. 在相同条件下，对环境污染程度最小的燃料是（　　）。

　　A. 液化气　　　　B. 煤油　　　　C. 煤饼　　　　D. 木柴

8. 有关煤的叙述正确的是（　　）。

　　A. 煤和石墨的成分相同　　　　　B. 煤是复杂的有机化合物

　　C. 煤是由植物转变而成的　　　　D. 煤燃烧的产物只有二氧化碳和水

第三节　烃的衍生物

学习目标

1. 认识卤代烃、醇、酚、醛、羧酸等烃的衍生物的结构特点和官能团。

2. 了解溴乙烷、乙醇、苯酚、乙醛、乙酸等烃的衍生物的主要性质及其在生产、生活中的重要应用。

3. 知道消去反应、酯化反应，进一步了解氧化、加成、取代、聚合等有机反应类型。

4. 知道有机化合物之间在一定条件下是可以相互转化的。

在学习了烃以后，知道烃分子里的氢原子能被其他原子或原子团所取代而生成取代产物，如甲烷分子里的氢原子被氯原子所取代而生成一氯甲烷等，又如苯分子里的氢原子被硝基所取代而生成硝基苯等。由此可见，烃分子里的氢原子被其他原子或原子团所取代，就能生成一系列新的有机化合物。因此，烃分子中的氢原子被其他原子或者原子团所取代而生成的化合物称为烃的衍生物。烃的衍生物的种类很多，本章将学习几种重要的烃的衍生物：溴乙烷、乙醇、苯酚、乙醛、乙酸等。

一、溴乙烷

烃分子中的氢原子被卤素原子取代后的化合物称为卤代烃，卤代烃官能团有 F、Cl、Br、I，如 CH_3Cl（氯甲烷）、CH_3CH_2Br（溴-乙烷）等。

溴乙烷可以看作是乙烷分子中的一个氢原子被溴原子取代而形成的化合物。

（一）溴乙烷的物理性质

溴乙烷是有甜味的可燃性无色油状液体，有类似乙醚的气味和灼烧味，露置空气或见光逐渐变为黄色，易挥发，能与乙醇、乙醚、氯仿和多数有机溶剂混溶。

（二）溴乙烷的化学性质

1. 取代反应

在氢氧化钠存在下，溴乙烷分子中溴原子（—Br）被水分子中的—OH原子团（有机化学上称为羟基）取代生成乙醇。

$$CH_3CH_2-Br + HOH \xrightarrow{NaOH} CH_3CH_2-OH + HBr$$

2. 消去反应

卤代烷在NaOH或KOH等强碱的醇溶液中加热，分子中脱去一分子卤化氢生成烯烃。

$$\underset{\underset{\boxed{H\quad Br}}{|\quad\;\;|}}{CH_2-CH_2} + NaOH \xrightarrow[\triangle]{醇} CH_2=CH_2\uparrow + NaBr + H_2O$$

这种有机分子中脱去小分子（如HX、H_2O等）而生成不饱和（双键或三键）化合物的反应称为消去反应。

溴乙烷是有机合成的重要原料，也可用作溶剂、制冷剂，还可用于医药工业。农业上用作仓储谷物、仓库及房舍等的熏蒸杀虫剂。

二、乙醇

 小视角

消毒用的医用酒精

饮用的酒

实验用的乙醇试剂

常见的含乙醇的产品

 **微思考**

1. 我们对乙醇并不陌生,它的俗名是什么? 我们日常所经常接触的含有乙醇的物质有哪些? 根据你们平时对乙醇的了解,说说乙醇具有哪些物理性质?
2. 请讨论,白酒瓶标签上白酒的度数是什么含义?

(一)乙醇的结构和物理性质

1. 乙醇的结构

乙醇俗称酒精,与我们日常生活联系密切。乙醇分子式是 C_2H_6O,结构简式为 CH_3CH_2OH 或 C_2H_5OH,乙醇的结构见图 5-13。饱和一元醇的通式为 $C_nH_{2n+2}O$。

乙醇的球棍模型　　乙醇的结构式

动画:乙醇的结构

图 5-13 乙醇的结构

2. 乙醇的物理性质

纯净的乙醇是没有颜色、透明而具有特殊香味的液体,密度比水小;乙醇易挥发,能够溶解多种无机物和有机物,如常用的碘酒就是碘的酒精溶液;乙醇能与水以任意比例互溶。工业用酒精约含乙醇96%。含乙醇99.5%以上的酒精叫做无水酒精。

(二)乙醇的化学性质

乙醇分子是由乙基(—C_2H_5)和羟基(—OH)组成的,羟基是乙醇的官能团,羟基比较活泼,它决定着乙醇的主要性质。除了羟基容易反应外,乙醇中羟基内的氢原子也会被活泼金属所取代。

1. 与金属钠的反应

乙醇与金属钠反应,生成乙醇钠,并放出氢气。同水与金属钠的反应比较,乙醇与金属钠的反应要缓和得多。其他活泼金属,如钾、镁、铝等也能够把乙醇中羟基内的氢取代出来。

视频:醇与金属钠反应

$$2CH_3CH_2OH + 2Na \longrightarrow 2CH_3CH_2ONa + H_2\uparrow$$
乙醇钠

2. 氧化反应

乙醇在空气里能够燃烧，发出淡蓝色的火焰，同时放出大量的热。因此，乙醇可用作内燃机的燃料，为了减少环境污染，现在不少的汽车都在使用乙醇汽油，实验室里的酒精灯也是用乙醇作为燃料的。

$$C_2H_5OH(l) + 3O_2 \xrightarrow{\text{点燃}} 2CO_2 + 3H_2O(l) + 1367kJ$$

乙醇在加热和有催化剂（Cu 或 Ag）存在的条件下，能够被空气氧化，生成乙醛。

$$2C_2H_5OH + O_2 \xrightarrow[\triangle]{\text{催化剂}} 2CH_3CHO + 2H_2O$$

乙醇氧化制备乙醛实验见图 5-14。

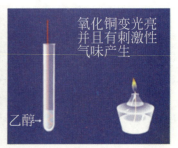

图 5-14　乙醇氧化制乙醛

3. 消去反应

乙醇和浓硫酸共热到 170℃ 左右，每一个乙醇分子会脱去一个水分子而生成乙烯。

$$\begin{array}{c} H\ \ H \\ |\ \ \ | \\ H-C-C-H \\ |\ \ \ | \\ \boxed{H\ OH} \end{array} \xrightarrow[170℃]{\text{浓 } H_2SO_4} CH_2=CH_2 \uparrow + H_2O$$

该消去反应是从乙醇分子中相邻的两个碳原子上脱去一个水分子的。

乙醇能脱水主要是由于乙醇分子里含有羟基。如果反应条件（例如温度）不同，乙醇脱水的方式也不同，以致生成物也不同。例如乙醇和浓硫酸共热到 140℃ 左右，每两个乙醇分子间会脱去一个水分子而生成乙醚。所以，可以根据物质的化学性质，按照实际需要，控制反应条件，使化学反应朝着我们所需要的方向进行。其他醇的性质与乙醇相似。

小贴士

乙醚是一种无色易挥发的液体，沸点是 34.51℃，有特殊的气味。吸入一定量的乙醚蒸气，会引起全身麻醉，所以纯乙醚可用作外科手术时的麻醉剂。乙醚微溶于水，易溶于有机溶剂，它本身是一种优良溶剂，能溶解许多有机物。乙醚蒸气很容易着火，空气中如果混有一定比的乙醚蒸气，遇火就会发生爆炸，所以使用乙醚时要特别小心。

（三）乙醇的用途

乙醇是重要的有机合成原料，用途广泛，大量用于燃料、制造饮料、香料等。

1. 燃料

燃料乙醇是一种清洁的高辛烷值燃料，可再生能源。乙醇是燃油的增氧剂，能使汽油能充分燃烧，达到节能环保目的。

2. 消毒剂

医院一般用浓度为 70%～75% 的乙醇溶液，因为这种浓度的乙醇溶液杀菌能力最强；此外乙醇也是碘酒消毒剂的成分之一。

3. 饮料

乙醇是酒的主要成分（含量和酒的种类有关系）。注意：人们喝的酒内的乙醇不是把乙醇加水勾兑而成，而是通过粮食发酵产生的乙醇。

啤酒含酒精 3%~5%　　葡萄酒含酒精 6%~20%　　白酒含酒精 30%~70%

各种饮用酒里都含有乙醇

小贴士

二甘醇，结构式为 HO—CH$_2$—CH$_2$—O—CH$_2$—CH$_2$—OH，化学名为一缩二乙二醇，具有无色、无臭、透明、吸湿性的黏稠液体，有辛辣味，无腐蚀性，低毒。二甘醇在牙膏中作增溶剂，能使牙膏中的成分遇水后迅速溶化，提高牙膏品质，属低毒类化学物质，进入人体后由于代谢排出迅速，无明显蓄积性。我国专家曾对上千人进行过长达两年的研究，结果表明，只要控制适当的量，二

甘醇就是安全的，但大剂量摄入会损害肾脏等。

 探究实验

自制固体酒精

酒精完全燃烧时可以放出大量的热能，而且没有任何污染，是一种非常好的燃料。但酒精在常温下为液态，燃点较低，携带非常不方便。下面我们来介绍制作固体酒精。

在一只小烧杯中放入 40 mL、体积分数为 0.95 的酒精，然后边搅拌边加入 8 mL 的饱和乙酸钙溶液。开始时发生浑浊现象，而后逐渐稠厚不易搅动，最终全部凝成一整块。用钢针沿杯子内壁刮一周，倒扣杯子，在杯底轻敲几下，一块胶状的固体酒精便从杯子中倒出，这就是已制好的固体酒精。

饱和乙酸钙溶液和酒精混合之所以能够制备固体酒精，是由于乙酸钙溶于水而不溶于酒精，当两种液体混合后，乙酸钙在酒精中析出，成为凝胶。凝胶的网状骨架中充满了酒精，当酒精燃烧完全后剩下的将是白色的乙酸钙固体。

三、苯酚

 小视角

三硝基苯酚(苦味酸)

对氯苯酚

茶多酚

常见的酚类

 微思考

> 茶叶是一种饮品，你知道它内含哪些有机物质吗？

（一）苯酚的结构

羟基跟苯环直接相连的化合物叫做苯酚。苯分子中只有一个氢原子被羟基取代所得的生成物是最简单的酚，称为苯酚，通常简称为酚。苯酚的分子式是 C_6H_6O，它的结构如图 5-15 所示。

苯酚的球棍模型　　苯酚的结构式

图 5-15　苯酚的结构

（二）苯酚的物理性质

纯净的苯酚是没有颜色的晶体，具有特殊气味，熔点是 43℃，露置在空气里会发生氧化而显粉红色（见图 5-16）。常温时，苯酚在水里溶解度不大，当温度高于 70℃时，能跟水以任意比例互溶。苯酚易溶于乙醇、乙醚等有机溶剂。苯酚有毒，它的浓溶液对皮肤有强烈的腐蚀性，使用时要小心，如果不慎沾到皮肤上，应立即用酒精洗涤。

无色的苯酚晶体　　氧化后的苯酚呈粉红色

图 5-16　苯酚的颜色

（三）苯酚的化学性质

1. 苯酚的酸性

把少量苯酚晶体放入试管里，再加入 2mL 水，振荡试管，由于苯酚在水里溶解度不大，溶液里出现浑浊。再逐渐滴入质量分数为 5%的氢氧化钠溶液，继续振荡试管，可以看到溶液变为透明澄清。苯酚和碱反应，生成了易溶于水的苯酚钠。

视频：苯酚的弱酸性

○—OH + NaOH ⟶ ○—ONa + H_2O

在这个反应中，苯酚显示了酸性，所以苯酚俗称石炭酸。

2. 苯酚的氧化反应

苯酚在空气中被缓慢氧化呈粉红色；苯酚能使 $KMnO_4$ 溶液褪色。

3. 苯酚的取代反应

在盛有少量苯酚溶液的试管中，滴入过量的稀溴水，可以观察到很快有三溴苯酚白色沉淀生成。

视频：苯酚与溴水反应

反应过程中苯环上的三个氢原子被三个溴原子取代。这个反应很灵敏，常用于苯酚的定性检验和定量测定。

4. 苯酚的显色反应

在盛有少量苯酚溶液的试管中，滴入几滴 $FeCl_3$，摇动试管，观察溶液，发现溶液变成了紫色。利用这个反应可检验苯酚的存在。

视频：酚与三氯化铁显色反应

（四）苯酚的用途

苯酚是重要的有机合成原料，可用来合成炸药（如苦味酸）、医药（如阿司匹林）、杀菌剂、塑料、酚醛树脂（俗称电木）、环氧树脂、纤维（如腈纶）、染料等。苯酚的主要用途见图 5-17。

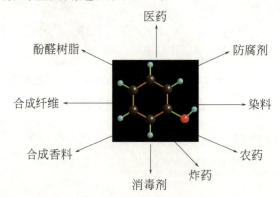

图 5-17 苯酚的主要用途

> 🔵 **小贴士**
>
> **阿司匹林的历史**
>
> 早在公元前约 1550 年，古埃及用柳树叶来减轻疼痛。1829 年，法国药剂师勒鲁首先从柳树皮中分离出柳苷，将柳苷水解后得到了柳酸，即水杨酸。化学家们认识到柳树叶、柳树皮的医疗作用在于水杨酸，从此，医生们开始给病人服用这种药，它的疗效很好。但水杨酸具有刺激性的酸味，且对口腔和胃黏膜具有刺激作用。
>
> 1893 年，德国拜耳公司的化学家为了降低它给胃部带来的灼痛进行了改进，将

水杨酸转化为酯,即阿司匹林(化学名为乙酰水杨酸)。事实证明,阿司匹林同样具有去痛效果,不久成为了世界上应用最广的去痛剂。阿司匹林还可以退热,减轻由于创伤和风湿引起的肿胀,虽然它只能减轻关节炎的症状而无法根治,但却是治疗关节炎最重要的药物。目前,工业上生产阿司匹林重要的原料之一是苯酚。

四、乙醛

> 乙醛与乙醇的结构有什么不同?

在学习乙醇的化学性质时,我们知道乙醇氧化后生成乙醛(CH_3CHO)。乙醛可看成是甲基跟醛基($-\overset{\overset{O}{\|}}{C}-H$)结合的生成物。分子里由烃基跟醛基相连而构成的化合物叫做醛。醛类的通式是 $R-\overset{\overset{O}{\|}}{C}-H$。

(一)乙醛的结构和物理性质

乙醛是一种没有颜色、具有刺激性气味的液体,密度比水小,沸点是20.8℃。乙醛易挥发,易燃烧,能跟水、乙醇、乙醚、氯仿等互溶。

乙醛分子中含有醛基($-\overset{\overset{O}{\|}}{C}-H$),分子式是$C_2H_4O$,它的结构式是:$H-\overset{\overset{H}{|}}{\underset{\underset{H}{|}}{C}}-\overset{\overset{O}{\|}}{C}-H$,简式为 $CH_3-\overset{\overset{O}{\|}}{C}-H$ 或 CH_3CHO。

图5-18 乙醛的球棍模型

乙醛的球棍模型如图5-18所示。饱和一元醛的通式为 $C_nH_{2n}O$。

(二)乙醛的化学性质

乙醛分子中的醛基($-\overset{\overset{O}{\|}}{C}-H$)官能团对乙醛的主要化学性质起决定作用。

1. 乙醛的还原反应

我们知道,氧化还原反应是得氧即是氧化反应,失氧即是还原反应。在有机化学的反应里,有机物分子失去氢原子的反应叫氧化反应,加入氢原子的反应叫还原反应。所以，乙醛加氢就是乙醛被还原。

碳氧双键能够发生加成反应，例如使乙醛蒸气跟氢气的混合物，通过热的镍催化剂时，就发生加成反应，乙醛被还原成乙醇。

$$CH_3CHO + H_2 \xrightarrow[\triangle]{催化剂} CH_3CH_2OH$$

2. 乙醛的氧化反应

乙醛还能够被弱氧化剂所氧化。

【演示实验 5-1】 在洁净的试管里加入 1mL 2％（质量分数）的 $AgNO_3$ 溶液，然后一边摇动试管，一边逐渐滴入 2％（质量分数）的稀氨水，直到最初产生的沉淀恰好溶解为止（这时得到的溶液通常称为银氨溶液）。然后再加入 3 滴乙醛，振荡后，把试管放在热水浴里温热。

不久，可以观察到试管内壁上附着一层光亮如镜的金属银。这个反应称为银镜反应（见图 5-19）。

图 5-19 银镜反应

$$2Ag^+ + 2NH_3 \cdot H_2O = Ag_2O\downarrow + 2NH_4^+ + H_2O$$

$$Ag_2O + 4NH_3 \cdot H_2O = 2[Ag(NH_3)_2]^+ + 2OH^- + 3H_2O$$

$$CH_3CHO + 2[Ag(NH_3)_2]OH \xrightarrow{\triangle} CH_3COONH_4 + 2Ag\downarrow + 3NH_3 + H_2O$$

银镜反应常用来检验醛基的存在。工业上利用这一反应原理，把银均匀地镀在玻璃上制镜或保温瓶胆（生产上常用含有醛基的葡萄糖作为还原剂）。

乙醛也能被另一种弱氧化剂，即斐林试剂所氧化。斐林试剂由酒石酸钾钠的氢氧化钠溶液加 $CuSO_4$ 溶液而制成。

由于乙醛具有还原性，所以能把斐林试剂中的两价铜离子还原成红色的氧化亚铜沉淀（见图 5-20）。这也是检验醛基的一种方法。

$$Cu^{2+} + 2OH^- = Cu(OH)_2$$

$$CH_3CHO + 2Cu(OH)_2 + NaOH \longrightarrow CH_3COONa + Cu_2O\downarrow + 3H_2O$$

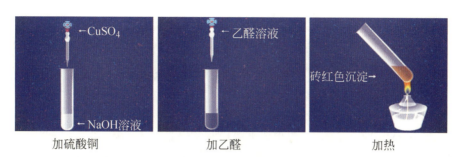

图 5-20　乙醛被氢氧化铜氧化生成红色沉淀

（三）乙醛的用途

乙醛用于制造乙酸、乙酐、合成树脂、橡胶、塑料、香料，也用于制革、制药、造纸、医药，用作防腐剂、防毒剂、溶剂、还原剂等。农药 DDT 就是以乙醛作原料合成的。乙醛经氯化得三氯乙醛。三氯乙醛的水合物是一种安眠药。

 小贴士

"再生桶"多数是以回收的各种废旧塑料经过二次加工制成。这种水桶所包含的有害物质乙醛溶于水中，使水质发生化学变化，饮用这种水对人体危害性极大，特别容易伤害饮用者的神经系统并有可能引发癌症。

专家提示，识别合格的水桶有三招：目测，合格水桶桶体透明度高，颜色为蓝色或白色；"再生桶"透明度差，颜色为深蓝色或紫色，有时还会有黑点，这是经过二次加工的塑料的特有外观。手感，合格水桶表面光滑，"再生桶"摸上去高低不平，特别是瓶口摸着会感到扎手。按压，将空桶放在地上用力往下按，合格水桶弹性较好，受压形成的形变松手后即可恢复；"再生桶"弹性很差，变形后难以恢复。

五、乙酸

 小视角

乙酸

调味品——醋

乙酸药品

冰醋酸

> 醋是我们生活中的调味品，它有什么气味和性质？

乙酸（CH_3COOH）是一种重要的有机酸，它是食醋的主要成分，普通的食醋中含有3%～5%（质量分数）的乙酸，所以乙酸又叫醋酸。

乙酸的分子式是 $C_2H_4O_2$，它的结构式是：$CH_3-\overset{\overset{O}{\|}}{C}-OH$，结构简式为 CH_3COOH。乙酸分子里的 $-\overset{\overset{O}{\|}}{C}-OH$（或 $-COOH$）官能团叫做羧基。饱和一元羧酸的通式为 $C_nH_{2n}O_2$。

（一）乙酸的物理性质

乙酸是一种有强烈刺激性气味的无色液体，沸点是117.9℃，熔点是16.6℃。温度低于16.6℃时，乙酸就凝结成像冰一样的晶体，所以又称冰醋酸。乙酸易溶于水和乙醇。

（二）乙酸的化学性质

1. 乙酸的酸性

乙酸具有明显的酸性，在水溶液里能部分解离，产生氢离子。

$$CH_3COOH \rightleftharpoons CH_3COO^- + H^+$$

乙酸是一种弱酸，它具有酸的通性。但比碳酸的酸性强，它能与碳酸氢钠溶液反应放出 CO_2。

$$CH_3COOH + NaHCO_3 = CH_3COONa + CO_2\uparrow + H_2O$$

2. 乙酸的酯化反应

在有浓硫酸存在并加热的条件下，乙酸能够跟乙醇发生反应，生成乙酸乙酯。

【演示实验5-2】 在试管里先加入3 mL乙醇，然后一边摇动，一边慢慢地加入2 mL浓硫酸和2 mL冰醋酸，用酒精灯小心均匀地加热试管3～5 min，产生的蒸气经导管通到饱和碳酸钠溶液的液面上（见图5-21）。

在液面上可以看到有透明的油状液体生成，并可闻到香味。

这种有香味的无色透明油状液体就是乙酸乙酯。由于反应生成的乙酸乙酯在同样的条件下，又能部分地发生水解反应，生成乙酸和乙醇，所以上述反应实际

图 5-21　乙酸的酯化反应

上是可逆的。

$$CH_3-\underset{\underset{O}{\|}}{C}-OH + H-O-C_2H_5 \underset{\triangle}{\overset{浓硫酸}{\rightleftharpoons}} CH_3-\underset{\underset{O}{\|}}{C}-O-C_2H_5 + H_2O$$

乙酸乙酯属于酯类化合物的一种。在无机酸作催化剂的条件下，酸跟醇起作用，生成酯和水的反应叫做酯化反应。

（三）乙酸的用途

乙酸是一种重要的有机化工原料，用途极为广泛，如图 5-22 所示。乙酸可用于生产醋酸纤维、合成纤维（如维纶）、喷漆溶剂、香料、染料、医药以及药品等。

醋酸纤维塑料

醋酸纤维素滤膜

维纶绳

图 5-22　乙酸的下游产品

六、乙酸乙酯

乙酸乙酯（$CH_3\overset{O}{\overset{\|}{C}}OC_2H_5$）是具有香味的无色透明油状液体，沸点 77℃，微溶于水，能溶解许多有机物，是良好的有机溶剂。饱和一元酯的通式为 $C_nH_{2n}O_2$。

乙酸乙酯可以发生水解反应生成乙酸和乙醇：

$$CH_3COOC_2H_5 + H_2O \xrightleftharpoons[\triangle]{H_2SO_4} CH_3COOH + C_2H_5OH$$

微思考

你知道生活中的有机酸吗？

小贴士

驰名中外的贵州茅台酒，酿好后用坛子密封埋在地下数年后，才取出分装出售，这样酒香浓郁、味道纯正，独具一格，为酒中上品。它的制作方法是有科学道理的。

在一般酒中，除乙醇外，还含有有机酸、杂醇等，有机酸带酸味，杂醇气味难闻，饮用时涩口刺喉，但长期储藏过程中有机酸能与杂醇相互酯化，形成多种酯类化合物，每种酯具有一种香气，多种酯就具有多种香气，所以老酒的香气是混合香型，由于杂醇酯化而被除去，所以口感味道也变得纯正了。

*七、肥皂与合成洗涤剂

小视角

肥皂

无磷洗衣粉

洗手液

生活中的清洁用品

微思考

你知道为什么肥皂、洗衣粉能去除污渍吗？

（一）肥皂的去污原理

普通的肥皂约含70%（质量分数）的高级脂肪酸的钠盐，30%的水和少量的盐。有些肥皂内还加有填充剂、香料及染料等。肥皂能够除去污垢主要是高级脂肪酸的钠盐的作用。肥皂的去污原理如图 5-23 所示，在洗涤的过程中，污垢中的油脂跟肥皂接触后，高级脂肪酸钠分子的烃基就插入油滴内，而易溶于水的羧基部分伸在油滴外面，插入水中。这样油滴就被肥皂分子包围起来。再经摩擦、振动，大的油滴便分散成小的油珠，最后脱离被洗的纤维织品，而分散到水中形成乳浊液，从而达到洗涤的目的。

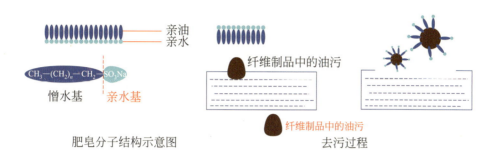

图 5-23　肥皂的去污原理

（二）合成洗涤剂

目前，常用合成洗涤剂的主要成分是烷基苯磺酸钠或烷基磺酸钠。

洗涤剂对水体的污染

合成洗涤剂有很强的去污能力，湿润、乳化的能力也很强。跟肥皂相比，既可以节省大量油脂，它的钙盐和镁盐又能溶于水，因而不受硬水的影响。制造合成洗涤剂是用石油化工产品作为原料，而石油资源是有限的，不能再生。并且有些合成洗涤剂很稳定，不能被微生物分解而在污水中积累，因而可能污染水源。这些，又是合成洗涤剂的不足之处。

 微思考

你知道肥皂的历史吗？

拓展思考

1. 在流行性感冒期间，提倡勤洗手，你知道正确的洗手方法中为什么使用的是肥皂吗？
2. 了解一下家里用了哪些洗涤用品，里面都含有哪些化合物？
3. 学习了本节内容后，你在以后使用洗洁剂用品的时候应该注意什么？

*八、食品添加剂

 **小视角**

这些食物中往往添加了食品添加剂

 微思考

为什么食品中要添加食品添加剂？

食品添加剂是指为改善食品品质的色、香、味，以及为防腐和加工工艺的需要而加入食品中的天然物质或化学合成物质。

食品添加剂的种类很多。有为增强食品营养价值而加入的营养强化剂；有为保持食品新鲜，防止变质而加入的防腐剂、抗氧化剂；有为改良食品品质（包括感官性状）加入的色素、香料（香精）、漂白剂、味精、甜味剂、疏松剂等等。目前食品添加剂有千种左右，一些常见的食品添加剂如表 5-8 所示。

表 5-8 一些常见的食品添加剂

类别	功能	举例
食品色素	调节食品色泽，改善食品外观	胡萝卜素（橙红色）、番茄红素（红色）、胭脂红酸（红色）、苋菜红（紫红色）、靛蓝（蓝色）、姜黄色素（黄色）、叶绿素（绿色）、柠檬黄（黄色）
食用香料	赋予食品香味，令人愉悦	花椒、茴香、桂皮、丁香油、柠檬抽、水果香精（多种酯类混合物）

续表

类别	功能	举例
甜味剂	赋予食品甜味，改善口感	各种糖类、糖精（其甜味是蔗糖的 300~500 倍）、木糖醇（可供糖尿病患者食用）
鲜味剂	使食品呈现鲜味，引起食欲	味精（谷氨酸钠）
防腐剂	阻抑细菌繁殖，防止食物腐败	食盐、糖、乙酸、苯甲酸及其钠盐、山梨酸及其盐、丙酸钙
抗氧化剂	抗氧化，阻止空气中的氧气使食物氧化变质	抗坏血酸（维生素 C）、维生素 E、丁基羟基茴香醚
营养强化剂	补充食物中缺乏的营养物质或微量元素	维生素、氨基酸、矿物质

合理使用各种食品添加剂一般是无害的，但长期大量摄入人工合成的食品添加剂，会发生慢性中毒、致畸、致癌等毒害作用。

为使食物具有各种令人喜爱的颜色，常加入各种色素，如使食物呈鲜红色的苋菜红、丽春红；做奶油蛋糕时用到的柠檬黄、靛蓝等，都是以煤焦油为主要原料制成的，并多为分子很大的芳香族化合物，不易被人体消化吸收，又无营养，若摄入过多，容易诱发肝癌。在巧克力中加入麦芽醛后可除去异味，并赋予一定的香味，而麦芽醛是木材干馏的产物。做饮料和冰淇淋时常用到的单宁酸，日常使用的味精（谷氨酸钠），食用过多都会引起腹胀、头痛等不适之感。味精在高温下还会发生脱水反应而生成有毒的物质。点心饮料中的甜味剂如糖精，大量食用后会引发膀胱癌。另一种甜味剂甘素，在体内会分解为乙氧基苯胺，进而生成对氨基酚，可能引发肝癌。此外，罐头的防腐剂山梨酸，果汁和牛奶的酸化剂柠檬酸，防止巧克力变色用到的吐温-60，用于冰淇淋及其他食物中作为增稠剂的甲基纤维等，都有不同程度的致癌作用。

由于上述原因，正确合理使用食品添加剂是必要的。食品添加剂应符合一定的卫生要求。

为了保证人体健康，必须严格控制食品添加剂的添加量。如我国食品卫生标准有规定，每千克食品中糖精的含量不得超过 150mg。我国早在 1960 年就颁布了《食用合成染料管理暂行办法》。

阅读材料

（一）乙烯工业迅速发展

乙烯工业是石油化工产业的核心，乙烯产品占石化产品的 75% 以上，改革开放 40 年来，我国乙烯行业克服重重困难，破除深层技术困难，砥砺前行，取得了突飞猛进的发展。中国乙烯工业从无到有，从小做大，逐步实现了百万吨级乙烯技术、设备的国产化，产业链覆盖范围越发广泛，下游衍生品越来越多。改革开放之初，我国乙烯产能不足 40 万吨/年，经过 40 年的快速发展，到 2021 年底，我国乙烯产能已经达到 4368 万吨/年，规模增长了 100 倍，中国成为仅次于美国的全球第二大乙烯生产国，取得了举世瞩目的成就。

现在，中国是"世界工厂"，中国制造的产品在供应全世界，所以从某种意义上讲中国在为全世界生产乙烯。从 2021 年世界乙烯新增产能分布来看，新增乙烯产能的 67% 来自中国。预计到 2022 年底，世界将新增乙烯产能约 1300 万吨/年，新增产能主要来自中国、美国和印度。在新冠疫情影响及高油价行情下，世界乙烯价格将保持高位震荡，化工品需求预期放缓，乙烯需求增速放缓。

乙烯市场形成以中央企业、合资企业、民营（地方）企业和进口商四大供应系统为源头的格局；乙烯工业形成以长三角、珠三角和环渤海湾地区为中心的三大产业集群。随着结构调整和升级改造速度加快，低碳乙烯生产成为未来发展方向，乙烯产业竞争将加剧。乙烯原料多元化、产品精细化与高端化和投资主体多元化，将成为未来中国乙烯工业发展趋势，未来中国乙烯工业整体水平将大幅提升。

（二）化纤衣物上常见污渍的种类和清除方法

污渍种类	清除方法
汗渍	1. 用稀氨水 2. 用质量分数为 3%~10% 的食盐水浸泡 3. 硼砂溶液 4. 含羊毛的混纺织品用柠檬酸
奶渍	1. 用稀氨水 2. 质量分数为 3%~10% 食盐水浸泡
血渍、果汁渍	1. 新渍：用冷水漂洗 2. 陈渍：用稀氨水和肥皂
墨汁渍	1. 新渍：浸湿后和米饭粒、干淀粉或薯类食物揉搓，再用洗涤剂 2. 陈渍：用一份酒精、两份肥皂配制的溶液反复涂擦
蓝黑墨水渍	1. 新渍：用肥皂或洗涤剂 2. 陈渍：浸水草酸温溶液，再用洗涤剂
纯蓝墨水渍	用质量分数为 2% 的酸性 $KMnO_4$ 溶液，多余紫色 $KMnO_4$ 用体积分数为 3% 的双氧水褪去
红墨水渍	先用体积分数为 40% 洗涤剂搓，再用体积分数为 20% 酒精洗
铁锈渍	1. 质量分数为 5%~10% 的草酸温溶液擦除 2. 柠檬酸
机械油渍	汽油等挥发油
油膏渍	可用酒精、汽油、丙酮、苯擦除
油漆沥青渍	汽油等挥发油或松节油、乙酸乙酯、丙酮、乙醚擦除

第四节 学生实验 重要有机化合物的性质

 学习目标

1. 通过乙醇与活泼金属的反应、乙醇的还原性,苯酚的弱酸性测试、取代反应和显色反应,乙醛的费林反应和银镜反应,乙酸的酸性和酯化反应等实验,了解乙醇、苯酚、乙醛、乙酸等重要有机化合物的主要性质。

2. 养成规范操作、细心观察、如实记录等实验室工作习惯,树立安全意识。

3. 发展实验探究与创新意识等化学学科核心素养。

【实验用品】

1. 实验仪器

镊子、小刀、烧杯、试管、量筒、铁架台、pH试纸、砂纸、滤纸、电炉、酒精灯。

2. 实验药品

无水乙醇、金属钠、铜丝、苯酚、5% NaOH 溶液、稀溴水、$FeCl_3$ 溶液、2% $AgNO_3$ 溶液、$CuSO_4·5H_2O$、酒石酸钾钠、固体 NaOH、乙醛、2% 氨水、乙酸、冰醋酸、镁条、浓硫酸、饱和 Na_2CO_3 溶液。

【实验内容】

1. 乙醇与金属钠反应

在干燥的试管中加入 1mL 无水乙醇,再用镊子从煤油中取出一小块金属钠,先用滤纸擦干表面的煤油,用小刀切除表面的氧化膜,再切下黄豆粒大小 1 粒放入试管中,观察试管中的现象:_____;使试管口靠近燃着的火柴,观察有什么现象:_____,写出化学方程式_____。

2. 乙醇的还原性

向一支试管中加入 3~5mL 无水乙醇,取一根 10~15 cm 长的铜丝,下端绕成螺旋状,在酒精灯上灼烧至红热,插入无水乙醇中,反复几次。观察试管中的现象:_____;小心闻试管中液体,具有_____气味,写出化学方程式_____。

3. 苯酚的弱酸性

分别在 2 支试管中加入少量苯酚,加入 2mL 水,振荡,溶液出现_____。给第 1 支试管加热,出现_____;在第 2 支试管中滴加 5% NaOH 溶

液，振荡，可以观察到溶液_____，写出化学方程式_____。通过1支玻璃管向试管中吹气（CO_2），可以观察到溶液_____，写出化学方程式_____。说明苯酚的酸性比碳酸的酸性_____。

4. 苯酚的取代反应

在盛有少量苯酚溶液的试管中，滴入过量的稀溴水，可以观察到很快有_____生成。写出化学方程式_____。

5. 苯酚的显色反应

在盛有少量苯酚溶液的试管中，滴入几滴 $FeCl_3$ 溶液，摇动试管，观察溶液，发现_____。

6. 醛的银镜反应

在1支干净的试管中加入 2mL 2‰ $AgNO_3$ 溶液，然后一边振荡试管，一边逐滴加入 2‰ 氨水，直到产生的沉淀恰好溶解为止，再加入 3 滴乙醛，振荡后把试管放入 50~60℃ 的水浴中，温热 3~5min，观察到的现象为_____，写出化学方程式_____。

7. 醛的氧化（斐林）反应

在试管中加入 0.5mL 斐林试剂 A（称取 $7gCuSO_4·5H_2O$ 溶解于 100mL 蒸馏水中）和 0.5mL 斐林试剂 B（称取 34.6g 酒石酸钾钠和 14gNaOH，溶解于 100mL 蒸馏水中），混匀后加入 5 滴的乙醛，振荡后把试管放在沸水浴中，加热 3~5min，观察到发生的现象为：_____，写出化学方程式_____。

8. 乙酸的酸性

（1）用 pH 试纸检验乙酸的 pH 为_____。

（2）在试管中加入 2mL 乙酸，再放入一小片砂纸摩擦过的镁条，观察到的现象为_____，写出化学方程式_____。

9. 酯化反应

在试管中加入 2mL 无水乙醇和 2mL 冰醋酸，混匀，加入 5 滴浓硫酸，把试管放入 70~80℃ 的水浴中加热，并时常摇动，10min 后，在试管口闻一下气体_____。然后将产生的蒸气经导管至 2mL 饱和 Na_2CO_3 溶液液面以上 0.5cm 处，观察到的现象为_____，写出化学方程式_____。

练习题

选择题

1. 用硫酸酸化的 CrO_3 遇酒精后，其颜色会从红色变为蓝绿色，用这个现象可以测得汽车司机是否酒后驾车。反应的化学方程式如下：

$$2CrO_3 + 3C_2H_5OH + 3H_2SO_4 \longrightarrow Cr_2(SO_4)_3 + 3CH_3CHO + 6H_2O$$

此反应的氧化剂是（　　）。

A. H_2SO_4　　　　B. CrO_3　　　　C. $Cr_2(SO_4)_3$　　　　D. C_2H_5OH

2. 下列说法正确的是（　　）。

　　A. 羟基跟链烃基直接相连的化合物属于醇类

　　B. 含有羟基的化合物属于醇类

　　C. 酚类和醇类具有相同的官能团，因而具有相同的化学性质

　　D. 分子内含有苯环和羟基的化合物都属于酚类

3. 皮肤上若沾有少量的苯酚，正确的处理方法是（　　）。

　　A. 用70℃热水洗　　　　　　B. 用酒精洗

　　C. 用稀 NaOH 溶液洗　　　　D. 不必冲洗

4. 糖尿病患者的尿样中含有葡萄糖，在与新制的氢氧化铜悬浊液共热时，能产生砖红色沉淀，说明葡萄糖分子中含有（　　）。

　　A. 羰基　　　　B. 醛基　　　　C. 羟基　　　　D. 羧基

5. 下列两种物质的混合物能用分液漏斗分离的是（　　）。

　　A. 酒精和水　　B. 水和乙酸乙酯　　C. 乙醛和乙酸　　D. 汽油和煤油

6. 下列物质中，能与金属钠反应放出氢气，还能与碳酸氢钠溶液反应放出二氧化碳的是（　　）。

　　A. 乙醇　　　　B. 苯酚　　　　C. 乙醛　　　　D. 乙酸

7. 下列各组化合物中，只用溴水可鉴别的是（　　）。

　　A. 丙烯、丙烷、环丙烷　　　　B. 乙烷、苯、苯酚

　　C. 乙烷、乙烯、乙炔　　　　　D. 乙烯、苯、苯酚

8. 下列反应不属于氧化反应的是（　　）。

　　A. 乙烯通入酸性高锰酸钾溶液中　　B. 烯烃催化加氢

　　C. 天然气燃烧　　　　　　　　　　D. 醇在一定条件下反应生成醛

探究实验

肥皂的制备

来做做看，要思考哟！

(1) 在 100mL 的烧杯中放入 8mL 蒸馏水，加入 2gNaOH 固体，搅拌至其全部溶解，这时烧杯底部产生的现象为_____。

(2) 称取 4g 植物油加入上述溶液中，搅拌约 30s，观察并记录油脂溶解情况为_____，溶液产生的现象为_____。

(3) 再在溶液中加入 6mL 酒精，加以搅拌，观察油脂的溶解情况为_____。

(4) 将上述溶液以小火加热至沸腾，加热过程中要不停地搅拌，以防止暴沸，产生的现象为_____，有_____生成。

(5) 当加热到溶液中油滴不见时，这时表示_____反应已经大致完成，停止加热，取下烧杯，静置，降至室温，记录冷却过程中固体出现的时间为_____，溶液上层出现_____。

(6) 取 250mL 烧杯，放入 250mL 蒸馏水，再加 40g 粗盐，搅拌至全溶，过滤掉杂质。

(7) 将皂化好的混合液全部倒入粗盐溶液中，出现的现象为_____，这种操作叫做_____，继续搅拌到固体不再增多为止。

(8) 用过滤装置进行过滤，再以 5mL 冷水洗涤固体。

(9) 取出固体（即肥皂）放入模型盒中，压干成型。

结论：以植物油为原料自制肥皂反应（皂化反应）原理为_____。

本主题小结

简单有机物结构、性质

	分类		通式	结构特点	化学性质	物理性质	命名方法	同分异构体
链烃	饱和链烃	烷烃	C_nH_{2n+2} ($n \geq 1$)	链状、碳碳单键	取代、氧化	一般随分子中碳原子数的增多，熔点和沸点升高，密度增大	选主链 编号码 找支链 注名称	化合物具有相同的分子式，但具有不同结构的现象，称为同分异构现象。具有同分异构现象的化合物互称为同分异构体。如正丁烷和异丁烷互为同分异构体
	不饱和链烃	烯烃	C_nH_{2n} ($n \geq 2$)	链状、碳碳双键	加成、氧化、聚合			
		炔烃	C_nH_{2n-2} ($n \geq 2$)	链状、碳碳三键	加成、氧化、聚合			
环烃	芳香烃——苯及其同系物		C_nH_{2n-6} ($n \geq 6$)	环状、特殊的碳碳键	取代、加成、氧化	简单的苯的同系物常温下为液态	由侧链名称及相对位置而命名	

烃的衍生物官能团、结构、通式、化学性质对比

类别	官能团	结构特点	通式	化学性质
醇	—OH（羟基）	（1）—OH 与烃基直接相连 （2）—OH 上氢原子活泼	$C_nH_{2n+2}O$（饱和一元醇）	（1）与活泼金属反应 （2）氧化成醛 （3）消去成烯
酚	—OH（羟基）	（1）羟基与苯环直接相连 （2）—OH 上的 H 比醇中—OH 上的 H 活泼	—	（1）易取代：与溴水生成 2,4,6-三溴苯酚 （2）显酸性 （3）显色：遇 Fe^{3+} 变紫色
醛	$-\overset{\overset{O}{\|\|}}{C}-H$（醛基）	（1）醛基上有碳氧双键 （2）醛基只能连在烃基链端	$C_nH_{2n}O$（饱和一元醛）	（1）还原：加 H_2 成醇 （2）氧化：成羧酸
羧酸	$-\overset{\overset{O}{\|\|}}{C}-OH$（羧基）	（1）—COOH 可解离出 H^+ （2）—COOH 难加成	$C_nH_{2n}O_2$（饱和一元酸）	（1）酸性：具有酸的通性 （2）酯化：与醇反应生成酯
酯	$-\overset{\overset{O}{\|\|}}{C}-O-$	$R-\overset{\overset{O}{\|\|}}{C}-OR'$，R′必须是烃基	$C_nH_{2n}O_2$（饱和一元酯）	水解成醇和羧酸

拓展提升

请你以"小天然气，大能量"为题，展开想象，制作关于甲烷未来发展方向的 PPT，并以小组为单位在班级里互相展示。

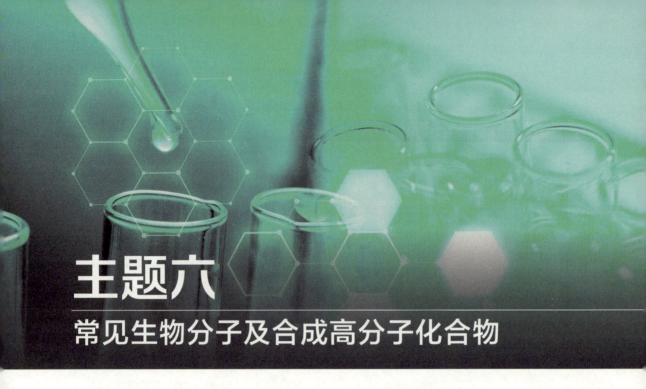

主题六
常见生物分子及合成高分子化合物

　　自然界中广泛存在着糖类和蛋白质等生物分子。随着社会需求的不断发展，人们用煤或石油提炼出的化工原料，合成了具备多种性能的高分子化合物如塑料、合成纤维和合成橡胶等。常见生物分子及合成高分子化合物在人类健康与生命活动中发挥了重要作用，与人们的生产、生活密切相关。

第一节　糖　类

 学习目标

1. 认识糖类的组成、结构特点和主要性质。
2. 知道葡萄糖的结构特点、主要性质及应用。
3. 了解淀粉、纤维素及它们与葡萄糖的关系。
4. 了解糖类在食品加工和生物质能源开发中的应用。

　　糖类是自然界中广泛存在的一类重要有机化合物，与人们的生活密切相关，人体血液中的葡萄糖、日常食用的蔗糖、粮食中的淀粉、植物茎叶中的纤维素等均属于糖类。糖类是构成生物体的重要成分，也是生物体重要能源物质，在生命过程中起着重要作用。

小视角

| 葡萄 | 菠萝 | 苹果 |

含有葡萄糖的水果

微思考

1. 你今天吃糖了吗？是什么糖？你知道的糖有哪些呢？
2. 糖都是甜的吗？

一、糖类的组成

糖类又叫碳水化合物，主要由 C、H、O 三种元素组成，大多数糖类符合通式 $C_n(H_2O)_m$。根据能否水解及水解产物的不同，糖类可以分为单糖、低聚糖（常见双糖）、多糖，具体表示如下。

糖类
- 单糖：葡萄糖、果糖 —— 不能水解成更简单的糖
- 双糖：蔗糖、麦芽糖 —— 1mol 双糖水解成 2mol 的单糖
- 多糖：淀粉、纤维素 —— 1mol 多糖水解成 n mol 的单糖 ($n>10$)

二、糖类结构特点

单糖是糖类物质最基本的单位，按照羰基在分子中的位置可分为醛糖或酮糖，根据其所含碳原子的数目可分为丙糖、丁糖、戊糖和己糖等。戊糖和己糖是最重要的单糖，如核糖、葡萄糖、果糖等。

$$\begin{array}{c} CHO \\ H-C-OH \\ H-C-OH \\ H-C-OH \\ CH_2OH \end{array} \qquad \begin{array}{c} CHO \\ H-C-OH \\ HO-C-H \\ H-C-OH \\ H-C-OH \\ CH_2OH \end{array} \qquad \begin{array}{c} CH_2OH \\ C=O \\ HO-C-H \\ H-C-OH \\ H-C-OH \\ CH_2OH \end{array}$$

核糖(戊醛糖)　　　　葡萄糖(己醛糖)　　　　果糖(己酮糖)

糖类分子结构中含有醛基或酮基。

小贴士

木糖醇(也叫戊五醇)是一种五碳糖醇,它的分子式为$C_5H_{12}O_5$,是木糖(五碳醛糖)代谢的正常中间产物,外形为结晶性白色粉末,广泛存在于果品、蔬菜、谷类、蘑菇之类食物和木材、稻草、玉米芯等植物中。它可用作甜味剂、营养剂和药剂,在化工、食品、医药等工业中广泛应用。

低聚糖是由 2~10 个单糖分子通过糖苷键连接形成的低聚合度糖类,可由单糖聚合或多糖水解得到,水解后生成单糖。它按照水解后生成单糖分子的数目,又可分为双糖、三糖、四糖、五糖等。其中最主要的是双糖,如蔗糖、麦芽糖等。

多糖通常指由 10 个以上单糖分子通过糖苷键连接形成的长链聚合物,水解后可生成多个单糖分子。单糖的个数称为聚合度,在自然界中多糖的聚合度多在 100 以上,大多数多糖的聚合度为 200~3000,纤维素的聚合度最大,为 7000~15000。多糖具有两种结构:一种是直链,另一种是支链。自然界中常见的多糖有淀粉、纤维素等。

三、糖类主要性质

1. 单糖——葡萄糖的性质

最重要的单糖是葡萄糖,在成熟的葡萄和甜味果实的液汁中含有丰富的葡萄糖,在人体和动物组织中也含有葡萄糖,血液中的葡萄糖就称为血糖。葡萄糖的分子式为 $C_6H_{12}O_6$,结构简式为 $\begin{array}{c} CH_2-CH-CH-CH-CH-CHO \\ |\quad\ \ |\quad\ \ |\quad\ \ |\quad\ \ | \\ OH\ \ OH\ \ OH\ \ OH\ \ OH \end{array}$。葡萄糖为白色晶体,

易溶于水，有甜味但不及蔗糖甜。

 微思考

1. 人生病不能正常饮食时，医嘱一般会注射葡萄糖注射液，这是为什么？
2. 糖尿病病人能注射葡萄糖注射液吗？
3. 怎样去检验一个病人是否患有糖尿病？

小贴士

通过体检结果如何确定血糖异常呢？人体内各组织细胞活动所需的能量大部分来自葡萄糖，所以血糖必须保持一定的水平，才能维持体内各器官和组织的需要。体检时检测的血糖通常是指空腹血糖，血糖的正常范围是空腹在 3.9~6.1 mmol/L，餐后 2h 在 4.4~7.8 mmol/L。人体在正常情况下可以调整其血糖水平，使其不超出上述范围。血糖超出（高于或低于）正常范围，就会引起高血糖或低血糖。当血糖明显升高到某种程度（如空腹血糖超过 7.0 mmol/L 或餐后 2h 血糖超过 11.1 mmol/L），即达到糖尿病的诊断标准，就称为糖尿病。

 微思考

高血糖与低血糖对人体健康有什么影响？

单糖都具有还原性，因此单糖又称为还原糖。由葡萄糖的结构简式，可见葡萄糖是一种多羟基醛，分子中的醛基容易被氧化成为羧基，因此葡萄糖具有还原性，能发生银镜反应（图 6-1），也能与斐林试剂反应。

【演示实验 6-1】 葡萄糖与银氨溶液（托伦试剂）反应

在一支试管中加入 1mL 2% $AgNO_3$ 溶液，边振荡试管边滴加 2% 氨水溶液，从白色沉淀出现到恰好白色沉淀溶解为止（此溶液为银氨溶液，也叫托伦试剂），

图 6-1 葡萄糖溶液的银镜反应

再加入 1mL 10％葡萄糖溶液，振荡后放在水浴中加热 3～5min，观察到有银镜生成。

【演示实验 6-2】 葡萄糖与新制氢氧化铜（斐林试剂）反应

在一支试管中加入 2mL 10％NaOH 溶液，滴加 5 滴 5％$CuSO_4$ 溶液，观察到有蓝色沉淀，再加入 2mL 10％葡萄糖溶液，加热，观察到有砖红色沉淀生成。

在一定条件下，一定量的葡萄糖与一定量的斐林试剂反应，生成的 Cu_2O 的量是一定的，因此，在医学上常用该法来检测尿液中葡萄糖的含量。也可用这种方法来测定生物样品中还原糖的含量。

微探索

> 查找资料，走访药店，了解糖尿病病人在药店和家中是如何测试血糖的。运用所学知识，理解血糖试纸测试的原理。

每克葡萄糖完全氧化可释放出约 16.75kJ 的热量。注射葡萄糖可迅速补充营养。因此，葡萄糖在医疗上可用作营养剂，5％～10％的葡萄糖溶液可以给病人输液以补充营养。另外，葡萄糖还可用于制药，如制取葡萄糖酸钙；葡萄糖也用于糖果制造和制镜等。

趣味实验

变色溶液

把 3g 葡萄糖和 3g 氢氧化钠加入一个透明的空塑料瓶中，再加入 100mL 水和 2 滴亚甲基蓝试液（一种氧化还原指示剂）。盖上瓶盖后振荡，溶液呈蓝色，静置后溶液变为无色，再振荡溶液又变为蓝色，静置后又变为无色。这个颜色变化过程可以多次重复。

葡萄糖具有还原性，空气中的 O_2 具有氧化性，当振荡溶液时，瓶内的溶液与 O_2 接触面增大，指示剂亚甲基蓝中的无色基团被 O_2 氧化为蓝色基团，因此，溶液变为蓝色；当静置后，溶液中的 O_2 减少，亚甲基蓝中的蓝色基团被葡萄糖还原为无色基团，因此溶液变为无色。变色溶液可如此反复，直到溶液中的葡萄糖消耗完。

2. 双糖——蔗糖和麦芽糖的性质

小视角

甘蔗　　　甜菜　　　　玉米　　　　大米
蔗糖的来源　　　　　麦芽糖的来源

蔗糖和麦芽糖的来源

微思考

1. 你吃过的蔗糖有哪几种？平时我们食用的红糖、白糖、冰糖，它们有什么共同点和不同点呢？
2. 你吃过麦芽糖吗？你知道蔗糖和麦芽糖有什么区别吗？

在低聚糖中最重要的是蔗糖和麦芽糖。食用的红糖、白糖、冰糖等，它们是粒状大小不等及颜色不同（含有色素）的蔗糖，主要来源于甘蔗和甜菜。蔗糖分子中无游离半缩醛羟基，因此它没有还原性，是非还原双糖。麦芽糖存在于发芽的谷粒中，尤其是麦芽中，主要来源于玉米和大米等。麦芽糖分子中仍保留了一个半缩醛羟基，具有还原性，是还原双糖。蔗糖与麦芽糖的相关知识具体见表 6-1。

表 6-1　蔗糖与麦芽糖相关知识

项目	蔗　糖	麦芽糖
分子式	$C_{12}H_{22}O_{11}$	$C_{12}H_{22}O_{11}$
物理性质	无色晶体、溶于水、甜味	白色晶体、溶于水、甜味
水解产物	1分子蔗糖→1分子葡萄糖+1分子果糖	1分子麦芽糖→2分子葡萄糖
与银氨溶液	不反应	有银镜产生
主要来源	甘蔗、甜菜	农产品（大米、玉米）
用途	甜味剂，用于食品、制药等	营养剂、细菌培养基
二者关系	同分异构体	

蔗糖水解的化学反应式为

$$C_{12}H_{22}O_{11} + H_2O \xrightarrow{催化剂} C_6H_{12}O_6 + C_6H_{12}O_6$$
　　蔗糖　　　　　　　　　　葡萄糖　　果糖

蔗糖一般作为甜味剂，可用于食品、制药等，而麦芽糖是饴糖的主要成分，可用作营养剂和某些细菌的培养基等。

3. 多糖——淀粉和纤维素的性质

 小视角

大米：约含80%淀粉　　　小麦：约含70%淀粉　　　马铃薯：约含20%淀粉

淀粉主要存在于植物的种子和根茎里

 微思考

> 1. 在日常生活中，你经常接触到哪些含淀粉的物质？
> 2. 吃米饭或馒头时，为什么越咀嚼越会感到有甜味？

淀粉和纤维素是自然界中最常见的多糖，多糖是一种复杂的天然高分子有机化合物，由很多的单糖结合而成，多糖一般难溶于水，无甜味，无还原性，水解的最终产物是单糖。

（1）淀粉的性质

淀粉$(C_6H_{10}O_5)_n$主要存在于植物的种子、根部和块茎中。它是白色粉末，无甜味，不溶于冷水，在热水中会有糊化作用。淀粉没有还原性，是非还原糖，在催化剂（如酸、酶）存在和加热下可以逐步水解，水解最终产物是葡萄糖。

$$(C_6H_{10}O_5)_n + nH_2O \xrightarrow{催化剂} nC_6H_{12}O_6$$
　　淀粉　　　　　　　　　　　葡萄糖

淀粉 → 糊精 → 麦芽糖 → 葡萄糖

淀粉遇碘发生变色反应，呈蓝色，反应很敏锐。此法常用于检验淀粉或碘。食物中淀粉的检验见图6-2。

图 6-2 食物中淀粉的检验

小贴士

一封密信：抗日战争时期，为了把消息安全地传递出去，地下党写了一封"空白"的密信，正是这封"空白信"挽救了无数人的生命，你知道这是怎么回事吗？原来，这张白纸并非无字，而是白字，是用醋写的。用醋在白纸上写字，晾干后不会留下任何痕迹。醋的主要成分是乙酸，属于有机物，用微火加热，无色的字迹又会变成棕色。柠檬汁也可以作为隐写墨水，因为它富含碳元素，很容易被焦化。用蘸了淀粉溶液的笔写字，那么碘酒就是解密药水了。

微探索

> 在以淀粉为原料生产葡萄糖的水解过程中，可用什么方法来检验淀粉的水解是否完全？

淀粉是食物的重要成分，是人体的重要能源；淀粉也是一种工业原料，可用于制葡萄糖和酒精等。淀粉在糖果、冷饮、罐头、饼干等食品加工及酿造工业中有较广泛的应用。

小贴士

当人们摄入含淀粉的食物时，食物经过咀嚼被磨碎。淀粉跟唾液混合，在近乎中性的条件下，淀粉经唾液淀粉酶的作用，部分水解，形成麦芽糖。当食物团被吞咽入胃，在没有被胃酸浸透以前，唾液淀粉酶还可以起作用。食物团被胃液浸透后，酸性条件阻止了唾液淀粉酶的继续作用。

当食物进入十二指肠时，胃酸被胰液中的碳酸氢钠中和，为小肠中酶的作用提供了必要的碱性条件。这时，淀粉和麦芽糖等，经胰液淀粉酶、麦芽糖酶、蔗糖酶、乳糖酶等作用相继水解为葡萄糖等单糖，从而被人体直接吸收。

 微探索

为什么糖尿病病人的饮食受限制的并不仅仅是甜食,米饭和馒头等主食也需定量摄取?

(2) 纤维素的性质

 小视角

树木和草

棉花

蔬菜和水果

含纤维素的植物

 微思考

草中的主要化学成分是什么? 为什么牛、羊、马等动物能以草为生? 那么人能靠吃草生活吗?

纤维素 $(C_6H_{10}O_5)_n$ 存在于一切植物中,是构成植物细胞壁的基础物质,是自然界中分布最广、含量最多的一种多糖,棉花是含纤维素最高的物质,含量达95%以上。

在人体消化道中没有能水解纤维素的酶,故纤维素不能作为人类的营养物质。而食草动物消化道中具有能分泌纤维素的酶,可使纤维素水解生成葡萄糖,故纤维素可作为食草动物的营养物质。

纤维素是白色纤维状固体,无味,不溶于水。纤维素性质较稳定,不具有还原性,是非还原性糖;虽然能发生水解,但是比淀粉困难得多,水解最终产物是葡萄糖。

$$(C_6H_{10}O_5)_n + nH_2O \xrightarrow[\triangle]{催化剂} nC_6H_{12}O_6$$

纤维素　　　　　　　　　葡萄糖

食物中的纤维素可刺激肠道蠕动和消化液分泌,有助于食物的消化。纤维素在工业上可用于纺织、造纸、制纤维素硝酸酯、纤维素乙酸酯等。

 小贴士

和普通纸一样,牛皮纸也是用植物纤维制成的。不过,它是采用亚硫酸盐法将植物纤维制成纸浆。其纤维未受到损害,故强度较高。而普通纸采用的是苛性钠制成的纸浆,由于苛性钠对植物纤维的腐蚀性大,从而影响了植物纤维的强度,这就是牛皮纸比普通纸结实的原因。牛皮纸特点是强度大,耐磨性好,且稍有弹性。因牛皮纸的颜色为黄褐色,质地坚韧,很像牛皮,故人们习惯上称之为牛皮纸。

 微思考

> 淀粉、纤维素水解的最终产物是一样的吗?

四、糖类在食品加工和生物质能源开发中的应用

糖类在食品加工过程中会对食品色泽及风味产生影响。在食品油炸、焙烤、烘焙等加工和储藏过程中,还原糖(主要是葡萄糖)同游离氨基酸或蛋白质分子中的氨自由基等含氨基的化合物一起加热时会发生羰氨反应(这种反应被称为美拉德反应),可产生美拉德褐变产物,包括可溶性与不可溶性的聚合物;也可产生特殊色泽,例如酱油与面包皮呈现的色泽。美拉德反应产物还能产生特殊风味,如当还原糖与牛奶蛋白质反应时,可产生乳脂糖、太妃糖及奶糖的风味。在某些食品加工过程中,人们可以通过美拉德反应获取需要的颜色及风味,但对于其他一些食品,比如果汁,在加工时就应防止此反应的发生。另外在食品生产中有时为了避免某些必需氨基酸的损失,也需要防止美拉德反应的发生。在没有氨基化合物存在的条件下,将糖或糖浆直接加热熔融,在温度超过100℃时,随着糖的分解变化,糖会变成黑褐色的焦糖,产生复杂的焦糖化反应。焦糖化反应也会使食品产生色泽和风味的变化。催化剂可以加速该反应,使反应产物具有不同类型的焦糖色素,蔗糖通常被用于制造焦糖色素,可用于碳酸饮料、烘焙食品、糖浆、啤酒以及其他含醇饮料中。

糖类也在生物质能源开发中发挥着重要作用。生物质能是一种重要的可再生能源,它利用现代生物质能技术,将生物质转化为能源,对于缓解能源紧张和环境保护,具有重要的意义。淀粉和纤维素是重要的工业原料,它们水解生成的葡

萄糖在一定条件下可以转变为乙醇,这个转化过程已被广泛应用于生产燃料乙醇。近年来,利用富含纤维素的秸秆生产燃料乙醇已成为获取生物质能源的新途径。它主要包括原料预处理、纤维素水解糖化、糖类发酵和蒸馏脱水等过程,使用5t秸秆可以生产1t左右的乙醇。与传统的以淀粉为原料生产燃料乙醇相比,具有原料成本低、原料来源广泛等优点。

阅读材料

糖类在人体中的作用

在物质代谢过程中,人体从外界环境中摄取的物质,除水外,最多的就是糖类。糖类是生物体维持生命活动所需能量的主要来源,因为它最容易获得,更重要的是它释放热能较快,特别是葡萄糖能很快地被氧化产生热能。但动物在体内不能自行合成糖类,必须从食物中摄取。

从营养学的观点来看,糖类化合物在总热量中所占的比例以50%～70%为宜。对于一个中等劳动强度的成年人来说,每天每公斤体重需要可被消化的糖类5～7g。

糖类除作为能量的来源外,还有许多其他的生理功能。如核糖和脱氧核糖是细胞中核酸的组成,肝脏中的肝糖原是人体储藏能量的一种形式,成年人体内肝糖原含量约为300～400g,有些糖能转变为某些氨基酸参与组成蛋白质和人体组织,某些糖类化合物本身还具有特殊的生物活性,如肝脏中的肝素有抗凝血作用,血型物质中的糖与免疫活性有关。

糖类化合物中的食物纤维也具有独特的作用,以前认为膳食中的纤维不具有营养价值,因为人体内没有消化它的消化酶,唯一的作用似乎仅是通便而已。近年来的研究使人们对食物纤维的生理功能有了新的认识。

食物纤维对肠壁有刺激作用,加强肠道的蠕动,促进消化液的分泌,有利食物的消化,可促进粪便的排泄和防止便秘。减少有毒物的积累与结肠的接触时间,有助于预防结肠炎及结肠癌的发生。

有些食物纤维能与食物中的胆固醇及甘油三酯结合,减少脂类的吸收,降低血中胆固醇及甘油三酯,降低冠心病的发病率。

练习题

选择题

1.日常生活中食用的白糖、冰糖和红糖的主要成分是( )。
    A.蔗糖   B.麦芽糖   C.葡萄糖   D.果糖

2. 下列关于蔗糖和麦芽糖的说法中不正确的是（　　）。
　　A. 蔗糖和麦芽糖互为同分异构体
　　B. 蔗糖和麦芽糖的分子式相同
　　C. 蔗糖和麦芽糖的水解产物都是葡萄糖
　　D. 麦芽糖能发生银镜反应，而蔗糖不能发生银镜反应

3. 把氢氧化钠溶液和硫酸铜溶液加入某病人的尿液中，微热时如果观察到有红色沉淀，说明该尿液中含有（　　）。
　　A. 食醋　　　　B. 白酒　　　　C. 食盐　　　　D. 葡萄糖

4. 生活中的一些问题常涉及化学知识，下列叙述正确的是（　　）。
　　A. 棉花的主要成分是纤维素
　　B. 过多食用糖类物质（如淀粉等）不会致人发胖
　　C. 淀粉在人体内直接水解生成葡萄糖，供人体组织的营养需要
　　D. 纤维素在人体消化过程中起重要作用，纤维素可以作为人类的营养物质

5. 某品牌的八宝粥（含桂圆、红豆、糯米）广告称不加糖，比加糖还甜，适合糖尿病人食用。你认为下列判断不正确的是（　　）。
　　A. 这个广告有误导喜爱甜食消费者的嫌疑
　　B. 糖尿病人应少吃含糖的食品，该八宝粥未加糖，可以放心食用
　　C. 不加糖不等于没有糖，糖尿病人食用需慎重
　　D. 不能听从厂商或广告商的宣传，应询问医生

 拓展思考

1. 请同学们根据本小节相关内容画出有关糖类的思维导图。
2. 请举实例说明糖类在食品加工和生物质能源开发中的应用。

第二节　蛋　白　质

 学习目标

1. 认识氨基酸及蛋白质的组成、结构特点和主要性质。

2. 知道氨基酸和蛋白质的关系。

3. 了解氨基酸、蛋白质在人类健康与生命活动中所发挥的重要作用。

蛋白质是生命的物质基础，与各种形式的生命活动联系紧密。生物机体中许多重要组成都含有蛋白质。蛋白质占人体质量的 16.3%。人体蛋白质的种类很多，性质、功能各异，但都是由 20 多种氨基酸按不同比例组合而成的，并在体内不断进行代谢与更新。被食入的蛋白质在体内经过消化分解成氨基酸，吸收后在体内主要用于重新按一定比例组合成人体蛋白质，同时新的蛋白质又在不断代谢与分解，时刻处于动态平衡中。因此，食物蛋白质的质和量、各种氨基酸的比例，关系到人体合成的蛋白质。青少年的生长发育、孕产妇的优生优育、老年人的健康长寿，都与膳食中的蛋白质有着密切的关系。

一、氨基酸

 小视角

氨基酸营养品

 微思考

1. 为什么说氨基酸是构成人体的最基本物质之一？
2. 氨基酸在食物营养中的地位与作用如何？

氨基酸是含有氨基（—NH$_2$）和羧基（—COOH）的一类有机化合物的通称，是大分子蛋白质的基本组成单位。常见氨基酸的结构式如下：

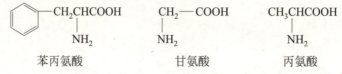

1. 氨基酸的分类

天然的氨基酸现已经发现的有 300 多种，其中人体所需的氨基酸约有 22 种，分为非必需氨基酸和必需氨基酸。另根据其化学性质可分为酸性氨基酸、碱性氨基酸、中性氨基酸。

(1) 必需氨基酸

人体（或其他脊椎动物）不能合成或合成速率远不适应机体的需要，必须由食物蛋白供给的氨基酸称为必需氨基酸，一共有 8 种：赖氨酸、色氨酸、亮氨酸、苯丙氨酸、蛋氨酸、苏氨酸、异亮氨酸、缬氨酸。

(2) 非必需氨基酸

指人（或其他脊椎动物）自己能由简单的前体合成，不需要从食物中获得的氨基酸，例如甘氨酸、丙氨酸等。

2. 氨基酸的命名

氨基酸的系统命名方法与羟基酸一样，但天然氨基酸常根据其来源或性质使用俗名。例如，胱氨酸是因它最先从尿结石发现而得名；甘氨酸是由于它具有甜味而得名。

3. 氨基酸的两性

大多数氨基酸因含羧基和氨基数目的不同而呈不同程度的酸性（含羧基）或碱性（含氨基），呈中性的较少。所以既能与酸结合成盐，也能与碱结合成盐。

4. 氨基酸的作用

对于生物体而言，氨基酸起着至关重要的作用。氨基酸是构成生物体蛋白质的最基本的物质，它在抗体内具有特殊的生理功能，是生物体内不可缺少的营养成分之一。虽然人体内部能够产生各种氨基酸，但是要维持人体正常的生理机能，所需要摄入的量也相对较大。

既然氨基酸对于人体如此重要，那么富含氨基酸的食物有哪些呢？氨基酸含量比较丰富的食物有水产类（如墨鱼、鳝鱼、泥鳅、海参等）、豆类食品、杏仁、肉类、蛋类、乳类、银耳、新鲜果蔬、山药、藕等。

二、蛋白质

 小视角

肉类

蛋类

豆制品

富含蛋白质的食物

> 1. 为什么人体需要补充蛋白质？
> 2. 含蛋白质多的食物有哪些？

蛋白质是生命的物质基础，没有蛋白质就没有生命，如机体的运动、消化、生长、遗传和繁殖都与蛋白质有密切关系。蛋白质是由氨基酸组成的，分子量为一万至几百万。

1. 蛋白质的组成

蛋白质是化学结构复杂的一类有机化合物，主要由碳、氢、氧、氮、硫等元素组成。它是由一条或多条多肽链组成的生物大分子，每一条多肽链有几十至数百个氨基酸不等；各种氨基酸按一定的顺序排列（图6-3）。

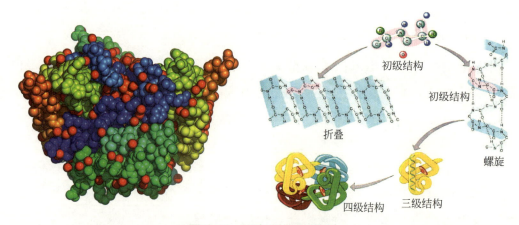

图6-3　蛋白质分子模型

2. 蛋白质的性质

蛋白质是由氨基酸通过肽键构成的高分子化合物，含有氨基和羧基，因此也有两性。蛋白质在水中的溶解性不同，有的能溶于水，如鸡鸭蛋白；有的难溶于水，如毛发。蛋白质除了能水解为氨基酸外，还能发生盐析、变性和颜色反应等。

（1）盐析

【演示实验6-3】　取2mL20%鸡蛋清溶液于试管中，缓慢加入2mL饱和$(NH_4)_2SO_4$溶液，观察沉淀的析出，取浑浊液1mL于另一支试管中，加入4~5mL蒸馏水，轻轻振荡，观察沉淀是否溶解。

现象：蛋白质从溶液中析出，再溶解。

向蛋白质溶液中加入大量的电解质（中性盐如硫酸钠、氯化钠）使蛋白质沉淀析出的现象称为盐析。盐析是可逆过程，是物理变化。采用盐析方法可以分离提纯蛋白质。临床检验上，利用分段盐析可以测定血清白蛋白和球蛋白的含量，借以帮助诊断某些疾病。

 微思考

家畜屠宰时，为什么要在盛血液的容器中放些食盐？

（2）蛋白质变性

【演示实验6-4】 在两支试管中各加入2mL 20%鸡蛋清溶液，其中一支试管加热，在另一支试管中滴入1~2滴饱和醋酸铅溶液，观察两支试管发生的现象，然后再向两支试管中各加入5mL蒸馏水，轻轻振荡，继续观察两支试管的现象。

现象：蛋白质从溶液中析出后不再溶解。

在热，强酸、强碱，铅、铜、汞等重金属的盐、紫外线或X射线、高压以及一些有机化合物如甲醛、酒精、苯甲酸等作用下，蛋白质会因发生性质上的改变而凝聚，这种凝聚是不可逆的，不能再使它们恢复成原来的蛋白质，蛋白质的这种变化叫做变性。蛋白质变性后，就失去了原有的可溶性，也就失去了它们生理上的作用。因此蛋白质的变性凝固是个不可逆的过程。蛋白质变性后最明显的表现为生物活性丧失，溶解度降低，蛋白质从溶液中析出，且不再溶解。

蛋白质的变性原理已广泛应用于医学实践中。如灌服大量的牛奶、豆浆和生鸡蛋清来抢救重金属盐中毒的病人；用酒精、高温、紫外线照射等进行消毒灭菌；用热凝法检查尿蛋白；用放射性核素治疗癌症等。在制备和保存激素、疫苗、酶类、血清等制剂时，应避免其变性，以防止其失去生物活性。

 小贴士

1965年9月17日，中国首次人工合成了结晶牛胰岛素，实验的成功使中国成为第一个合成蛋白质的国家。当时的中国科学院上海生物化学研究所、中国科学院上海有机化学研究所和北京大学化学系三个单位联合，在前人对胰岛素结构和肽链合成方法研究的基础上，经

历六百多次失败、经过近两百步合成，历时近7年，终于成功合成了结晶牛胰岛素。中国科学家依靠集体的智慧和力量，摘取了人工合成蛋白质的桂冠，它被认为是继"两弹一星"之后我国的又一重大科研成果，标志着人类在揭示生命本质的征途上实现了里程碑式的飞跃，促进了生命科学的发展。

 微探索

> 查阅资料，了解医院里有哪些消毒方法。以小组为单位，进行PPT展示，体会化学学科在生命科学发展中所起的重要作用。

（3）蛋白质的颜色反应

【演示实验6-5】 在蛋白质溶液中加入几滴浓硝酸溶液，微热，观察现象。

现象：溶液显黄色。

蛋白质可以与许多试剂发生颜色反应，见图6-4。例如在鸡蛋清溶液中滴入浓硝酸，则鸡蛋清溶液呈黄色。这是由于蛋白质与浓硝酸发生了颜色反应的缘故。利用这种颜色反应可以鉴别蛋白质。蛋白质在灼烧时，产生烧焦羽毛的气味。利用这一性质也可以鉴别蛋白质。

 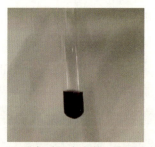

(a) 蛋白质与浓硝酸反应　　(b) 蛋白质与水合茚三酮反应
（产物为黄色）　　　　　　（产物为蓝色）

图6-4　颜色反应

 微探索

> 收集一些衣料的纤维，取一部分做燃烧实验，观察实验现象，说明初步鉴别棉线和毛线的方法。

小贴士

屠呦呦,中国女药学家,是中国本土第一位获得诺贝尔科学奖项的科学家、第一位获得诺贝尔生理学或医学奖的华人科学家。她所获奖项是中国医学界迄今为止获得的最高奖项。

屠呦呦多年从事中药和中西药结合研究,突出贡献是研制出新型抗疟疾药青蒿素和双氢青蒿素。1972年她从植物青蒿草中成功提取到了一种分子式为$C_{15}H_{22}O_5$的无色结晶体,命名为青蒿素。2011年9月,她将发现的"中国神药"青蒿素药物应用在治疗中,使疟疾患者的死亡率显著降低。疟疾是威胁人类生命的一大顽敌,与艾滋病和癌症一起,被世界卫生组织列为世界三大死亡疾病之一。青蒿素的发现拯救了全球特别是非洲数百万人的生命,她也因此获得了拉斯克奖和葛兰素史克中国研发中心"生命科学杰出成就奖"。

* 三、营养与膳食平衡

1. 营养物质

食物所含的养分称为营养,包括糖类、脂肪、蛋白质、维生素、矿物质等。

糖类是能量的主要来源,细胞能够将碳水化合物转化为葡萄糖。糖类存在于水果、蔬菜、面粉、奶、小麦、玉米、燕麦和大米等粮食以及坚果中。纤维素虽然不能被消化吸收,但有促进肠道蠕动、利于粪便排出等功能。最新研究表明,纤维有助于降低血液中的胆固醇含量。纤维存在于菜豆、粮食、水果、蔬菜、麦麸和全麦面包中。

脂肪可以为我们提供大量的能量,也包括协调机体活动所需的脂肪酸。脂肪还将一些可溶于脂肪的维生素运送到机体的各个部位。饱和脂肪存在于牛肉、猪肉、鸡肉、鱼肉、乳制品、蛋类和热带可可油等食品中,不饱和脂肪可以从纯橄榄油、植物油和花生中摄取。

蛋白质是生命的物质基础,与生命活动联系紧密,含蛋白质的食物有畜肉、禽鱼肉、乳制品、蛋类、小麦、黑麦、玉米、燕麦、大麦、小米、食用菌、豆类和坚果等。

维生素是人体代谢中必不可少的有机化合物。维生素含量较多的食物有胡萝卜、菠菜、蘑菇、蛋、奶、酵母、麦芽、柠檬、橙子、菠萝、甜瓜、番石榴、鱼肝油和蛋黄。

矿物质是构成人体组织、维持生理功能、生命代谢所必需的物质。对人体最重要的矿物质是铁、钙、磷、铜、碘和钾。矿物质主要存在于奶、乳酪、奶油、鱼肉、西红柿、菠菜和黄油等食物中。

食物中的营养与膳食的平衡对人体健康是至关重要的。

充足的营养是健康的基础。膳食中的营养成分,是维持人体正常生命活动和健康的物质基础,它们向身体提供各种营养素,为肌体各项机能创造条件。为了满足营养的需要,必须摄取多种多样的食品,找出最有益并且可口的食品配比。膳食所提供的营养和人体所需的营养恰好一致,即人体消耗的营养与从食物获得的营养达成平衡,这称为营养平衡或膳食平衡。

平衡膳食需要同时在几个方面建立起膳食营养供给与机体生理需要之间的平衡:热量营养素构成平衡,蛋白质平衡,各种营养素摄入量之间平衡及酸碱平衡,动物性食物和植物性食物平衡。否则,就会影响身体健康,甚至导致某些疾病发生。

2. 热量营养素构成平衡

糖类、脂肪、蛋白质均能为机体提供热量,称为热量营养素。当三种热量营养素的摄入量的比例为 $6.5:1:0.7$ 时,机体运行正常,各营养素能够正常发挥作用。热量比例平衡的情况称为热量营养素构成平衡。热量营养素供给过多,将引起肥胖、高血脂和心脏病;过少,将造成营养不良,同样可诱发多种疾病,如贫血、结核、癌症等。

3. 蛋白质(氨基酸)平衡

食物中蛋白质的营养价值,基本上取决于食物中所含有的 8 种人体必需氨基酸的数量和比例。只有食物中所提供的必需氨基酸的比例,与人体所需要的比例接近时才能有效地合成人体的组织蛋白。食物中氨基酸符合人体所需的比例称为氨基酸平衡。除人奶和鸡蛋之外,多数食品都是氨基酸不平衡食品。所以,要提倡食物的合理搭配,纠正氨基酸构成比例的不平衡,提高蛋白质的利用率和营养价值。

不同的生理需要和不同的活动对营养素的需要量不同,加之各种营养素之间存在着错综复杂的关系,造成各种营养素摄入量间的平衡难于把握。只要各种营养素在一定的周期内,保持在标准供给量误差不超过 10%,营养素摄入的平衡就算达到了。

4. 酸碱平衡

应当食用适量的酸性食品和碱性食品,以维持体液的酸碱平衡,当食品搭配不当时,会引起生理上的酸碱失调。酸性食品摄入过多,血液偏酸、颜色加深、黏度增加,严重时会引起酸中毒,同时增加体内钙、镁、钾等离子的消耗,而引起缺钙。这种酸性体质,将影响身体健康。酸性食品有蛋黄、大米、鸡肉、鳗鱼、面粉、鲤鱼、猪肉、牛肉、干鱿鱼、啤酒、花生等。碱性食品有海带、蔬菜、西瓜、萝卜、茶叶、香蕉、草莓、南瓜、四季豆、黄瓜、藕等。

5. 动物性食物和植物性食物平衡

只摄入植物性食物者易贫血、患结核病等。因植物性食物含纤维素过多,抑制了锌、铁、铜等重要微量元素的吸收。只摄入植物性食物特别对儿童发育,尤其是脑发育有较大影响。同时人体由于胆固醇水平过低而易遭受感染与癌症的侵袭。当然动物性食物也不可过量,高脂肪与心脏病、乳腺癌、中风等的因果关系早有定论。合理膳食应讲究荤素平衡,以脂肪在每日三餐热量中占 25%～30% 为宜。

合理膳食有着极其重要的意义。一旦膳食不适应人体营养需要,会发生各种不利于人体健康的影响,它将直接或间接影响人体的生长发育、劳动能力甚至寿命等。

你知道白蛋白吗? 它们对人体健康起什么作用?

人类必需氨基酸与作用

1. 赖氨酸

促进大脑发育,是肝及胆的组成成分,能促进脂肪代谢,调节松果腺、乳腺、黄体及卵巢,防止细胞退化。

2. 色氨酸

促进胃液及胰液的产生。

3. 苯丙氨酸

参与消除肾及膀胱功能的损耗。

4. 蛋氨酸(又叫甲硫氨酸)

参与组成血红蛋白、组织与血清,有促进脾脏、胰脏及淋巴的功能。

5. 苏氨酸

有转变某些氨基酸达到平衡的功能。

6. 异亮氨酸

参与胸腺、脾脏及脑下腺的调节以及代谢。

7. 亮氨酸

修复肌肉，控制血糖，给身体组织提供能量。

8. 缬氨酸

作用于黄体、乳腺及卵巢。

选择题

1. 下列氨基酸中，不属于必需氨基酸的是（　　）。
   A. 赖氨酸　　　　　　　　　B. 色氨酸
   C. 丙氨酸　　　　　　　　　D. 亮氨酸

2. 误食重金属盐而引起中毒，急救的方法是（　　）。
   A. 服用大量的生理盐水　　　B. 服用大量的牛奶和豆浆
   C. 服用 Na_2SO_4 溶液　　　D. 服用可溶性硫化物

3. 下列关于酶的叙述中不正确的是（　　）。
   A. 酶是一种氨基酸
   B. 酶是一种蛋白质
   C. 酶是生物体内产生的催化剂
   D. 酶受到高温或重金属盐等作用时会变性

4. 为鉴别纺织品的成分是蚕丝还是合成纤维，可选用的简单、适宜的方法是（　　）。
   A. 滴加 H_2SO_4　　　　　　B. 灼烧线头
   C. 用手摩擦凭手感　　　　　D. 滴加浓 HNO_3

5. 能使蛋白质从溶液中析出，又不使蛋白质变性的方法是（　　）。
   A. 加饱和硫酸钠溶液　　　　B. 加甲醛
   C. 加 75% 酒精　　　　　　 D. 加氢氧化钠溶液

1. 请同学们根据本小节相关内容画出有关蛋白质的思维导图。

2. 依据氨基酸、蛋白质与人类健康的关系，提出有关家庭合理膳食的建议，并在课堂上进行交流，发展科学态度与社会责任化学核心素养。

第三节　合成高分子化合物

**学习目标**

1. 认识塑料、合成纤维和合成橡胶等高分子化合物的结构特点和主要性能。
2. 了解新型合成高分子化合物的优异性能，了解它们在生产、生活中的重要应用。

高分子材料在生活和生产的各个领域中都有极为广泛的应用，人们很早就开始使用棉花、羊毛、天然橡胶等天然高分子材料，由于天然高分子材料在产量、种类和性能等方面存在局限性，现在使用更多的则是用煤或石油制造出来的塑料、合成纤维和合成橡胶等合成高分子材料。高分子合成材料是一种新型的化学材料，它的出现为人类的生产和科学技术的发展开拓了广阔的道路。

一、高分子化合物的概念和特性

小视角

酚醛树脂（电木）产品

聚氯乙烯产品

富含淀粉的大米

高分子化合物

微思考

1. 什么叫高分子化合物？你学过哪些高分子化合物？
2. 判断你说出来的高分子化合物中哪些是天然高分子？哪些是人工合成高分子？
3. 天然的或人工合成的高分子化合物有哪些主要的共同特征呢？

1. 高分子化合物的概念

分子量很大（至少在 10000 以上）的化合物叫高分子化合物，简称高分子。按其来源可分为天然高分子和合成高分子。天然高分子有淀粉、纤维素、蛋白质等。合成高分子有电木、聚乙烯、聚氯乙烯、人工合成橡胶等。高分子是以一定数量的结构单元重复组成，例如，聚乙烯：

$$n\ CH_2=CH_2 \longrightarrow {-\!\!\!\![CH_2\!-\!CH_2]\!\!\!\!-}_n$$

（系数） （单体） （结构单元/链节） （聚合度）

高分子的分子量很大，如淀粉分子量由几万到几十万不等，核蛋白分子量可达几千万。因高分子材料实际上是由 n 值不同的结构单元组成，因此实际测得的分子量为平均分子量。

2. 高分子化合物的结构特点

高分子化合物几乎无挥发性，常温下以固态或液态存在。固态高分子按其结构形态可分为晶态和非晶态。前者分子排列规整有序；而后者分子排列无规则。同一种高分子化合物可以兼具晶态和非晶态两种结构。大多数的合成树脂都是非晶态结构。

 小视角

线型高分子（聚乙烯）　　线型高分子（有机玻璃）　　体型高分子（橡皮）

线型和体型高分子化合物实例

组成高分子链的原子之间是以共价键相结合的，高分子链一般具有线型和体型两种不同的形状。线型结构是分子中的原子由共价键相互结合形成一条很长的蜷曲状态"链"。体型结构是大分子中分子链与分子链之间通过化学键相互交联，形成的网状结构。

 **微思考**

> 1. 有机高分子化合物有哪些基本的性质呢?
> 2. 举出在日常生活中你所遇到的高分子材料所表现出来的优良性能和缺点。

3. 高分子化合物的主要特性

高分子化合物的基本结构特征,使它们具有与低分子化合物不同的许多优良性能。例如,机械强度大、弹性高、可塑性强、硬度大、耐磨、耐热、耐腐蚀、耐溶剂、电绝缘性强、气密性好等,使高分子材料具有非常广泛的用途。

通常使用的高分子材料,常是由高分子化合物加入各种添加剂制造的,其基本性能取决于所含高分子化合物的性质,各种不同添加剂的作用在于更好地发挥、保持、改进高分子化合物的性能,满足不同的要求。

 微思考

> 你知道口腔材料有哪些吗?

二、塑料、合成纤维、合成橡胶简介

 小视角

塑料制品

纤维制品

橡胶制品

生活中的合成材料

 微思考

> 1. 日常生活中所接触到的高分子化合物有哪些?
> 2. 你能区分塑料制品、纤维制品和橡胶制品吗?

高分子合成工业是一门新兴的工业。19 世纪中叶，人们开始对天然高分子（如纤维素）进行改造以改变其性能。20 世纪初期，开始少量生产塑料（如酚醛树脂）和合成橡胶，并用它们作原料来生产绝缘材料、轮胎等。但当时由于缺乏有关基础理论的指导，生产发展比较缓慢。到了 20 世纪 30 年代中期，由于高分子链结构理论的确立以及对一些有机反应过程的进一步研究，使生产方法大为简化，生产效率提高，高分子各个品种的生产，才如雨后春笋般地发展起来。在这以后的几十年里，高分子合成材料的应用范围不断扩大，生产量成倍地增加，新品种也不断地增多。

通常使用的合成高分子化合物主要有塑料、合成纤维以及合成橡胶三大类。下面依次作一些简要介绍。

1. 塑料

塑料是指在一定的温度和压力下可塑制成型的合成高分子材料。

塑料的主要成分是合成树脂。聚乙烯、聚氯乙烯、酚醛树脂等都是合成树脂，可以用来生产塑料制品。合成树脂的种类很多，除以上几种外，还有聚丙烯、聚苯乙烯、聚四氟乙烯、聚丙烯酸甲酯（有机玻璃）和环氧树脂等。部分塑料名称、代码和对应的缩写代号见表 6-2。

表 6-2　部分塑料名称、代码和对应的缩写代号

塑料名称	聚酯	高密度聚乙烯	聚氯乙烯	低密度聚乙烯	聚丙烯	聚苯乙烯
塑料代码	01	02	03	04	05	06
塑料缩写代号	PET	HDPE	PVC	LDPE	PP	PS

根据塑料受热时的性质，可以把它们分为热塑性塑料和热固性塑料两大类。

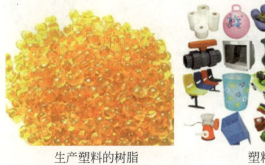

生产塑料的树脂　　塑料制品

塑料

热塑性塑料受热软化，可以塑制成一定的形状，冷却后变硬，再加热仍可软化，再冷却后又会变硬。

热固性塑料初次受热时变软，可以塑制成一定的形状，但硬化定型以后，再加热就不会再软化。

塑料制品的原料除合成树脂外，一般还有辅助材料和填料，如能改进机械性能的增强材料，能提高塑性的增塑剂，能增加稳定性的稳定剂，有时还有润滑剂、颜料、发泡剂、抗静电剂和金属添加剂等。在加工过程中，人们把一定比例的原料和辅助材料，在一定的温度、压力条件下，经过压延或模压、挤压、注射、浇铸、吹塑等成型工序，加工成为一定形状的制品。

表 6-3 为几种主要的塑料及其性能和用途。

表 6-3　几种主要的塑料及其性能和用途

名称	性　　能	用　　途
聚乙烯	电绝缘性能较好，耐化学腐蚀、耐寒、无毒 耐热性差，透明性较差，耐老化性差 不宜接触煤油、汽油，制成的器皿不宜长时间存放食油、饮料	制成薄膜，可作食品、药物的包装材料；可制日常用品、绝缘材料、管道、辐射保护衣等
聚丙烯	机械强度较高，电绝缘性能好，耐化学腐蚀，质轻无毒 耐油性差，低温发脆，易老化	可制薄膜、日常用品、管道、包装材料等
聚氯乙烯	耐有机溶剂，耐化学腐蚀，电绝缘性能好，耐磨，抗水性好 热稳定性差，遇冷变硬，透气性差 制成的薄膜不宜用来包装食品	硬聚氯乙烯：管道、绝缘材料等 软聚氯乙烯：薄膜、电线外皮、软管、日常用品等
聚苯乙烯	电绝缘性能很好，透光性好，耐水、耐化学蚀，无毒，室温下硬、脆，温度较高时变软 耐溶剂性差	可制高频绝缘材料，电视、雷达部件，汽车、飞机零件，医疗卫生用具，日常用品及离子交换树脂等
聚四氟乙烯	耐低温（-100℃）、高温（350℃），耐化学腐蚀，耐溶性好，电绝缘性很好 加工困难	可制电气、航空、化学、冷冻、医药等工业的耐腐蚀、耐低温、耐高温的制品
酚醛塑料（电木）	电绝缘性能好，耐热、抗水，但能被强碱、强酸腐蚀	可制电工器材、仪表外壳、日常生活用品等。用玻璃纤维复合制成的增强塑料可用于宇航等领域
环氧树脂	高度黏合力，加工工艺性好，耐化学腐蚀，电绝缘性能好，机械强度强，耐热性好	广泛用于胶黏剂，作层压材料，机械零件。用玻璃纤维复合制成的增强塑料可用于宇航等领域

续表

名称	性能	用途
脲醛塑料（电玉）	染色性、抗霉性、耐溶剂性和绝缘性都好。但耐热性差	可制器皿、日常生活用品、玩具、装饰材料等。制成泡沫材料后，可作隔热材料
聚甲基丙烯酸甲酯（有机玻璃）	透光性很好，质轻，耐水，耐酸碱，抗霉，易加工，不易破裂。耐磨性较差，能溶于有机溶剂	可制飞机、汽车用玻璃、光学仪器、日常用品等

 微探索

> 对使用塑料制品的利与弊进行分析讨论。

2. 合成纤维

合成纤维是利用石油、天然气、煤和农副产品作原料制成单体，经聚合反应制成的。棉花、羊毛、木材和草类的纤维都是天然纤维。黏胶纤维是天然纤维经加工而成的人造纤维。合成纤维和人造纤维又统称化学纤维。

涤纶纤维

玻璃纤维

腈纶纤维

纤维

合成纤维是在 20 世纪 30 年代开始生产的，它具有比天然纤维和人造纤维更优越的性能。合成纤维的强度大、弹性好、耐磨、耐化学腐蚀、不会发霉、不怕虫蛀、不缩水。用它做成的衣服美观大方，结实耐穿。合成纤维在工农业生产、国防和尖端技术方面都有十分重要的用途。合成纤维发展极为迅速，目前大规模生产的有三四十个品种，其中重点发展的有聚酯类（如涤纶）、聚酰胺类（如锦纶、尼龙）、聚丙烯腈（腈纶）、聚乙烯醇缩甲醛（维尼纶）、聚丙烯（丙纶）和聚氯乙烯（氯纶）等。

合成纤维虽然有许多优点，但它的吸湿性、透气性差，穿着全部用合成纤维制成的衣服会使人感到闷气。为了改善透气性，常用一种或几种合成纤维与天然纤维或人造纤维制成混纺织物。这样制成的混纺织物，兼有合成纤维、人造纤维和天然纤维的优点，深受人们欢迎。

表 6-4 为几种主要的合成纤维及其性能和用途。

表 6-4　几种主要的合成纤维及其性能和用途

名　称	性　能	用　途
聚对苯二甲酸乙二醇酯（涤纶或的确良）	抗折皱性强，弹性、耐光性、耐酸性和耐磨性都好 不耐浓碱，染色性较差	可制衣料织品、电绝缘材料、运输带、渔网绳索、人造血管、轮胎帘子线
聚己内酰胺（锦纶）	强度高，弹性、耐磨性、耐碱性和染色性好 不耐浓酸，耐光性差	可制衣料织品、渔网、绳索、降落伞、轮胎帘子线
聚丙烯腈（腈纶或人造羊毛）	耐光性、耐酸性、弹性和保暖性都好 不易染色，耐碱性差	可制衣料织品、工业用布、毛毯、滤布、幕布等
聚乙烯醇缩甲醛（维尼纶）	柔软、吸湿性、耐光性、耐腐蚀性、耐磨性和保暖性都好 耐水性不够好，染色性较差	可制衣料、桌布、窗帘、滤布、炮衣、粮食袋等
聚丙烯（丙纶）	机械强度高，耐磨性和电绝缘性都好 染色性和耐光性差	可制绳索、编织袋、网具、滤布、工作服、帆布、地毯，用作纱布（不粘连在伤口上）
聚氯乙烯（氯纶）	耐腐蚀性和保暖性都好 耐热性和染色性较差。耐光性差	可制针织品、工作服、毛毯、绒线、滤布、渔网、帆布等
聚乙烯	机械强度高，耐腐蚀性好 染色性和耐热性较差	可制渔网、绳索，耐酸碱的织物等

3. 合成橡胶

合成橡胶

天然橡胶由橡胶树或橡胶草中的胶乳加工而制得，合成橡胶是由分子量较小的二烯烃或烯烃作为单体经聚合而成的。如丁二烯、异戊二烯、氯丁二烯、苯乙烯、异丁烯、丙烯腈等都可以作为合成橡胶的单体，其中最重要的是丁二烯。通常应用的合成橡胶有丁苯橡胶、顺丁橡胶、氯丁橡胶等，它们都是通用橡胶。特种橡胶有耐油性很好的聚硫橡胶、耐严寒和高温的硅橡胶等。

橡胶是制造飞机、军舰、拖拉机、收割机、汽车、水利排灌机械、医疗器械等必需的材料。日常生活中，许多用品的生产也离不开橡胶。但天然橡胶的产量远远不能满足需要。在长期的生产和科学实验中，人们逐渐认识了天然橡胶的结构，从中受到启发，成功地合成了多种合成橡胶。天然橡胶在性能方面比较全面，如弹性、电绝缘性和加工性能等都比较好。合成橡胶在某些性能上比较突出，如有的耐高温、耐低温，有的耐油，有的具有很好的气密性等。几种主要的合成橡胶及其性能和用途列于表 6-5。

表 6-5　几种主要的合成橡胶及其性能和用途

名　称	性　能	用　途
丁苯橡胶	热稳定性、电绝缘性和抗老化性好	可制轮胎、电绝缘材料、一般橡胶制品等
顺丁橡胶	弹性好、耐低温、耐热黏结性差	可制轮胎、运输带、胶管等
氯丁橡胶	耐日光、耐磨、耐老化、耐酸碱、耐油性好 耐寒性差	可制电线包皮、运输带、化工设备的防腐衬里、胶黏剂等
丁腈橡胶	抗老化性和耐油性很好，耐高温 弹性和耐寒性较差	可制耐油、耐热的橡胶制品，飞机油箱衬里等
聚硫橡胶	抗老化性和耐油性很好，耐化学腐蚀 弹性较差	可制耐油、耐苯胶管，胶辊，耐臭氧制品，储油及化工设备衬里等
硅橡胶	耐低温（-100℃）和高温（300℃），抗老化和抗臭氧性好，电绝缘性好 力学性能差，耐化学腐蚀性差	可制各种在高温、低温下使用的衬垫以及绝缘材料、医疗器械及人造关节等
丁基橡胶	气密性好，耐热、耐老化、电绝缘性好 柔顺性较小，弹性较差	可制汽车内胎、探空气球、汽艇、防毒面具、化工设备衬里等
异戊橡胶	与天然橡胶相似，黏结性良好	适用于使用天然橡胶的场合，可制汽车内外胎、胶管、胶带、飞机轮胎等

*三、新型高分子材料

|  |  | 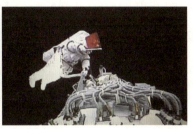 |

中国空间站　　　　　神州十五号航天飞船　　　　　舱外航天服

新型高分子材料

高分子材料因普遍具有许多金属和无机材料所无法取代的优点而获得迅速的发展，现代工程技术的发展，向高分子材料提出了更高的要求。世界上高分子的研究工作正在不断地加强和深入。一方面，对重要的、通用的高分子不断地改进和推广，使高分子材料的性能不断提高，应用范围不断扩大。另一方面，对特殊功能、仿生高分子的研究也在进一步加强，并且已经取得了一定的进展，使高分子材料从目前功能简单的结构材料向具有各种特殊物理、化学功能的所谓"功能材料"发展。

1. 功能高分子材料

既具有传统高分子材料的机械性能，又能满足光、电、磁、化学、生物、医学等某些功能需要的新型高分子材料，称为功能高分子材料。

（1）可降解高分子材料

如果包装食品的塑料和泡沫塑料饭盒，用可降解的塑料来做，那么废弃的塑料将在一定条件下自行分解成为粉末，"白色污染"可望消除。人们提出了生物降解、光照降解和化学降解三种方法来降解高分子材料，经过艰苦努力已经合成了这三类塑料。这些材料将在解决环境污染方面起到重要作用。

（2）高吸水性高分子材料

这类材料可做保鲜包装，也适宜做人造皮肤。用这种高吸水性高分子材料做成的纸尿片，即使吸入 1000mL 水，依然滴水不漏，干爽透气。这类高分子材料是用淀粉、纤维素等与丙烯酸、苯乙烯磺酸或聚乙烯醇等进行聚合反应而得到的。

（3）高分子分离膜

高分子分离膜是用具有特殊分离功能的高分子材料制成的薄膜。它一般只允许水及一些小分子物质通过,其余物质则被截留在膜的另一侧,达到对原液净化、分离和浓缩的目的。醋酸纤维、芳香族聚酰胺、聚丙烯、聚四氟乙烯等有机高分子材料可用于生产分离膜。这类分离膜广泛应用于海水淡化,饮用水的制取以及生活污水、工业废水的处理中;在食品工业中,分离膜也可用于天然果汁、乳制品和酿酒时的分离,以及药物提纯、血液透析等领域。

(4) 高分子磁性材料

早期磁性材料源于天然磁石,以后才利用磁铁矿(铁氧体)烧结或铸造成磁性体。磁铁矿具有既硬且脆,加工性差等缺点。而将磁粉混炼于塑料或橡胶中制成高分子磁性材料,可以克服这些缺陷。这样制成的复合型高分子磁性材料,具有密度轻、易加工、可与其他元件一体成型等特点,越来越受到人们的关注。

(5) 光功能高分子材料

光功能高分子材料,是指能够对光进行透射、吸收、储存、转换的一类高分子材料。目前,这一类材料已有很多,主要包括光导材料、光记录材料、光加工材料、光学用塑料(如塑料透镜、接触眼镜等)、光转换系统材料、光显示用材料、光导电用材料、光合作用材料等。利用高分子材料对光的透射,可以制成品种繁多的线性光学材料,像普通的安全玻璃、各种透镜、棱镜等;而利用高分子材料对光的储存特性,又可以制成先进的信息储存元件——光盘。此外,利用高分子材料的光化学反应,可以开发出在电子工业和印刷工业上得到广泛使用的感光树脂、光固化涂料及胶黏剂;利用高分子材料的能量转换特性,可制成光导电材料和光致变色材料等。目前充分利用太阳能的新型光伏产业正在成长壮大。

2. 复合材料

随着社会的发展,单一材料已不能满足某些科技领域的需要,促使人们研制出各种复合材料。复合材料是指由两种或两种以上材料共同组成的材料。其中由某一种或几种材料作为基体,另一种或几种材料作为增强体,使复合材料既能保持原来每一种材料的长处,又能弥补短处。例如金属材料易腐蚀,合成高分子材料易老化、不耐高温,陶瓷材料易碎裂等缺点,都可以通过复合方法予以改善和克服。

由于复合材料一般具有强度高、质量轻、耐高温等优异性能,在综合性质上超过单一材料,因此复合材料广泛用于现代尖端科学技术、航空航天、汽车工业、船舶工业、机械工业、建筑和体育用品等行业之中。例如,玻璃钢是由玻璃纤维与聚酯类树脂复合而成的新型材料,由于它的强度高、质量轻、耐腐蚀、抗冲击、绝缘性好等优良性能,已经广泛用于飞机、汽车、船舶和家具制作等。碳纤维增强塑料也是种新型复合材料,它多应用于制造航天飞机外壳或火箭喷管,还用来制作新一代的羽毛球拍、网球拍、高尔夫球杆、滑雪杖、滑雪板、弓箭、撑杆等体育运动器材。由纤维增强陶瓷制成的陶瓷瓦片，用粘接剂贴在航天飞机机身上有助于航天飞机安全地穿越大气而回到地球上。总之，复合材料的应用前景十分广阔，它将对人类的科技生产和生活带来越来越大的影响。

小贴士

树脂镜片与玻璃镜片从性能上相比较，各有优点。树脂镜片的优点：密度低、质地轻，树脂镜片的重量仅是玻璃镜片的 $1/3\sim1/2$；抗冲击、不易破裂、安全耐用，树脂镜片受到严重撞击发生碎裂时，碎片较少、破片面积大而钝边，能使眼部及面部的受伤情形减至最低程度；可阻挡紫外线，透光性好；导热性差；其抗雾性较一般玻璃镜片好；弹性好、可防凹痕；易染色，可根据需要染制成各种彩色镜片；表面反射较一般玻璃镜片低，不刺眼；树脂双光镜片没有色差。玻璃镜片的优点：耐磨、片薄、光学性能好、硬度高、耐高温和抗化学腐蚀能力强。

阅读材料

垃圾分类、回收与利用

 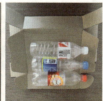  

生活中的垃圾

垃圾分类桶

垃圾混置是垃圾，垃圾分类是资源。平常生活垃圾一般可分为四大类：可回收垃圾、厨余垃圾、有害垃圾和其他垃圾。

可回收垃圾主要包括电器电子产品、纸、塑料、玻璃、金属等生活垃圾中未经污染、适宜回收循环利用的废弃物。可回收垃圾是放错地方的宝藏，比如塑料。大部分塑料在自然环境中很难降解，要解决"白色污染"问题，除了使用一些可降解的高分子材料外，对废弃塑料进行分类、回收且再利用也是非常必要的，一方面可以减少废弃塑料的数量，另一方面可以节约资源。不同种类的废弃塑料，回收后再利用的途径是不同的，所以废弃塑料的正确分类是回收和再利用的关键。目前一些国家已经开始在塑料制品上印刷或模压所用材料种类的标志。

厨余垃圾主要包括食材废料、剩菜剩饭、过期食品、瓜皮果核、花卉绿植等易腐生物质生活废弃物。我们应通过光盘行动等多种方式厉行勤俭节约，反对餐饮浪费，在传承中华传统美德的同时，也帮助减少厨余垃圾。

练习题

选择题

1. 橡胶属于重要的工业原料。它是一种有机高分子化合物，具有良好的弹性，但强度较差。为了增加某些橡胶制品的强度，加工时往往需要进行硫化处理。即将橡胶原料与硫黄在一定条件下反应。橡胶制品硫化程度越高，强度越大，弹性越差。下列橡胶制品中，加工时硫化程度较高的是（　　）。

　　A. 橡皮筋　　　　　　　　B. 汽车外胎

　　C. 普通气球　　　　　　　D. 医用乳胶手套

2. 以下不属于通常使用的高分子合成材料的是（　　）。

　　A. 塑料　　　　　　　　　B. 合成纤维

　　C. 纤维素　　　　　　　　D. 合成橡胶

3. 下列属于热塑性塑料的是（　　）。

　　A. 圆珠笔杆　　　　　　　B. 炒锅手柄

　　C. 塑料纽扣　　　　　　　D. 塑料包装袋

4. 婴幼儿使用的纸尿裤可吸入自身质量数百倍的尿液而不滴漏，保证了婴幼儿白天活动与夜晚安睡，它使用了以下哪种功能高分子材料（　　）。

　　A. 高吸水性高分子材料　　　　B. 高分子磁性材料

C. 高分子分离膜　　　　　　D. 可降解高分子材料

拓展思考

1. 请同学们根据本小节相关内容画出有关合成高分子化合物的思维导图。
2. 对树脂镜片与无机玻璃镜片的组成与性能进行对比分析，思考高分子材料替代传统材料的原因和趋势。

第四节　学生实验　常见生物分子的性质

学习目标

1. 了解常见生物分子葡萄糖、淀粉、蛋白质的性质。
2. 培养规范操作、细心观察、如实记录等实验室工作习惯。
3. 培养通过现象观察寻找事物内在规律的能力。

1. 实验仪器

试管、量筒、酒精灯、试管夹、胶头滴管等。

2. 实验试剂

10%葡萄糖溶液、2% $AgNO_3$ 溶液、2%氨水溶液、10% NaOH 溶液、5% $CuSO_4$ 溶液、新制的0.5%淀粉溶液、0.1%碘液、体积分数为20%鸡蛋清溶液、饱和硫酸铵溶液、饱和醋酸铅溶液、浓硝酸溶液。

3. 实验过程与记录

（1）葡萄糖的还原性——与银氨溶液（托伦试剂）反应

在一支试管中加入 1mL 2% $AgNO_3$ 溶液，边振荡试管边滴加 2%氨水溶液，出现_____，继续滴加氨水到白色沉淀溶解为止，再加入 1mL 10%葡萄糖溶液，振荡后放在水浴中加热 3～5min，观察现象_____。

实验小结：_____。

(2) 葡萄糖的还原性——与新制氢氧化铜（斐林试剂）反应

在一支试管中加入 2mL10％NaOH 溶液，滴加 5 滴 5％$CuSO_4$ 溶液，观察到的现象为_____，再加入 2mL10％葡萄糖溶液，加热，观察到的现象为_____。

实验小结：_____。

(3) 淀粉的检验

在一支试管中加入少量新制的 0.5％淀粉溶液，滴入几滴 0.1％碘液，观察溶液颜色变化为_____。

实验小结：_____。

(4) 蛋白质的盐析

取 2mL20％鸡蛋清溶液于试管中，缓慢加入 2mL 饱和（NH_4）$_2SO_4$ 溶液，观察到的现象为_____，取浑浊液 1mL 于另一支试管中，加入 4～5mL 蒸馏水，轻轻振荡，观察到的现象为_____。

实验小结：_____。

(5) 蛋白质的变性

在两支试管中各加入 2mL20％鸡蛋清溶液，其中一支试管加热，在另一支试管中滴入 1～2 滴饱和醋酸铅溶液，前一支试管观察到的现象为_____，后一支试管观察到的现象为_____。然后再向两支试管中各加入 5mL 蒸馏水，轻轻振荡，前一支试管观察到的现象为_____，后一支试管观察到的现象为_____。

实验小结：_____。

(6) 蛋白质的颜色反应

在一支试管中分别加入 2mL 鸡蛋清溶液和几滴浓硝酸溶液，微热，观察到的现象为_____。

实验小结：_____。

练习题

判断题

1. 利用盐析或变性均可分离提纯蛋白质。（ ）

2. 使用涂抹医用酒精、高温蒸煮、紫外线照射等方法进行消毒灭菌依据的是蛋白质变性原理。（ ）

3. 重金属盐能使蛋白质变性，所以吞服"钡餐"会引起中毒。　　（　　）
4. 冰糖与新制的氢氧化铜反应能生成砖红色沉淀。　　　　　（　　）
5. 淀粉与碘作用显蓝色。　　　　　　　　　　　　　　　　（　　）

本主题小结

糖类

概　念	示　例	化学性质
单糖	葡萄糖	具有还原性，能发生银镜反应，也能与斐林试剂反应
低聚糖	蔗糖、麦芽糖	蔗糖不具有还原性，水解能生成葡萄糖和果糖。麦芽糖具有还原性，水解能生成葡萄糖
多糖	淀粉、纤维素	无还原性；淀粉与碘作用呈蓝色，能水解；纤维素性质较稳定，能水解，但比淀粉困难

蛋白质

类别	结构特点	主要性质	检验方法	用途
氨基酸	分子中既有氨基，又有羧基	1. 具有两性 2. 分子间缩水生成高分子化合物	—	营养物质
蛋白质	由几十到几千个氨基酸分子脱水而成	1. 盐析 2. 变性 3. 颜色反应 4. 灼烧焦羽毛气味 5. 水解成氨基酸 6. 两性	1. 颜色反应 2. 灼烧	营养物质

合成高分子化合物

概念	分子量很大（至少在10000以上）的化合物
结构特点	线型结构——分子中的原子以共价键相互结合形成的长"链"
	体型结构——大分子中分子链与分子链之间通过化学键相互交联而成
主要特性	可塑性强、机械强度高、弹性好、电绝缘性好、密度小
应用	塑料、合成纤维、合成橡胶

学生实验　常见生物分子的性质

常见生物分子	性质	现象
葡萄糖	葡萄糖的还原性	葡萄糖与银氨溶液反应生成银镜
		葡萄糖与新制的氢氧化铜反应生成砖红色沉淀
淀粉	淀粉遇碘变蓝	淀粉和碘作用呈特殊蓝色
蛋白质	蛋白质的盐析	在蛋白质溶液中加入足量的盐类可析出沉淀，此反应是可逆的
	蛋白质的变性	蛋白质在受热、重金属盐等作用下会发生性质上的改变而凝聚，此反应是不可逆的
	蛋白质的颜色反应	蛋白质与浓硝酸反应，产物呈黄色

拓展提升

1. 查找血糖与人体健康关系的相关资料，依据查找到的内容小组讨论血糖对人体健康产生的影响，并给出如何保持血糖正常的建议。

2. 有人认为"无蔗糖食品"就是"无糖食品"，请对市场上出售的这类食品进行调查，了解其配料及营养成分，并以小组为单位讨论交流，对上述观点进行评价。

3. 依据氨基酸、蛋白质与人类健康的关系，提出家庭合理膳食的建议，并以小组为单位讨论交流给日常饮食做出指导。

4. 查找不同类型塑料制品标识的含义及其在垃圾分类、回收利用中的意义，整理归类后将相关内容制作成展板，以小组为单位在校园里开展科普活动。

5. 合成材料的应用与发展，在方便了人类生活的同时，也带来了环境问题。调查你周围环境中"白色污染"的情况及形成的原因，以小组为单位通过使用一些方式宣传"白色污染"的危害，并提出解决办法并发起倡议，呼吁大家从身边事做起为减少"白色污染"而共同努力。

附录

附录一　本书配套数字资源索引

动画：核外电子运动轨迹　006
动画：原子内部结构　006
动画：离子键的形成　021
动画：共价键的形成　022
视频：药品的取用　024
视频：不同浓度盐酸溶液与碳酸氢钠反应　043
视频：不同浓度盐酸溶液与大理石反应　043
视频：不同浓度盐酸溶液与铁粉反应　043
视频：温度对化学反应速率的影响　045
视频：催化剂对化学反应速率的影响　045
视频：浓度对化学平衡的影响　049
视频：氯化钠溶液的配制　066
动画：强电解质溶液的解离　071
动画：弱电解质溶液的解离　071
动画：水的解离　074
视频：氯化钠和硝酸钠分别与硝酸银反应　104
动画：甲烷的结构　140
动画：甲烷的取代反应　141
动画：乙烷的结构　142
动画：丙烷的结构　142
视频：烷烃的性质概述　144

动画：乙烯的结构及电子云　146
视频：乙烯的性质概述　146
视频：乙烯与溴加成反应　146
视频：乙烯的氧化反应　146
动画：乙炔的结构　149
视频：乙炔的性质概述　149
视频：乙炔的氧化反应　150
视频：乙炔与溴加成反应　150
动画：氯乙烯的结构　150
动画：苯的结构及电子云　153
动画：乙醇的结构　161
视频：醇与金属钠反应　161
视频：醇与氧化剂反应　162
动画：乙醚的结构　163
视频：苯酚的弱酸性　165
视频：苯酚与溴水反应　166
视频：酚与三氯化铁显色反应　166

附录二　常用酸碱的密度和浓度

试剂名称	密度/(kg/m³)	含量/%	c/(mol/L)
盐酸	1.18～1.19	36～38	11.6～12.4
硝酸	1.39～1.40	65.0～68.0	14.4～15.2
硫酸	1.83～1.84	95～98	17.8～18.4
磷酸	1.69	85	14.6
高氯酸	1.68	70.0～72.0	11.7～12.0
乙酸	1.05	99.8（优级纯） 99.0（分析纯）	17.4
氢氟酸	1.13	40	22.5
氢溴酸	1.49	47.0	8.6
氨水	0.88～0.90	25.0～28.0	13.3～14.8

附录三　常用玻璃仪器的用途、使用注意事项及规格

名称	主要用途	使用注意事项	主要规格
烧杯	配制溶液；溶样；进行反应；加热；蒸发；滴定	不可干烧；加热时应受热均匀；液量一般勿超过容积的2/3	容量（mL）：10, 15, 25, 50, 100, 200, 250, 400, 500, 600, 800, 1000, 2000

续表

名称	主要用途	使用注意事项	主要规格
锥形瓶	加热；处理试样；滴定	磨口瓶加热时要打开瓶塞，其余同烧杯使用注意事项	容量（mL）：5, 10, 25, 50, 100, 150, 200, 250, 300, 500, 1000, 2000
碘量瓶	碘量法及其他生成挥发物的定量分析	为防止内容物挥发，瓶口用水封，其余同锥形瓶使用注意事项	容量（mL）：50, 100, 250, 500, 1000
圆底、平底烧瓶	加热、蒸馏	一般避免直接火焰加热	容量（mL）：50, 100, 250, 500, 1000,
蒸馏烧瓶	蒸馏	避免直接火焰加热	容量（mL）：50, 100, 250, 500, 1000, 2000
凯氏烧瓶	消化分解有机物	使用时瓶口勿冲人，避免直接火焰加热，可用于减压蒸馏	容量（mL）：50, 100, 250, 300, 500, 800, 1000
量筒、量杯	粗略量取一定体积的溶液	不可加热，不可盛热溶液；不可在其中配制溶液；加入或倾出溶液应沿其内壁	容量（mL）：5, 10, 25, 50, 100, 250, 500, 1000, 2000
容量瓶	准确配制一定体积的溶液	瓶塞密合；不可烘烤、加热，不可长期贮存溶液；长期不用时应在瓶塞与瓶口间夹上纸条	容量（mL）：5, 10, 25, 50, 100, 200, 250, 500, 1000, 2000
滴定管	滴定	不能漏水，不能加热，不能长期存放碱液；碱式管不能盛氧化性物质溶液	容量（mL）：25, 50, 100 无色，棕色，酸式，碱式
微量滴定管	微量或半微量滴定	不能漏水，不能加热，不能长期存放碱液；只有活塞式	容量（mL）：1, 2, 5, 10（无碱式）
自动滴定管	自动滴定	成套保管使用，其余同滴定管使用注意事项	容量（mL）：10, 25, 50 三路阀，侧边阀，侧边三路阀
移液管（无分度吸管）	准确移取一定体积溶液	不可加热，不可磕破管尖及上口	容量（mL）：1, 2, 5, 10, 15, 20, 25, 100 量出式A级、B级
吸液管（直接吸管）	准确移取各种不同体积的溶液	不可加热，不可磕破管尖及上口	容量（mL）：0.1, 0.2, 0.5, 1, 2, 5, 10, 25, 50
称量瓶	高型用于称量试样，基准物 低型用于在烘箱中干燥试样，基准物	磨口应配套；不可盖紧塞烘烤；称量时不可用手直接拿取，应戴手套或用洁净纸条夹取	高型： 容量（mL）：10, 20, 25, 40, 60 外径（mm）：25, 30, 30, 35, 40 瓶高（mm）：40, 50, 60, 70, 80 低型 容量（mL）：5, 10, 15, 30, 45, 80 外径（mm）：20, 35, 40, 50, 60, 70 瓶高（mm）：25, 25, 25, 30, 30, 35

续表

名称	主要用途	使用注意事项	主要规格
细口瓶 广口瓶 下口瓶	细口瓶、下口瓶用于存放液体试剂；广口瓶用于存放固体试剂	不可加热；不可在瓶内配制热效应大的溶液；磨口塞应配套；存放碱液应用橡胶塞	容量（mL）125, 250, 500, 1000, 2000, 3000, 10000, 20000 无色、棕色
滴瓶	存放需滴加的试剂	同细口瓶使用注意事项	容量（mL）：30, 60, 125 无色、棕色
漏斗	过滤沉淀；作加液器	不可直接火焰加热；根据沉淀量选择漏斗的大小	上口直径（mm）：45, 55, 60, 70, 80, 100, 120 短径、长径、直渠、弯渠
分液漏斗	两相液体分离；萃取富集；作制备反应中加液器	不可加热，不能漏水；磨口塞应配套；长期不用时应在瓶塞与瓶口间夹上纸条	容量（mL）：50, 100, 250, 500, 1000, 2000 球形、锥形、筒形无刻度、具刻度
试管	少量试剂的反应容器；具支管试管可用于少量液体的蒸馏	所盛溶液一般不超过试管容积的1/3；硬质试管可直火加热，加热时管口勿冲人	容量（mL）10, 15, 20, 25, 50, 100 无刻度、具刻度、具支管
离心试管	定性鉴定；离心分离	不可直接火焰加热	容量（mL）：5, 10, 15, 20, 25, 50 无刻度、具刻度
比色管	比色分析	不可直接火焰加热；管塞应密合；不能用去污粉刷洗	容量（mL）：10, 25, 50, 100 具塞、不具塞、带刻度、不带刻度
干燥管	气体干燥；除去混合气体中的某些气体	干燥剂或吸收剂必须有效	球形 有效长度（mm）：100, 150, 200 U形高度（mm）：100, 150, 200 U形带阀及支管
干燥塔	动态气体的干燥与吸收	干燥剂或吸收剂必须有效	干燥剂容量（mL）：250, 500
冷凝器	将蒸气冷凝为液体	不可骤冷、骤热；直形、球形、蛇形冷凝器要在下口进水，上口出水	外套管有效冷凝长度（mm）：200, 300, 400, 500, 600, 800 直形、球形、蛇形、蛇形逆流、直形回流、空气冷凝器
抽气管	装在水龙头上，抽滤时作真空泵	用厚胶管接在水龙头上并拴牢；除改良式外，使用时应接安全瓶，停止抽气时，先开启安全瓶阀	伽氏、艾氏、孟氏、改良氏
抽滤瓶	抽滤时承接滤液	属于厚壁容器，能耐负压；不可加热；选配合适的抽滤垫；抽滤时漏斗管尖远离抽气嘴	容量（mL）：50, 100, 250, 500, 1000
表面皿	可作烧杯和漏斗盖；称量、鉴定器皿	不可直接火焰加热	直径（mm）：45, 65, 70, 90, 100, 125, 150

续表

名称	主要用途	使用注意事项	主要规格
研钵	研磨固体物质	不能撞击、烘烤；不能研磨与玻璃有作用的物质	直径（mm）：70，90，105
干燥器	保持物质的干燥状态	磨口部分涂适量凡士林；干燥剂应有效；不可放入红热物体，放入热物体后要时刻开盖，以放走热空气	上口直径（mm）：160，210，240，300 无色、棕色
砂芯滤器	过滤	必须抽滤；不能骤冷骤热；不可过滤氢氟酸、碱液等；用毕及时洗净	容量（mL）：10，20，30，60，100，250，500，1000 微孔平均直径（μm）：P_{40} 为 16~40，P_{16} 为 10~16，P_{10} 为 4~10，P_4 为 1.6~4

附录四　实验仪器配置建议表

化学实验是化学教学的重要组成部分，体现化学的学科特点，是进行科学探究的重要手段。实验教学可以激发学生的学习兴趣，加深学生对化学知识的理解，训练化学基本操作技能，培养学生实事求是的科学态度、严谨求实的工作作风、精益求精的工匠精神。

建议各学校化学实验仪器配置如下。

类别	编号	名称	规格/型号/功能	数量	单位	备注
一般仪器设备	1	试剂瓶托盘		20	个	
	2	恒温水浴锅	8孔，双列	5	个	
	3	电加热器	密封式	4	台	
	4	注射器	10mL	20	支	
			100mL	20	支	
	5	洗瓶	250mL	20	个	
	6	试管架		20	个	
	7	滴定台		20	个	
	8	滴定夹		20	个	
	9	多用电表	不低于2.5级，指针式	1	块	
	10	酒精灯	150mL	20	盏	
	11	干燥器	φ240mm	1	个	
	12	表面皿	φ60 mm	20	个	
			φ100 mm	20	个	
	13	研钵	φ90 mm	20	个	
	14	反应板	6穴	20	块	
	15	井穴板	0.7 mL×9	20	块	

续表

类别	编号	名称	规格/型号/功能	数量	单位	备注
一般仪器设备	16	药匙		40	把	
	17	止水夹		2	个	
	18	试管夹		40	个	
	19	玻璃棒	φ6mm×200mm	40	根	
			φ6mm×300mm	40	根	
	20	石棉网		20	个	
	21	洗耳球		20	个	
	22	塑料多用滴管	4mL	400	支	
	23	试管刷		20	支	
	24	烧瓶刷		20	支	
测量仪器	1	托盘天平	0.1~100g	4	台	
	2	电子天平	0.0001~200g	1	台	教师准备实验用
	3	电子秒表	0.1s	20	块	
	4	温度计	0~100℃，水银式	5	支	
玻璃仪器	1	量筒	10mL	20	个	
			100mL	20	个	
			500mL	1	个	教师准备实验用
	2	容量瓶	100mL	20	个	
			250mL	20	个	
	3	碱式滴定管	50mL	20	支	
	4	移液管	5mL	20	支	
	5	吸量管	10mL	20	支	
			25mL	20	支	
	6	试管	φ12mm×70mm	200	支	
			φ15mm×150mm	200	支	
			φ32mm×200mm，硬质	40	支	
	7	烧杯	100 mL	40	只	
			250 mL	40	只	
			500 mL	20	只	
	8	锥形瓶	250 mL	120	只	
	9	称量瓶	φ25mm×40mm	5	个	教师准备实验用
	10	胶头滴管		40	支	
	11	漏斗	φ90 mm	20	个	

续表

类别	编号	名称	规格/型号/功能	数量	单位	备注
玻璃仪器	12	长颈漏斗	ϕ75mm	20	个	
	13	细口瓶	125mL	20	个	
			250mL	20	个	
	14	下口瓶	10000mL	1	个	学生共用
	15	滴瓶	30mL	40	个	
			60mL	40	个	
			30mL，棕色	20	个	
			60mL，棕色	20	个	
专用仪器	1	二氧化氮球	双球，内封NO_2和N_2O_4	2	个	
	2	渗透现象演示装置		1	套	
	3	电解质导电实验演示装置		1	套	
安全防护用具	1	护目镜	侧面完全遮挡	40	副	
	2	防护面罩		2	个	教师准备实验用
	3	防毒口罩		2	个	教师准备实验用
	4	耐酸手套		2	副	教师准备实验用

说明：该实验仪器数量按照标准班40人/班配置。

参考文献

[1] 旷英姿. 化学基础. 2版. 北京：化学工业出版社，2008.

[2] 赵燕. 无机化学. 北京：化学工业出版社，2002.

[3] 刘尧. 化学（基础版）. 2版. 北京：高等教育出版社，2008.

[4] 人民教育出版社，课程教材研究所，化学课程教材研究开发中心. 普通高中课程标准实验教科书. 化学. 北京：人民教育出版社，2007.

[5] 徐金娟. 化学基础. 北京：化学工业出版社，2013.

[6] 华彤文. 普通化学原理. 4版. 北京：北京大学出版社，2013.

[7] 伍越寰. 有机化学. 合肥：中国科学技术大学出版社，2007.

[8] 刘同卷. 化学. 北京：化学工业出版社，2001.

[9] 张坐省. 有机化学. 2版. 北京：中国农业出版社，2010.

[10] 张锦楠. 化学. 北京：人民卫生出版社，2001.

[11] 刘斌. 医用化学. 北京：高等教育出版社，2003.

[12] 朱曾惠. 世界化学工业发展战略中的若干问题. 北京：化学工业出版社，2008.

[13] 祝美云. 食品化学. 北京：化学工业出版社，2007.

[14] 余红华. 化学基础. 北京：化学工业出版社，2014.

元素周期表

IUPAC 2013

氧化态(单质的氧化态为0，未列入；常见的为红色)

以 ^{12}C=12为基准的原子量(注✦的是半衰期最长同位素的原子量)

示例	说明
95	原子序数
Am	元素符号(红色的为放射性元素)
镅⌃	元素名称(注⌃的为人造元素)
$5f^77s^2$	价层电子构型
243.06138(2)✦	
+2 +3 +4 +5 +6	氧化态

s区元素　p区元素　d区元素　ds区元素　f区元素　稀有气体

周期＼族	1 ⅠA	2 ⅡA	3 ⅢB	4 ⅣB	5 ⅤB	6 ⅥB	7 ⅦB	8 ⅧB(Ⅷ)	9 ⅧB(Ⅷ)	10 ⅧB(Ⅷ)	11 ⅠB	12 ⅡB	13 ⅢA	14 ⅣA	15 ⅤA	16 ⅥA	17 ⅦA	18 ⅧA(0)	电子层
1	−1 +1 1 H 氢 $1s^1$ 1.008																	2 He 氦 $1s^2$ 4.002602(2)	K
2	+1 3 Li 锂 $2s^1$ 6.94	+2 4 Be 铍 $2s^2$ 9.0121831(5)											+3 5 B 硼 $2s^22p^1$ 10.81	−4 +2 +4 6 C 碳 $2s^22p^2$ 12.011	−3 −2 −1 +1 +2 +3 +4 +5 7 N 氮 $2s^22p^3$ 14.007	−2 −1 8 O 氧 $2s^22p^4$ 15.999	−1 9 F 氟 $2s^22p^5$ 18.998403163(6)	10 Ne 氖 $2s^22p^6$ 20.1797(6)	L K
3	−1 +1 11 Na 钠 $3s^1$ 22.98976928(2)	+2 12 Mg 镁 $3s^2$ 24.305											+3 13 Al 铝 $3s^23p^1$ 26.9815385(7)	−4 +2 +4 14 Si 硅 $3s^23p^2$ 28.085	−3 −2 +1 +3 +5 15 P 磷 $3s^23p^3$ 30.973761998(5)	−2 +2 +4 +6 16 S 硫 $3s^23p^4$ 32.06	−1 +1 +3 +5 +7 17 Cl 氯 $3s^23p^5$ 35.45	18 Ar 氩 $3s^23p^6$ 39.948(1)	M L K
4	−1 +1 19 K 钾 $4s^1$ 39.0983(1)	+2 20 Ca 钙 $4s^2$ 40.078(4)	+3 21 Sc 钪 $3d^14s^2$ 44.955908(5)	−1 0 +2 +3 +4 22 Ti 钛 $3d^24s^2$ 47.867(1)	0 ±1 +2 +3 +4 +5 23 V 钒 $3d^34s^2$ 50.9415(1)	−3 0 ±1 ±2 +3 +4 +5 +6 24 Cr 铬 $3d^54s^1$ 51.9961(6)	−2 0 ±1 +2 ±3 +4 +5 +6 +7 25 Mn 锰 $3d^54s^2$ 54.938044(3)	−2 0 ±1 +2 +3 +4 +5 +6 26 Fe 铁 $3d^64s^2$ 55.845(2)	0 ±1 +2 +3 +4 +5 27 Co 钴 $3d^74s^2$ 58.933194(4)	0 ±1 +2 +3 +4 28 Ni 镍 $3d^84s^2$ 58.6934(4)	+1 +2 +3 +4 29 Cu 铜 $3d^{10}4s^1$ 63.546(3)	+1 +2 30 Zn 锌 $3d^{10}4s^2$ 65.38(2)	+1 +3 31 Ga 镓 $4s^24p^1$ 69.723(1)	+2 +4 32 Ge 锗 $4s^24p^2$ 72.630(8)	−3 +3 +5 33 As 砷 $4s^24p^3$ 74.921595(6)	−2 +2 +4 +6 34 Se 硒 $4s^24p^4$ 78.971(8)	−1 +1 +3 +5 +7 35 Br 溴 $4s^24p^5$ 79.904	+2 +4 36 Kr 氪 $4s^24p^6$ 83.798(2)	N M L K
5	−1 +1 37 Rb 铷 $5s^1$ 85.4678(3)	+2 38 Sr 锶 $5s^2$ 87.62(1)	+3 39 Y 钇 $4d^15s^2$ 88.90584(2)	+1 +2 +3 +4 40 Zr 锆 $4d^25s^2$ 91.224(2)	0 ±1 +2 +3 +4 +5 41 Nb 铌 $4d^45s^1$ 92.90637(2)	0 ±1 ±2 +3 +4 +5 +6 42 Mo 钼 $4d^55s^1$ 95.95(1)	0 ±1 +2 +3 +4 +5 +6 +7 43 Tc 锝⌃ $4d^55s^2$ 97.90721(3)✦	0 +1 ±2 +3 +4 +5 +6 +7 +8 44 Ru 钌 $4d^75s^1$ 101.07(2)	0 ±1 +2 +3 +4 +5 +6 45 Rh 铑 $4d^85s^1$ 102.90550(2)	0 +1 +2 +3 +4 46 Pd 钯 $4d^{10}$ 106.42(1)	+1 +2 +3 47 Ag 银 $4d^{10}5s^1$ 107.8682(2)	+1 +2 48 Cd 镉 $4d^{10}5s^2$ 112.414(4)	+1 +3 49 In 铟 $5s^25p^1$ 114.818(1)	+2 +4 50 Sn 锡 $5s^25p^2$ 118.710(7)	−3 +3 +5 51 Sb 锑 $5s^25p^3$ 121.760(1)	−2 +2 +4 +6 52 Te 碲 $5s^25p^4$ 127.60(3)	−1 +1 +3 +5 +7 53 I 碘 $5s^25p^5$ 126.90447(3)	+2 +4 +6 +8 54 Xe 氙 $5s^25p^6$ 131.293(6)	O N M L K
6	−1 +1 55 Cs 铯 $6s^1$ 132.90545196(6)	+2 56 Ba 钡 $6s^2$ 137.327(7)	57~71 La~Lu 镧系	+1 +2 +3 +4 72 Hf 铪 $5d^26s^2$ 178.49(2)	0 ±1 +2 +3 +4 +5 73 Ta 钽 $5d^36s^2$ 180.94788(2)	0 ±1 ±2 +3 +4 +5 +6 74 W 钨 $5d^46s^2$ 183.84(1)	0 ±1 +2 +3 +4 +5 +6 +7 75 Re 铼 $5d^56s^2$ 186.207(1)	0 +1 +2 +3 +4 +5 +6 +7 +8 76 Os 锇 $5d^66s^2$ 190.23(3)	0 ±1 +2 +3 +4 +5 +6 77 Ir 铱 $5d^76s^2$ 192.217(3)	0 +2 +3 +4 +5 +6 78 Pt 铂 $5d^96s^1$ 195.084(9)	+1 +2 +3 +5 79 Au 金 $5d^{10}6s^1$ 196.966569(5)	+1 +2 +3 80 Hg 汞 $5d^{10}6s^2$ 200.592(3)	+1 +3 81 Tl 铊 $6s^26p^1$ 204.38	+2 +4 82 Pb 铅 $6s^26p^2$ 207.2(1)	−3 +3 +5 83 Bi 铋 $6s^26p^3$ 208.98040(1)	−2 +2 +3 +4 +6 84 Po 钋 $6s^26p^4$ 208.98243(2)✦	±1 +5 +7 85 At 砹 $6s^26p^5$ 209.98715(5)✦	+2 86 Rn 氡 $6s^26p^6$ 222.01758(2)✦	P O N M L K
7	+1 87 Fr 钫⌃ $7s^1$ 223.01974(2)✦	+2 88 Ra 镭 $7s^2$ 226.02541(2)✦	89~103 Ac~Lr 锕系	104 Rf 𬬻⌃ $6d^27s^2$ 267.122(4)✦	105 Db 𬭊⌃ $6d^37s^2$ 270.131(4)✦	106 Sg 𬭳⌃ $6d^47s^2$ 269.129(3)✦	107 Bh 𬭛⌃ $6d^57s^2$ 270.133(2)✦	108 Hs 𬭶⌃ $6d^67s^2$ 270.134(2)✦	109 Mt 鿏⌃ $6d^77s^2$ 278.156(5)✦	110 Ds 𫟼⌃ 281.165(4)✦	111 Rg 𬬭⌃ 281.166(6)✦	112 Cn 鿔⌃ 285.177(4)✦	113 Nh 鿭⌃ 286.182(5)✦	114 Fl 𫓧⌃ 289.190(4)✦	115 Mc 镆⌃ 289.194(6)✦	116 Lv 𫟷⌃ 293.204(4)✦	117 Ts 石田⌃ 293.208(6)✦	118 Og 气奥⌃ 294.214(5)✦	Q P O N M L K

	57	58	59	60	61	62	63	64	65	66	67	68	69	70	71
★镧系	+3 57 La★ 镧 $5d^16s^2$ 138.90547(7)	+2 +3 +4 58 Ce 铈 $4f^15d^16s^2$ 140.116(1)	+3 +4 59 Pr 镨 $4f^36s^2$ 140.90766(2)	+2 +3 +4 60 Nd 钕 $4f^46s^2$ 144.242(3)	+3 61 Pm 钷⌃ $4f^56s^2$ 144.91276(2)✦	+2 +3 62 Sm 钐 $4f^66s^2$ 150.36(2)	+2 +3 63 Eu 铕 $4f^76s^2$ 151.964(1)	+3 64 Gd 钆 $4f^75d^16s^2$ 157.25(3)	+3 +4 65 Tb 铽 $4f^96s^2$ 158.92535(2)	+3 +4 66 Dy 镝 $4f^{10}6s^2$ 162.500(1)	+3 67 Ho 钬 $4f^{11}6s^2$ 164.93033(2)	+3 68 Er 铒 $4f^{12}6s^2$ 167.259(3)	+2 +3 69 Tm 铥 $4f^{13}6s^2$ 168.93422(2)	+2 +3 70 Yb 镱 $4f^{14}6s^2$ 173.045(10)	+3 71 Lu 镥 $4f^{14}5d^16s^2$ 174.9668(1)
★锕系	+3 89 Ac★ 锕 $6d^17s^2$ 227.02775(2)✦	+3 +4 90 Th 钍 $6d^27s^2$ 232.0377(4)	+3 +4 +5 91 Pa 镤 $5f^26d^17s^2$ 231.03588(2)	+2 +3 +4 +5 +6 92 U 铀 $5f^36d^17s^2$ 238.02891(3)	+3 +4 +5 +6 +7 93 Np 镎 $5f^46d^17s^2$ 237.04817(2)✦	+3 +4 +5 +6 +7 94 Pu 钚 $5f^67s^2$ 244.06421(4)✦	+2 +3 +4 +5 +6 95 Am 镅⌃ $5f^77s^2$ 243.06138(2)✦	+3 +4 96 Cm 锔⌃ $5f^76d^17s^2$ 247.07035(3)✦	+3 +4 97 Bk 锫⌃ $5f^97s^2$ 247.07031(4)✦	+2 +3 +4 98 Cf 锎⌃ $5f^{10}7s^2$ 251.07959(3)✦	+2 +3 99 Es 锿⌃ $5f^{11}7s^2$ 252.0830(3)✦	+2 +3 100 Fm 镄⌃ $5f^{12}7s^2$ 257.09511(5)✦	+2 +3 101 Md 钔⌃ $5f^{13}7s^2$ 258.09843(3)✦	+2 +3 102 No 锘⌃ $5f^{14}7s^2$ 259.1010(7)✦	+3 103 Lr 铹⌃ $5f^{14}6d^17s^2$ 262.110(2)✦